权威读本

中华人民共和国土地管理法解读

主编
施春风

中国法制出版社
CHINA LEGAL PUBLISHING HOUSE

本书编委会

主编

施春风

撰稿人

施春风　杨永明　尤小龙

喻晓川　李克锋　宋生辉

前　　言

2020年1月1日，新修改的土地管理法开始施行。土地制度是国家的基础性制度，事关经济社会发展和国家长治久安。新修改的土地管理法坚持土地公有制不动摇，坚持农民利益不受损，坚持最严格的耕地保护制度和最严格的节约集约用地制度，在充分总结农村土地制度改革试点成功经验的基础上，在土地征收制度、集体经营性建设用地入市、宅基地管理等方面做出多项重大突破，并将多年来土地制度改革成果上升为法律规定。为了配合修订后的土地管理法的学习、宣传和实施，帮助读者及时、准确理解此次土地管理法修改的有关内容，全国人大常委会法工委经济法室参加具体立法工作的同志联合编写了本书，供读者学习参考。本书力求准确阐述土地管理法的内容，因时间和水平有限，如有疏漏之处，敬请读者批评指正。

编　者

2020年3月

目　　录

附录三：相关参阅资料

第一章 总 则

第一条 为了加强土地管理，维护土地的社会主义公有制，保护、开发土地资源，合理利用土地，切实保护耕地，促进社会经济的可持续发展，根据宪法，制定本法。

条文主旨

本条是关于立法目的的规定。

立法目的，也称为立法宗旨，是成文法的首要内容。因此，一般规定在法律的第一条中，它既表明一部法律的核心规范目的，也体现法律的核心规范内容。立法目的既与法律名称紧密关联，又与适用范围、法律责任、附则形成严密的逻辑关系，从而构成一部法律的规范体系。制定本法是以习近平新时代中国特色社会主义思想为指导，全面落实习近平生态文明思想和习近平总书记关于自然资源管理工作的重要论述，用最严格的制度、最严密的法治保护土地资源的具体体现。本条的规定与本法其他条文的规定之间是目的与手段的关系，本法的其他条文都是为实现立法目的服务的。

立法背景

一、土地管理法历次修改简要情况

《中华人民共和国土地管理法》是1986年6月25日由第六届全国人大常委会第十六次会议审议通过，于1987年1月1日起正式施行的。土地管理法施行过程中，分别在1988年、1998年、2004年、2019年作过四次修改。

1988年4月，第七届全国人民代表大会第一次会议通过了宪法修正案，根据我国改革开放和经济发展的实际，对我国的土地制度作了重大修改，确立了土地使用权可以依法转让的制度。为了使土地管理法的有关内容与宪法修正案一致，1988年12月29日，第七届全国人大常委会第五次会议审议通过了《关于修改〈中华人民共和国土地管理法〉的决定》，删去了土地不得买卖的规定，增加"国有土地和集体所有的土地使用权可以依法转让""国家依法实行国有土地有偿使用制度"等内容，扫清了土地作为生产要素进入市场的法律障碍，在法律层面承认了国有土地资产的商品属性，拉开了国有土地有偿使用制度改革的序幕。

1998年8月29日，第九届全国人大常委会第四次会议通过土地管理法修订案，主要内容是将党中央、国务院关于加强土地管理切实保护耕地的一系列重大决策上升为法律，构建世界上最严格的土地管理法律制度框架体系。修法的核心是对以分级限额审批为主要内容的土地管理制度进行根本性变革，确立以耕地保护为核心的土地用途管制制度，合理划分中央和地方的土地管理职权，强化国家管理土地的职能。这是对土地管理法的又一次重大修改，由于修改涉及的内容比较多，因此没有采取修改决定的方式，而是采取了修订案的方式。1998 年修订的土地管理法被法学界称为市场经济条件下一部新的土地管理法，不仅因为修改幅度大，还因为它在中国立法史上创造了诸多第一：第一部提交全民讨论的自然资源法律；第一部经全国人大常委会三次审议通过的自然资源法律；第一部由全国人大常委会以零票反对通过的自然资源法律；第一部从法律上确立土地基本国策的自然资源法律；第一部按照市场经济原则在立法思想、基本原则和主要内容等方面对原法进行全面修订的自然资源法律；第一部将改革决策与立法决策相结合、用立法推动改革的自然资源法律；第一部法与实施条例同步实施的自然资源法律。

2004 年 3 月，第十届全国人民代表大会第二次会议通过了宪法修正案，区分了土地征收和征用，确立了征地必须依照法律给予补偿的制度。同年 8 月，第十届全国人民代表大会常务委员会第十一次会议对土地管理法作出第二次修正，将第二条第四款修改为“国家为了公共利益的需要，可以依法对土地实行征收或者征用并给予补偿”，同时将其他条款中的“征用”修改为“征收”。形式上，此次修改幅度不大，然而从“征用”到区分“征用”与“征收”，并强调给予补偿，体现了国家对土地财产权益的保护。

随着我国工业化、城镇化的推进和农村的改革发展，现行土地管理制度与社会主义市场经济体制不相适应、与进一步解放和发展生产力的要求不相匹配的问题日益显现：土地征收制度不完善，因征地引发的社会矛盾突出；农村集体经营性建设用地不能与国有建设用地同等入市、同权同价；宅基地用益物权尚未得到完整的落实；土地增值收益分配机制不健全；土地资源要素利用效率仍然较为低下。2004 年以来，党中央、国务院在土地管理方面出台了一系列重要文件，对严格土地管理、强化土地调控、推进土地节约集约利用、划定永久基本农田、深化土地有偿使用制度等方面作出了新部署。特别是党的十八届三中全会以来，党中央、国务院就坚持土地公有制，实行最严格的耕地保护和占补平衡制度以及节约集约用地制度，实时稳妥推进农村土地管理制度改革等方面提出了新要求。为此，根据党中央关于农村土地制度改革的决策部署，全国人大常委会于 2015 年通过决定，授权国务院在三十三个试点县（市、区），暂时调整实施土地管理法、城市房地产管理法有关规定，并要求在总结试点经验的基础上，对实践证明可行的，修改完善有关法律，授权期限至 2017 年 12 月 31 日。2017 年，全国人大常委会决定将授权期限延长至 2018

年12月31日。

2019年8月26日，十三届全国人大常委会第十二次会议表决通过土地管理法修正案，自2020年1月1日起施行。新修改的土地管理法坚持土地公有制不动摇，坚持农民利益不受损，坚持最严格的耕地保护制度和最严格的节约集约用地制度，在充分总结农村土地制度改革试点成功经验的基础上，在土地征收制度、集体经营性建设用地入市、宅基地管理等方面作出多项重大突破，并将多年来土地制度改革成果上升为法律规定。

二、本次修改土地管理法的指导思想

认真贯彻落实党的十八大和十九大精神，按照统筹推进“五位一体”总体布局和协调推进“四个全面”战略布局的要求，立足基本国情和发展阶段，坚持土地公有制，坚持最严格的耕地保护制度和节约用地制度，坚持土地用途管制制度，紧紧围绕中央部署的农村土地制度改革试点任务，统筹兼顾工业化、城镇化建设和保护被征地农民合法权益，建立城乡统一的建设用地市场，保护宅基地用益物权，保障农民公平分享土地增值收益，不断完善农村土地管理法律制度。

修改过程坚持以下原则：一是坚持正确方向。按照习近平总书记“不能把农村土地集体所有制改垮了，不能把耕地改少了，不能把粮食产量改下去了，不能把农民利益损害了”的重要指示和李克强总理“任何时候都要守住耕地红线”“要坚持数量与质量并重，严格划定永久基本农田”的要求，坚持现行土地管理法关于土地所有制的规定，坚持现行的农用地转用管制制度不变，全面强化对永久基本农田的管理和保护，在征地补偿标准、宅基地审批等直接关系农民利益的问题上只做加法、不做减法，确保法律修改的正确方向。

二是坚持问题导向。破解集体经营性建设用地入市的法律障碍，删去了从事非农业建设必须使用国有土地或者征为国有的原集体土地的规定；缩小土地征收范围、规范土地征收程序，限定了可以征收集体土地的具体情形，补充了社会稳定风险评估、先签协议再上报征地审批等程序；完善对被征地农民保障机制，修改征收土地按照年产值倍数补偿的规定，全面推行区片综合地价，将对被征地农民的社会保障、住宅补偿等从土地补偿中独立出来，保障被征地农民原有生活水平不降低、长远生计有保障。

三是坚持制度创新。在全面总结农村土地制度改革三项试点经验的基础上，落实党的十九大报告和中央有关政策文件精神，将依法经过试点、各方面认识比较一致的土地征收、集体经营性建设用地入市、宅基地管理方面的制度创新经验及时上升为法律制度；对经过实践检验比较成熟的永久基本农田保护、土地督察等制度通过法律予以明确；同时，为“多规合一”、国土空间规划体系建设、宅基地“三权分置”等制度预留了法律空间。

四是坚持稳妥推进。综合考虑我国城镇化的实际需求，兼顾不同省份经济社会发展的差异性，在征地补偿标准上将平均年产值倍数标准修改为综合地价标准并授权省、自治区、直辖市制定公布；在征地范围上与经实践检验比较可行的《中华人民共和国国有土地上房屋征收与补偿条例》相衔接，同时将成片开发纳入可以征地的范围，以免对经济社会发展影响过大。

条文解读

本法的立法目的有以下几方面的内容：

一、维护土地的社会主义公有制

我国实行土地的社会主义公有制，即全民所有制和劳动群众集体所有制，是在宪法中确立的，这是我国土地制度的核心。实行土地公有制是由我国社会主义制度以及特殊的土地国情所决定的，土地公有制是社会主义公有制的重要组成部分，符合人民的根本利益和长远需要。在实行市场经济的条件下，以土地所有权和使用权分离实现土地的商品性。维护土地的社会主义公有制是制定本法最为重要的目的之一。

二、保护、开发土地资源，合理利用土地

土地作为一种宝贵的自然资源，是人类生存和生活的基本生活资料。随着我国人口的增长和经济的快速发展，土地数量的有限性和土地需求的无限增长性之间的矛盾日益突出。通过优化配置土地资源，提高土地资源的利用效率，有效保护和高效利用土地资源，是制定本法的一项重要任务。

三、切实保护耕地

国以民为本，民以食为天。我国是世界上人口最多的国家，14 亿人口的吃饭问题，始终是我国经济生活中的一件头等重要的大事，是关系国计民生、经济发展、社会稳定的重大战略问题。耕地是我国最为宝贵的资源，是农业最基本的生产资料，是粮食生产的重要基础。确保国家粮食安全，必须以足够的数量和质量的耕地作保障。我国不仅人均耕地数量少，耕地的后备资源也严重不足。因此，采取最严格的耕地保护制度，对耕地实行特殊保护，是由我国的基本国情决定的，是制定本法的另一项重要任务。

四、促进社会经济的可持续发展

可持续发展是基于人类在工业革命以来的发展过程中片面追求经济增长的经验教训而提出的一种新的发展观，其核心思想是经济发展、保护资源和保护生态环境协调一致，让子孙后代能够享受充分的资源和良好的资源环境。土地作为一种自然资源和人类社会经济活动的基本载体，其本身的不可再生性和稀缺性是固有的，人类发展对其依赖程度的增加也是不可逆转的。因此，通过立法强化土地管理，推进土地资源利用方式的根本转变，促进土地资源的节约和集约利用，处理好土地资源保护与经济发展、近期利益与长远利益、局部利益与全局利益之间的关系，保证对土地的永续利用，以促进社会经济的可持续发展，也是制定本法的一项重要任务。

五、宪法是土地管理法立法的渊源

宪法是国家的根本大法，规定了国家机构和组织、公民的基本权利和义务等根本性问题。宪法是土地管理立法的依据。宪法第九条、第十条分别确立了我国土地的社会主义公有制、明确土地管理和使用的基本原则。这些基本原则是自然资源主管部门、土地所有者和使用者在管理、保护、开发和利用土地过程中应当遵循的基本行为准则；是各级国家权力机关、各级国家行政机关制定土地法律法规的基础和依据。

相关规定

《中华人民共和国宪法》；《中华人民共和国土地管理法实施条例》。

第二条 中华人民共和国实行土地的社会主义公有制，即全民所有制和劳动群众集体所有制。

全民所有，即国家所有土地的所有权由国务院代表国家行使。

任何单位和个人不得侵占、买卖或者以其他形式非法转让土地。土地使用权可以依法转让。

国家为了公共利益的需要，可以依法对土地实行征收或者征用并给予补偿。

国家依法实行国有土地有偿使用制度。但是，国家在法律规定的范围内划拨国有土地使用权的除外。

条文主旨

本条是关于我国基本土地制度的规定。

本条规定共有五款，规定了我国土地的社会主义公有制，土地所有权和使用权分离的土地使用制度，国家征收、征用土地制度，国有土地有偿使用和划拨制度等内容。

立法背景

土地是人类可以利用的一切自然资源中最基本、最宝贵的资源，它是人类赖以生存的基础，有了它，人类才有立足之地。人类凭借着土地栖息繁衍，土地是人类最珍贵的自然资源；在人类生活中，土地是最基本的生产资料，人们在土地上从事生产，直接或间接地获取大量的财富，土地成为财富之母；土地是为人类提供食物和其他生活资料的重要源泉。世界各国依其政治与经济制度的不同，而制定不同的土地制度。

条文解读

一、土地所有制

土地所有制是土地制度中的核心问题，其在法律上的表现是土地所有权。本条是宪法规定的基本土地制度在法律中的具体体现，此次修法未作修改。宪法第六条规定："中华人民共和国的社会主义经济制度的基础是生产资料的社会主义公有制，即全民所有制和劳动群众集体所有制"。土地是最宝贵的自然资源，同时也是最基本的生产资料。生产资料的社会主义公有制决定了我国土地的社会主义公有制。

依据宪法和本法，我国土地的社会主义公有制分为全民所有制和劳动群众集体所有制这两种基本形式。土地所有制的法律表现形式是土地所有权，即土地所有权人依法对其土地享有占有、使用、收益和处分的权利。宪法第十条规定，"城市的土地属于国家所有。农村和城市郊区的土地，除由法律规定属于国家所有的以外，属于集体所有；宅基地和自留地、自留山，也属于集体所有"。因此，我国土地公有制的法律表现形式是国有土地所有权和集体土地所有权。国有土地所有权，即全民所有，主要包括城市的土地、法律规定属于国家所有的农村和城市郊区的土地等；集体土地所有权，主要包括法律规定的属于集体所有的土地。国家和农民集体是我国土地所有权的主体，国家和农民集体对自己所有的土地行使权利受法律保护。物权法在宪法和本法的基础上，规定了权利行使的程序和监督等重要事项，这对于土地所有权制度是一个重要补充。

二、土地所有权的行使

土地所有权的行使是指国家和集体经济组织按照法律

规定，对国有土地和集体土地进行占有、使用、收益和处分的权利。一般来说，土地所有权的行使是以权利人的意思自治进行的，他人不得干涉、阻碍。关于国有土地所有权，根据物权法和本法的规定，作为国有土地所有权人的国家，有权对其所有的土地进行占有、使用、收益和处分。但是国家并不亲自行使这些权能，而是由国务院代表国家依法行使这些权能。一是明确地方各级人民政府不是国有土地所有权代表，不得擅自处置国有土地，只能根据国务院的授权处置国有土地；二是赋予中央人民政府行使国有土地经营管理的职能；三是明确国有土地的收益权归中央人民政府，国务院有权决定国有土地收益的分配办法。国务院代表国家行使国有土地所有权，但是在国有土地的具体经营、管理上，国务院可以直接行使有关权利，也可以授权地方人民政府或者委托国有企业事业单位行使有关权利。农民集体土地所有权应当由作为该土地所有权主体的农民集体行使。至于具体经营、管理，根据物权法和本法规定，属于村农民集体所有的，由村集体经济组织或者村民委员会代表集体行使所有权；分别属于村内两个以上农民集体所有的，由村内各该集体经济组织或者村民小组代表集体行使所有权；属于乡镇农民集体所有的，由乡镇集体经济组织代表集体行使所有权。

三、不得侵占、买卖或者以其他形式非法转让土地

为了保护土地的社会主义公有制不受侵犯，同时也是为保护我国的耕地资源，宪法第十条第四款规定：“任何组织或者个人不得侵占、买卖或者以其他形式非法转让土地。”我国公有土地所有权的主体只能是国家和有关农民集体，除国家为了公共利益的需要可以依法征收农民集体所有的土地外，公有土地的所有权是不能改变的。任何买卖或者变相买卖土地，即通过买卖改变土地所有权的行为都是非法的，都必须依法禁止。以其他形式非法转让土地，主要指不具备法定的转让条件或者不履行土地使用权出让合同约定的义务而擅自转让土地使用权的行为。城市房地产管理法第三十八条、第三十九条，城镇国有土地使用权出让和转让暂行条例第十九条、第二十八、第四十四条、第四十五条等对房地产用地、划拨土地的转让条件均进行了明确规定，不符合相关法定条件进行转让的，均认定为非法转让土地，需要承担相应的法律责任。

四、土地使用权可以依法转让

土地使用权是指土地使用者在法律规定的范围内对所使用的土地享有占有、使用和收益的权利。土地不仅是最紧缺的自然资源，还是最重要的公有资产。改革开放以前，我国实行的是土地不得流转的制度。随着我国社会主义经济建设的快速发展和改革开放的不断深入，传统的土地使用制度弊端充分暴露出来，特别是社会主义市场经济体制的逐步建立，土地的商品属性日益显现出来。1982 年，广州、抚顺等城市开始对国有土地收取土地有偿使用费和场地占用费，特别是1987年，深圳市第一次协议出让国有土地使用权和第一次拍卖出让国有土地使用权，突破了国有土地使用权不允许转让的法律规定。1988年4月，第七届全国人民代表大会第一次会议通过宪法修正案，删去了禁止出租土地的规定，增加了土地使用权可以依法转让的规定。这次修宪是一次历史性突破，是国有土地使用制度的根本性变革，标志着我国在根本大法上承认了土地使用权的商品属性，具有价值，可以进入市场。同年12月，第七届全国人大常委会第五次会议通过修改土地管理法的决定，根据宪法修正案对土地管理法的有关规定作了相应修改，确立了土地所有权和使用权相分离的原则，规定土地使用权可以依法转让。随后，城镇国有土地使用权出让和转让暂行条例以行政法规的形式，确立了实行城镇国有土地使用权出让、转让制度。自1995年1月1日起施行的城市房地产管理法进一步规定，国家依法实行国有土地有偿、有期限使用制度。国有土地使用权可以出让、转让、出租、抵押。农村土地承包法第三十四条规定，经发包方同意，承包方可以将全部或者部分的土地承包经营权转让给本集体经济组织的其他农户。本法第六十三条规定，集体经营性建设用地，土地所有权人可以通过出让、出租等方式交由单位或者个人使用。通过出让等方式取得的集体经营性建设用地使用权可以转让、互换、出资、赠与或者抵押。应该说，宪法修改和几部重要法律法规的出台，为土地使用制度改革提供了有力的法律保障，为土地市场的产生和发展奠定了坚实的基础。

五、国家为了公共利益的需要，可以依法对土地实行征收或者征用并给予补偿

宪法第十条第三款规定，“国家为了公共利益的需要，可以依照法律规定对土地实行征收或者征用并给予补偿”，确立了土地征收制度。物权法第四十二条第一款规定，“为了公共利益的需要，依照法律规定的权限和程序可以征收集体所有的土地和单位、个人的房屋及其他不动产。征收集体所有的土地，应当依法足额支付土地补偿费、安置补助费、地上附着物和青苗的补偿费等费用，安排被征地农民的社会保障费用，保障被征地农民的生活，维护被征地农民的合法权益”，明确征收应经法定程序并足额支付补偿。土地征收制度是我国基本的土地法律制度之一，对促进我国经济社会发展发挥了重要作用。但随着近年来我国城市化、工业化、现代化的快速推进，需要以征收方式供应大量建设用地，由于征地相关制度和法律法规存在缺陷，征收农民土地过多过滥，农村土地和被征地农民的利益都受到严重侵害。关于征地政策存在的问题，许多学者从不同角度提出了观点，可以概括为“三乱一难”：征地范围乱，“滥用”征地权现象十分普遍；征地补偿乱，过高和过低现象并存；征地费用分配乱，一些地方操作随意性大，使农民往往难以得到应有的补偿份额；安置难，被征地农民安置措施不完善，被征地农民缺乏基本的保障。如何解决这些问题成为此次修法的重点任务。其中，如何缩小征地范围、解决征地范围过宽的问题，与界定“公共利益”密切相关。从征求意见情况来看，关于土地征收的目的，无论从立法角度，还是从理论层面，土地征收必须以公共利益的需要为前提都获得了普遍认可，但由于公共利益本身的复杂性，就如何认定公共利益存在较大分歧。这次法律修改，在综合考虑国际立法经验的基础上，与国有土地上房屋征收与补偿条例相衔接，结合农村土地制度改革经验，对土地征收的“公共利益”采取列举式规定，将国防和外交、基础设施、公共事业等界定为公共利益，建设项目不属于公共利益的，不得动用征收权，逐步缩小土地征收规模。

六、国有土地有偿使用制度

我国的国有土地有偿使用制度是指，国家将国有土地使用权在一定年限内出让给土地使用者，由土地使用者向国家支付土地使用权出让金的制度。在法定条件下对土地的无偿使用是有偿使用制度的补充和例外。国有土地有偿使用制度主要包括：建设单位使用国有土地，应当以出让等有偿使用方式取得，但是法律、行政法规规定可以划拨方式取得的除外；土地有偿使用可以通过土地使用权出让、租赁、授权经营、作价入股（出资）等方式实现，其中出让方式有招标、拍卖、挂牌和协议；工业、商业、旅游、娱乐和商品住宅等经营性用地，应当采取“招拍挂”方式出让；同一宗地有两个以上意向用地者的，应当以“招拍挂”方式出让。

从二十世纪八十年代初开始，深圳市在全国率先推行了土地有偿、有期限的使用，拉开了我国城镇土地使用制度改革的序幕。1988 年宪法作了修正、土地管理法进行了修改，随后制定了城镇国有土地使用权出让和转让暂行条例、城市房地产管理法等，至此，城市国有土地使用权的重要性凸显出来，其法律规范日趋完善。2001 年，国务院发布《关于加强国有土地资产管理的通知》（国发〔2001〕15 号），明确提出国有土地实行市场化配置。2004 年，国务院发布《关于深化改革严格土地管理的决定》（国发〔2004〕28 号）明确提出，要大力推进土地资源的市场化配置，逐步实行经营性基础设施用地有偿使用和推进工业用地的招标、拍卖、挂牌出让。经过近些年的发展，土地有偿使用制度改革进一步完善，规范了国有土地招标、拍卖、挂牌出让和协议出让的范围及程序，市场配置资源的基础性作用得到有效发挥。之所以实行有偿使用制度，是因为：第一，在社会主义公有制条件下，只有实行国有土地有偿使用制度，才能使国有土地所有权在经济上更充分地得到实现，从而真正保障社会主义公有制的主体地位。在国有土地有偿使用制度改革前，国家曾长期以行政手段无偿提供土地资源给企业、事业单位使用，本应归公有的大量资源收益留在使用者手中，国家缺乏调剂余缺的力量，难以实现土地资源在社会化生产中的优化配置，土地公有制在很大程度上被虚化。通过改革，推行土地的有偿使用制度，国家代表全体人民掌握了土地的收益，就有足够的财力进行宏观调控，组织社会生产。第二，在社会主义市场经济条件下，只有实行有偿使用制度，才能充分发挥市场对经济发展的积极作用。土地作为重要的生产要素，其使用权不进入市场流通，社会主义市场体系就不完善，难以充分发挥市场优化配置、公平竞争的作用。在过去的使用制度下，土地使用者既没有压力，也没有动力，多占少用、早占晚用、占而不用甚至乱占滥用，严重浪费了宝贵的土地资源。只有通过有偿、有期限、能流动的土地有偿使用制度，将土地作为市场要素交由市场调节，才能合理配置土地资源，实现最大利用效益。

七、国家在法律规定的范围内划拨国有土地使用权

划拨国有土地使用权，是指县级以上人民政府依照本法的有关规定，批准土地使用者在缴纳有关补偿、安置费用后将一定数量的国有土地交付其使用，或者直接将一定数量的国有土地无偿交付给土地使用者使用。划拨作为土地有偿使用制度的例外和补充，其适用范围和条件是受到严格限制的。一是在法律规定上，根据本法，确属必需的，国家机关用地和军事用地，城市基础设施用地和公益事业用地，国家重点扶持的能源、交通、水利等基础设施用地以及法律、行政法规规定的其他用地，经县级以上人民政府批准，可以以划拨方式取得。二是考虑到划拨土地使用权的特殊性，有关法律对划拨土地使用权的用途、转让条件和抵押等方面都有一些限制性规定。划拨土地使用权，除法律行政法规规定的情况外，不得转让、出租、抵押。作为民事基本法律的物权法也对划拨土地使用权的问题作出了明确规定："严格限制以划拨方式设立建设用地使用权。采取划拨方式的，应当遵守法律、行政法规关于土地用途的规定。"三是随着我国土地管理制度的改革和深化，划拨建设用地的范围和程序将更趋严格和规范。国务院就划拨土地的问题多次作出规定，要求严格控制划拨用地范围，《国务院关于深化改革严格土地管理的决定》（国发〔2004〕28号）要求"严格控制划拨用地范围，经营性基础设施供地要逐步实行有偿使用"，《国务院关于促进节约集约用地的通知》（国发〔2008〕3号）要求"除军事、社会保障性住房和特殊用地等可以继续以划拨方式取得土地外，对国家机关办公和交通、能源、水利等基础设施（产业）、城市基础设施以及各类社会事业用地要积极探索实行有偿使用，对其中的经营性用地先行实行有偿使用。其他建设用地应严格实行市场配置，有偿使用"。十八届三中全会也提出，"扩大国有土地有偿使用范围，减少非公益性用地划拨"。

相关规定

《中华人民共和国宪法》第六条、第十条；《中华人民共和国物权法》第四条、第四十一条、第四十二条、第四十四条、第四十五条、第四十七条、第一百二十一条、第一百三十七条；《中华人民共和国城市房地产管理法》；《中华人民共和国农村土地承包法》；《中华人民共和国城镇国有土地使用权出让和转让暂行条例》；《国务院关于深化改革严格土地管理的决定》；《国务院关于促进节约集约用地的通知》。

第三条　十分珍惜、合理利用土地和切实保护耕地是我国的基本国策。各级人民政府应当采取措施，全面规划，严格管理，保护、开发土地资源，制止非法占用土地的行为。

条文主旨

本条是关于土地基本国策和各级人民政府管理责任的规定。

立法背景

基本国策是由一个国家基本国情决定的某类具有全局性、长期性、战略性意义的系统的对策，是国家赖以生存发展的基本准则和保障。我国正处于迅速发展的时期，加强基本国策重要性的认识极为重要。目前，在我国现行有效的法律中明确规定的基本国策有：保护环境、保护耕地、节约资源、对外开放、计划生育、男女平等。

条文解读

一、十分珍惜、合理利用土地和切实保护耕地是我国的基本国策

耕地是土地资源的精华，是人类的衣食之源，是农业的基础。它为人类提供了80%以上的热量，75%以上的蛋白质，88%的食物以及其他生活必需物质。耕地也是农业生产最基本、不可替代的生产资料。我国的耕地资源有以下几个显著特点：

一是绝对数量大，人均占有少。我国国土总面积约960万平方公里，折合144亿亩，约占亚洲大陆面积的22.1%，为世界陆地面积的6.4%，仅次于俄罗斯、加拿大，居世界第三位。其中，耕地约为20.23亿亩，仅次于美国、俄罗斯和印度，居世界第四位，但由于人口多，人均耕地约1.48亩，远低于世界平均水平，处于世界中下水平。人均占有耕地的数量是制约人均占有粮食数量的重要条件，我国人均耕地数量少使我国农业生产的发展受到很大的限制。

二是耕地资源分布不均，耕地资源总体水平差。按照400毫米等降水量线，我国土地一般可划分为东南部和西北部面积大致相等的两大部分。全国85%的耕地集中在东南部地区，15%的耕地分布在我国西北部地区。现有耕地中，有灌溉设施的不到40%，干旱、半干旱地区40%的耕地不同程度地出现退化，全国30%左右的耕地不同程度地受到水土流失的危害。耕地资源分布不均和质量不高，决定了我国不同地区土地的人口承载力相差很大和土地利用上存在显著差异。

三是耕地质量差，且退化严重。现有耕地中，有1/3以上为低生产力土地，包括盐碱地、水土流失地、丘陵地、风沙干旱地和涝洼地等。水土流失，土地荒漠化，耕地污染，耕地长期高强度、超负荷利用等问题导致耕地不断退化，耕地退化面积已占到耕地总面积的40%以上。

四是耕地后备资源匮乏。2016年统计结果显示，全国耕地后备资源总面积8029.15万亩，比上一轮减少了近3000万亩，且大多为质量差、开发难度大的土地。建设占用、农业结构调整、灾毁、生态退耕等还在造成耕地不断减少。

五是水土资源不平衡。我国水资源总量约28000多亿立方米。长江、珠江、浙、闽、台及西南诸河流域的水量占全国总水量的82.3%，而这些地区的耕地，仅占全国耕地的36%；黄河、淮河及其他北方诸河流域水量约占全国总水量的17%，而耕地占全国的63.7%。水土资源的分布不平衡，给土地资源的开发利用带来了许多问题。

因此，我们要用约世界7%的耕地养活世界近20%的人口，解决好十几亿人口的吃饭问题，要“确保国家粮食安全，把中国人的饭碗牢牢端在自己手中”就必须保护好有限的耕地，保障国家粮食安全。十分珍惜、合理利用土地和切实保护耕地，就是关系国计民生、关系国家粮食安全和资源安全的大事，是我们要长期坚持的基本国策。

二、各级人民政府应当采取措施，全面规划，严格管理，保护、开发土地资源，制止非法占用土地的行为

为落实土地基本国策，土地管理法明确了各级人民政府管理土地的主体责任，特别是要坚持符合我国国情的最严格的耕地保护制度，主要包括：

1. 耕地保护责任制度。本法规定，各省、自治区、直辖市人民政府必须采取措施，确保本行政区域内耕地总量不减少、质量不降低。《国务院关于深化改革严格土地管理的决定》（国发〔2004〕28 号）规定："地方各级人民政府要对土地利用总体规划确定的本行政区域内的耕地保有量和基本农田保护面积负责，政府主要领导是第一责任人"。2018 年，国务院办公厅印发《省级政府耕地保护责任目标考核办法》明确，各省、自治区、直辖市人民政府对本行政区域内的耕地保有量、永久基本农田保护面积以及高标准农田建设任务负责，省长、自治区主席、直辖市市长为第一责任人。

2. 永久基本农田保护制度。永久基本农田是耕地的精华。十七届三中全会决定首次提出"划定永久基本农田"。此次法律修改将"基本农田"统一修改为"永久基本农田"，将"永久基本农田"提升为法律概念，体现了党中央、国务院对耕地特别是基本农田的高度重视，体现的是严格保护的态度。永久基本农田的划定和管护，必须采取行政、法律、经济、技术等综合手段，加强管理，以实现永久基本农田的质量、数量、生态等全方面管护。本法规定，各省、自治区、直辖市划定的永久基本农田一般应当占本行政区域内耕地的百分之八十以上，具体比例由国务院根据各省、自治区、直辖市耕地实际情况规定。永久基本农田经依法划定后，任何单位和个人不得擅自占用或者改变其用途。国家能源、交通、水利、军事设施等重点建设项目选址确实难以避让永久基本农田，涉及农用地转用或者土地征收的，必须经国务院批准。经过长期实践和不断完善，目前已形成以永久基本农田保护责任、禁止性规定、占用补划、监督检查为主要内容的制度体系。

3. 耕地占补平衡制度。建设占用耕地补偿是我国一项法定制度。非农业建设经批准占用耕地的，按照“占多少，垦多少”的原则，由占用耕地的单位负责开垦与所占用耕地的数量和质量相当的耕地；没有条件开垦或者开垦的耕地不符合要求的，缴纳耕地开垦费，专款用于开垦新的耕地。开垦未利用的土地，必须经过科学论证和评估，在土地利用总体规划划定的可开垦的区域内，经依法批准后进行。禁止毁坏森林、草原开垦耕地，禁止围湖造田和侵占河滩地。省、自治区、直辖市人民政府应当制定开垦计划，监督占用耕地的单位按照计划开垦耕地或者按照计划组织开垦耕地，并进行验收。

4. 土地整治制度。国家鼓励土地整理，县、乡（镇）人民政府应当组织农村集体经济组织，按照土地利用总体规划，对田、水、路、林、村综合整治，提高耕地质量，增加有效耕地面积，改善农业生产条件和生态环境。地方各级人民政府应当采取措施，改造中、低产田，整治闲散地和废弃地。近年来，土地整治快速发展，整合了高标准农田建设、土地开发复垦、城乡建设用地增减挂钩等相关活动，并逐步走向土地资源、资产、资本综合管理。此外，政府应当对本行政区域内违反土地管理法律、法规的行为进行监督检查。各级人民政府只有认真执行本法的有关规定，才能做好土地管理工作，将十分珍惜、合理利用土地和切实保护耕地的基本国策落到实处，造福当代和子孙后代。

相关规定

《国务院关于深化改革严格土地管理的决定》；《省级政府耕地保护责任目标考核办法》。

第四条 国家实行土地用途管制制度。

国家编制土地利用总体规划，规定土地用途，将土地分为农用地、建设用地和未利用地。严格限制农用地转为建设用地，控制建设用地总量，对耕地实行特殊保护。

前款所称农用地是指直接用于农业生产的土地，包括耕地、林地、草地、农田水利用地、养殖水面等；建设用地是指建造建筑物、构筑物的土地，包括城乡住宅和公共设施用地、工矿用地、交通水利设施用地、旅游用地、军事设施用地等；未利用地是指农用地和建设用地以外的土地。

使用土地的单位和个人必须严格按照土地利用总体规划确定的用途使用土地。

条文主旨

本条是对土地用途管制制度的规定。本条规定共有四款，规定了土地用途管制制度、土地分类和土地使用者应严格按照用途使用土地。

立法背景

土地用途管制，是指国家为保证土地资源的合理利用以及经济、社会和环境的协调发展，通过编制土地利用总体规划，划定土地利用区，确定每一块土地的用途，土地使用者、土地所有者应严格地按照国家确定的土地用途利用土地的制度。其核心是依据土地利用总体规划对土地用途转变实行严格控制。土地用途管制是 1998 年土地管理法修改的重点。

土地用途管制，是世界上一些土地管理制度较为完善的国家采用的一种土地利用管理制度。日本、美国、加拿大等国家称之为“土地使用分区管制”，瑞典称之为“土地使用管制”，英国称之为“土地规划许可制”，法国、韩国则称之为“建设开发许可制”。从一些国家的情况看，土地用途管制在合理利用土地资源，特别是保护耕地方面取得了良好的效果。

条文解读

一、土地用途管制制度

土地用途管制制度是由一系列具体制度和规范组成的。其中，土地按用途分类是实行用途管制的基础；土地利用总体规划是实行用途管制的依据；农用地转为建设用地需要预先进行审批是关键；保护农用地是国家实行土地用途管制的目的；核心是切实保护耕地，保证耕地总量动态平衡，对永久基本农田实行特殊保护，防止耕地的破坏、闲置和撂荒，开发未利用地、进行土地的整理和复垦；强化土地执法监督，严肃法律责任是实行土地用途管制的保障。

要把土地用途管制扩展到所有国土空间。1997 年，中共中央、国务院联合下发《关于进一步加强土地管理切实保护耕地的通知》，首次提出“用途管制”的概念。1998 年修订的土地管理法将这一概念上升为土地管理基本制度。新时代生态文明建设被提到前所未有的高度，而建立统一协调的空间规划体系、构建国土空间开发保护制度、实现全域国土空间用途管制，则是生态文明体制改革的重要内容。2013 年，党的十八届三中全会通过《中共中央关于全面深化改革若干重大问题的决定》，明确“完善自然资源监管体制，统一行使所有国土空间用途管制职责”。2017 年，国务院发布我国首个国家级空间规划《全国国土规划纲要(2016－2030 年)》为健全空间规划体系指明了方向。同年 4 月，原国土资源部印发《自然生态空间用途管制办法(试行)》，旨在将所有自然生态空间纳入用途管制范畴。2017 年，党的十九大报告提出“统一行使所有国土空间用途管制和生态保护修复职责”的要求。2018 年，中共中央《深化党和国家机构改革方案》明确提出，自然资源部要履行好“统一行使全民所有自然资源资产所有者职责，统一行使所有国土空间用途管制和生态保护修复职责”。

从中央要求和山水林田湖草生命共同体建设的需求来看，把土地用途管制扩展到所有国土空间，建立国土空间用途管制制度，由一个部门统一行使国土空间用途管制职责成为必然趋势：一是落实山水林田湖草生命共同体理念的必然要求。山水林田湖草是一个生命共同体，是习近平生态文明思想整体观系统论的深刻体现。为确保国家粮食安全，我国实行了最严格的耕地保护制度和最严格的节约集约用地制度，这是现行土地用途管制的基础。实践证明，这项制度是行之有效的。2018 年，国务院机构改革组建了自然资源部，统一行使所有国土空间用途管制职责，就是要统筹考虑自然生态各要素、山上山下、地上地下、陆地海洋等，把土地用途管制扩大到林地、草地、河流、湖泊、湿地等所有生态空间，实现整体保护、系统修复和综合治理。二是解决当前空间规划重叠、管制缺乏合力的必然要求。在相当长的一段时间内，由于各类资源分别由不同的行政机构管理，形成了相互独立、相互掣肘的各类规划和用途管制政策，对生态文明建设和改革形成了较大制约。现在由一个部门行使所有国土空间用途管制职责，是解决当前管理职责分散交叉、管制政策互相矛盾、保护顾此失彼和管控手段缺乏统筹等问题的关键之举。三是遵循自然规律的必然要求。习近平总书记指出："人与自然是生命共同体，人类必须尊重自然、顺应自然、保护自然。"人与自然相互依存，对自然界不能只讲索取不讲投入、只讲利用不讲建设。只有尊重自然规律，才能有效防止在开发利用自然资源上走弯路。赋予自然资源部"两统一"职责，充分体现了尊重自然、顺应自然、保护自然的理念，统一行使所有国土空间用途管制职责是其中的重要环节，是保护自然生态环境、统筹开发利用自然资源的客观必然。四是在自然资源领域落实"严起来"的必然要求。当前，一些地区侵占耕地、破坏自然生态环境的现象比较突出，反映出国土空间管控体系不够健全、管制手段不够统筹、监管不够严格等问题。习近平总书记强调"依规治党，首先是把纪律和规矩立起来、严起来，执行起来"。统一国土空间用途管制的主体、依据和手段，着力解决因无序开发、过度开发、分散开发导致的优质耕地和生态空间占用过多、生态破坏、环境污染等问题，正是完善自然资源统一监管体制、在自然资源领域落实“严起来”的重要举措。

二、土地用途管制制度的主要内容

1. 通过土地利用总体规划划定每一块土地的用途，将土地分为农用地、建设用地和未利用地三大类，并具体划分为若干小类。将土地作出分类是国家实行土地用途管制制度的需要，主要目的是限制农用地转为建设用地，特别是要对耕地实行重点保护。

2. 通过农用地转用审批，严格限制农用地转为建设用地。

3. 通过土地利用年度计划，严格控制建设用地供应总量。

4. 对耕地实行特殊保护，采取措施确保耕地总量不减少。包括占用耕地补偿制度，永久基本农田保护制度，未利用地开垦和土地整理、土地复垦，严格保护耕地等。

5. 使用土地的单位和个人必须严格按照土地利用总体规划确定的用途使用土地。强化土地利用总体规划的作用。

相关规定

《中共中央关于全面深化改革若干重大问题的决定》；《深化党和国家机构改革方案》；《自然生态空间用途管制管理办法（试行)》。

第五条 国务院自然资源主管部门统一负责全国土地的管理和监督工作。

县级以上地方人民政府自然资源主管部门的设置及其职责，由省、自治区、直辖市人民政府根据国务院有关规定确定。

条文主旨

本条是关于土地管理体制的规定。

立法背景

本条未对原法第五条有关全国土地的管理和监督工作的管理体制进行实质性修改，主要是按照本届政府机构改革方案，将原法第五条中的“土地行政”主管部门改为“自然资源”主管部门。我国的土地管理体制，是随着我国经济社会的发展，随着全社会对土地资源的合理利用及土地管理工作的重要性认识的不断深化，而发展变化的。

条文解读

一、土地管理体制

土地作为重要的自然资源，是自然资源管理体制的重要组成部分，是国家的自然资源主管部门的设置、职权的划分及运行等各种制度的综合。自然资源主管部门是自然资源管理体制的载体，包括自然资源部和地方各级人民政府的自然资源主管部门。自然资源管理职权的划分是自然资源管理体制的核心内容，包括自然资源主管部门与其外部相关管理机构之间、自然资源主管部门内部各职能部门之间以及上下级自然资源主管部门之间特别是中央与地方之间行政职权的划分。运行方面的制度则是自然资源管理体制发生效用的规则和驱动力。自然资源管理体制在自然资源管理中发挥着重要的制度保障作用，自然资源管理体制是否合理、健全，对自然资源管理的效果会产生深刻影响。

二、土地管理体制的历史沿革

对于以土地为基础的自然资源管理，经历了统一、分散、再统一等几次转变，其演变过程大体可分为以下几个阶段：第一阶段是从 1949 年至 1955 年，由当时内务部地政局负责全国土地的统一管理；第二阶段是从 1955 年至 1986 年，土地管理以城乡分立、部门分管的多头分散管理体制为主体；第三阶段是从 1986 年至 1998 年，以原国家土地管理局成立为标志，确立了全国城乡土地统一管理体制，政府的土地行政管理职能得到加强；第四阶段是从 1998 年至 2018 年，按照大部门体制设计要求，成立国土资源部。主要职能是土地资源、矿产资源、海洋资源等自然资源的规划、管理、保护与合理利用。保留国家海洋局和国家测绘局，作为国土资源部的部管国家局。至此，我国从陆地到海洋、从土地到矿产实行了集中统一的管理，自然资源由“分”到“统”迈出关键步伐。其中，2004 年改革省以下国土资源管理体制，2006 年国家决定建立土地督察制度，2008 年政府机构改革聚焦职能转变，取消部分行政审批事项，强化宏观调控职能，加强土地供需调控和总量平衡以及国土规划、土地利用总体规划的整体控制作用。国土资源部的组建，对于统筹土地、矿产等部分自然资源统一管理，起到了有效的机构支撑作用。此外，森林、草原、湿地、水、海洋等自然资源管理机构，都适应社会主义市场经济发展的新要求，经历了“从有到优”的转变。第五阶段是从 2018 年至今，组建自然资源部，实现自然资源管理机构由“分”到“统”的关键一跃，由自然资源部统一行使全民所有自然资源资产所有者职责、统一行使所有国土空间用途管制和生态保护修复职责，实现山水林田湖草整体保护、系统修复、综合治理。将国土资源部的职责，国家发展和改革委员会的组织编制主体功能区规划职责，住房和城乡建设部的城乡规划管理职责，水利部的水资源调查和确权登记管理职责，农业部的草原资源调查和确权登记管理职责，国家林业局的森林、湿地等资源调查和确权登记管理职责，国家海洋局的职责，国家测绘地理信息局的职责整合，组建自然资源部，作为国务院组成部门。自然资源部对外保留国家海洋局牌子。不再保留国土资源部、国家海洋局、国家测绘地理信息局。组建国家林业和草原局，由自然资源部管理。国家林业和草原局加挂国家公园管理局牌子，不再保留国家林业局。因此，本法此次修改，将有关条款中的“土地行政主管部门”统一修改为“自然资源主管部门”。

三、国务院自然资源主管部门的职责

我国宪法第八十九条规定，国务院规定其各部各委员会的任务和职责，规定中央和省、自治区、直辖市的国家行政机关的职权的具体划分。所以，本法只对国务院自然资源主管部门的职责作了原则规定，“国务院自然资源主管部门统一负责全国土地的管理和监督工作”。

根据中共中央办公厅、国务院办公厅印发的《自然资源部职能配置、内设机构和人员编制规定》（厅字〔2018〕69 号），自然资源部在土地管理方面的职能主要有：

1. 履行全民所有土地、矿产、森林、草原、湿地、水、海洋等自然资源资产所有者职责和所有国土空间用途管制职责。拟订自然资源和国土空间规划及测绘、极地、深海等法律法规草案，制定部门规章并监督检查执行情况。

2. 负责自然资源调查监测评价。

3. 负责自然资源统一确权登记工作。

4. 负责自然资源资产有偿使用工作。

5. 负责自然资源的合理开发利用。

6. 负责建立空间规划体系并监督实施。

7. 负责统筹国土空间生态修复。

8. 负责组织实施最严格的耕地保护制度。

9. 推动自然资源领域科技发展。

10. 开展自然资源国际合作。

11. 根据中央授权，对地方政府落实党中央、国务院关于自然资源和国土空间规划的重大方针政策、决策部署及法律法规执行情况进行督察。查处自然资源开发利用和国土空间规划及测绘重大违法案件。指导地方有关行政执法工作。

12. 完成党中央、国务院交办的其他任务。

13. 职能转变。自然资源部要落实中央关于统一行使全民所有自然资源资产所有者职责，统一行使所有国土空间用途管制和生态保护修复职责的要求，强化顶层设计，发挥国土空间规划的管控作用，为保护和合理开发利用自然资源提供科学指引。进一步加强自然资源的保护和合理开发利用，建立健全源头保护和全过程修复治理相结合的工作机制，实现整体保护、系统修复、综合治理。创新激励约束并举的制度措施，推进自然资源节约集约利用。进一步精简下放有关行政审批事项、强化监管力度，充分发挥市场对资源配置的决定性作用，更好发挥政府作用，强化自然资源管理规则、标准、制度的约束性作用，推进自然资源确权登记和评估的便民高效。

四、地方自然资源管理机构的设置及其职责

根据地方各级人民代表大会和地方各级人民政府组织法第六十四条的规定，地方各级人民政府根据工作需要和精干的原则，设立必要的工作部门。省、自治区、直辖市的人民政府的厅、局、委员会等工作部门的设立、增加、减少或者合并，由本级人民政府报请国务院批准，并报本级人民代表大会常务委员会备案。自治州、县、自治县、市、市辖区的人民政府的局、科等工作部门的设立、增加、减少或者合并，由本级人民政府报请上一级人民政府批准，并报本级人民代表大会常务委员会备案。因此，本法对地方自然资源主管部门的设置及其职责，只作了原则性规定。

相关规定

《中华人民共和国地方各级人民代表大会和地方各级人民政府组织法》第六十四条；《中共中央办公厅、国务院办公厅关于自然资源部职能配置、内设机构和人员编制规定》。

第六条　国务院授权的机构对省、自治区、直辖市人民政府以及国务院确定的城市人民政府土地利用和土地管理情况进行督察。

条文主旨

本条是关于国家土地督察制度的规定，是本次修改土地管理法新增加的内容。

立法背景

建立国家土地督察制度，是随着社会主义市场经济体制改革逐步深化，紧跟时代步伐改革完善土地管理体制应运而生的。2004 年，根据当时耕地保护面临的严峻形势和地方政府违法使用土地比较突出的问题，党中央、国务院作出了改革省以下国土资源管理体制，建立国家土地督察制度的决定。国务院印发《关于深化改革严格土地管理的决定》（国发〔2004〕28 号），明确提出“完善土地执法监察体制，建立国家土地督察制度，设立国家土地总督察，向地方派驻土地督察专员，监督土地执法行为”。2006 年 7 月 13 日，国务院办公厅印发《关于建立国家土地督察制度有关问题的通知》（国办发〔2006〕50 号），正式实施国家土地督察制度。2008 年，国务院办公厅印发国土资源部“三定”规定（国办发〔2008〕71 号），明确了国家土地督察机构的职责、编制和人员。

建立国家土地督察制度是国家加强土地管理的一项重大决策，意义重大、影响深远。这一制度有利于落实最严格的耕地保护制度；有利于保证党中央、国务院关于自然资源和国土空间规划重大方针政策的有效实施；有利于土地管理法律法规在全国的统一实施；有利于保证省级政府有效地履行土地管理主体责任。派驻地方的土地督察机构，主要根据中央与地方土地管理事权的划分，按照不改变、不取代地方政府现有土地管理职权、确保地方政府土地管理职权有效行使的原则开展工作。

条文解读

在充分总结国家土地督察制度实施成效的基础上，本次修改土地管理法在总则中增加第六条，对土地督察制度作出明确规定，国务院授权的机构对省、自治区、直辖市人民政府以及国务院确定的城市人民政府土地利用和土地管理情况进行督察。以此为标志，国家土地督察制度正式成为土地管理的法律制度。

一、土地督察制度的主要内容

1. 主体

土地督察的主体是指根据法律法规的授权而享有国家土地督察权力，能够以自己的名义独立从事土地督察活动，并对行为后果承担法律责任的国家机关。根据本条规定，土地督察的主体是经国务院授权专门对省、自治区、直辖市人民政府以及国务院确定的城市人民政府行使土地监督检查权的机构。另外，根据《国务院办公厅关于建立国家土地督察制度有关问题的通知》（国办发〔2006〕50 号），国务院授权国土资源部代表国务院对各省、自治区、直辖市以及计划单列市人民政府土地利用和管理情况进行监督检查。国家土地总督察、副总督察负责组织实施国家土地督察制度。2018 年，国务院机构改革组建自然资源部，中共中央办公厅、国务院办公厅印发自然资源部“三定方案”（厅字〔2018〕69号）第六条规定，“根据中央授权，自然资源部向地方派驻国家自然资源督察北京局、沈阳局、上海局、南京局、济南局、广州局、武汉局、成都局、西安局，承担对所辖区域的自然资源督察工作”。由此可知，授权的主体是党中央和国务院，被授权的主体是自然资源部。自然资源部通过向地方派驻督察局来行使监督检查的权力。各督察局是根据党中央国务院的授权履行土地督察职责。

2. 对象

根据本条规定，土地督察的对象为省、自治区、直辖市人民政府以及国务院确定的城市人民政府。如何理解本条关于督察对象的规定呢？法律的规定来源于国办发《关于建立国家土地督察制度有关问题的通知》的规定，又不限于该通知的规定。将“计划单列市”的表述转化为“国务院确定的城市人民政府”，一方面符合法律语言表述习惯，另一方面增强督察对象的灵活性，即国务院可以根据经济社会发展和土地管理形势的需要，决定是否将地市人民政府纳入督察范围。这也与自然资源部“三定方案”进行了有效的衔接。

3. 内容

根据本条规定，土地督察的内容是土地利用和土地管理情况。主要包括：一是监督检查省级以及国务院确定的城市人民政府耕地保护责任目标的落实情况。二是监督省级以及国务院确定的城市人民政府土地执法情况，核查土地利用和管理中的合法性和真实性，监督检查土地管理审批事项和土地管理法定职责履行情况。三是监督检查省级以及国务院确定的城市人民政府贯彻党中央、国务院关于土地管理重大方针政策、决策部署及法律法规执行等情况。四是开展土地管理的调查研究，提出加强土地管理的政策建议等。

二、土地督察与土地监督检查的关系

本法专章规定了土地监督检查制度。所谓土地监督检查，是指自然资源主管部门依照法定权限、程序和方式，对本行政区域内单位和个人执行、遵守土地管理法律法规的情况进行监督检查，并对违反土地管理法律法规行为进行调查处理的行政执法行为。虽然土地督察和土地监督检查都是对土地违法违规行为的监督检查，但二者是不同的土地管理制度，其差别主要有以下几个方面：

1. 主体不同。土地监督检查的主体是依法享有土地管理职权的县级以上人民政府自然资源主管部门。而土地督察的主体是根据授权的土地督察机构。

2. 客体不同。土地监督检查的对象是管理相对人，即一切与土地发生法律关系的单位和个人，在一定条件下，还包括地方各级人民政府及代表政府行使土地管理权的自然资源主管部门。而土地督察的对象则是省级及国务院确定的城市人民政府土地利用和管理情况。两者虽存在交叉，但是重点和倾向性不同。

3. 职权不同。土地监督检查的职能是对土地管理法律法规的执行情况进行监督检查，并对违法者的违法行为给予法律制裁，包括行政处罚和行政处分。而土地督察的职能主要包括调查权、审核权、纠正权、建议权等，并没有取代自然资源主管部门依法享有的执法权。国家土地督察机构行使职权，不改变、不取代各级自然资源主管部门的监督检查和行政处罚等管理职权。

三、国家土地督察机构的法律地位

《关于建立国家土地督察制度有关问题的通知》（国办发〔2006〕50 号）规定，国务院授权国土资源部代表国务院对各省、自治区、直辖市，以及计划单列市人民政府土地利用和管理情况进行监督检查，由国土资源部向地方派驻九个国家土地督察局。2008 年原国土资源部“三定”规定，“国务院设立国家土地总督察，授权国家土地总督察对各省、自治区、直辖市，以及计划单列市人民政府土地利用和管理情况进行监督检查，落实耕地保护目标责任制，监督国家土地调控政策的实施。国家土地总督察对国务院负责。委托国土资源部组织实施国家土地督察制度，向地方派驻 9 个国家土地督察局”。由于两个文件对被授权主体的规定不一致，国家土地总督察既是国务院设立的组织机构，同时又是个人职务的代名词。这就出现了一个名称、两种用途，容易产生混淆。且在土地督察实践中，国家土地总督察更大程度体现为一种个人职务，作为机构的职能未能充分体现，能动性有所欠缺。

因此，总结实践中产生的问题，新一轮机构改革对土地督察的定位有所调整，明确自然资源部根据中央授权，对地方政府落实党中央、国务院关于自然资源和国土空间规划的重大方针政策、决策部署及法律法规的执行情况进行督察。根据中央授权，自然资源部向地方派驻国家自然资源督察局。本条的规定与国务院文件及自然资源部“三定”规定总体上是一脉相承的：一是授权规格有所提升，党中央和国务院授权是督察权威的根本保证；二是被授权主体为自然资源部以及自然资源部派驻的督察机构；三是派驻地方的督察机构代表总督察履行督察职责；四是监督地方政府。即把省级政府作为主要的督察对象，必要时可延伸至市、县级政府。由此来看，国家土地督察机构是经中央和国务院授权，由自然资源部派驻，对地方人民政府落实党中央、国务院关于自然资源和国土空间规划的重大方针政策、决策部署及法律法规的执行情况进行监督检查的法定机构。

四、机构改革后国家自然资源督察基本情况

此次机构改革中，中央着眼于解决自然资源开发利用、保护和管理中存在的突出问题，赋予自然资源部统一行使全民所有自然资源资产所有者职责、统一行使所有国土空间用途管制和生态保护修复职责。中央明确自然资源部履行自然资源督察职责，督察范围从土地资源扩大到海洋、森林、草原、矿产等自然资源。2018 年 8 月 1 日，中共中央办公厅、国务院办公厅印发自然资源部“三定”方案（厅字〔2018〕69 号），明确了国家自然资源督察机构的职责、编制和人员。“三定”方案第三条明确，“根据中央授权，对地方政府落实党中央、国务院关于自然资源和国土空间规划的重大方针政策、决策部署及法律法规执行情况进行督察”。第四条明确了国家自然资源总督察办公室的职责，“完善国家自然资源督察制度，拟订自然资源督察相关政策和工作规则等。指导和监督检查派驻督察局工作，协调重大及跨督察区域的督察工作。根据授权，承担对自然资源和国土空间规划等法律法规执行情况的监督检查工作”。第五条明确自然资源部部长兼任国家自然资源总督察，1 名副部长兼任国家自然资源副总督察。第六条明确，“根据中央授权，自然资源部向地方派驻国家自然资源督察北京局、沈阳局、上海局、南京局、济南局、广州局、武汉局、成都局、西安局，承担对所辖区域的自然资源督察工作。9 个督察局行政编制 336 名，司局级领导职数 64 名（9 个督察局按 1 正 2 副配备，对应的 37 个被督察单位各配备督察专员 1 名）”。

国家自然资源督察机构行使职权要坚持以下原则：一是坚持不改变、不取代地方人民政府及其自然资源等主管部门的行政许可、行政处罚等管理职权，不直接查处案件。

二是坚持对地方政府自然资源利用和管理行为进行事前、事中、事后全方位的监督检查。三是坚持监督与调查研究并重，充分发挥了解基层、掌握情况的优势，及时解决督察中发现的问题，不断总结好的做法和经验，提出加强自然资源管理的政策建议。

相关规定

《国务院关于深化改革严格土地管理的决定》；《国务院办公厅关于建立国家土地督察制度有关问题的通知》；《国务院办公厅关于国土资源部职能配置内设机构和人员编制规定》；《中共中央办公厅、国务院办公厅关于自然资源部职能配置、内设机构和人员编制规定》。

第七条　任何单位和个人都有遵守土地管理法律、法规的义务，并有权对违反土地管理法律、法规的行为提出检举和控告。

条文主旨

本条是关于土地管理中公民和单位的权利和义务的规定。

立法背景

法律规定的“权利”是指法律赋予人们的某种权能，法律规定的“义务”是人们必须遵守、履行的某种责任。

本条规定，任何单位和个人都有遵守土地管理法律、法规的义务，这是对单位和个人义务的规定。同时还规定，有权对违反土地管理法律、法规的行为提出检举和控告，这是对单位和个人权利的规定。

条文解读

一、任何单位和个人都有遵守土地管理法律、法规的义务

这是指任何单位和个人都必须按照土地管理法律、法规的规定来约束自己的行为，不能实施违反土地管理法律、法规的行为。首先，国家机关及其工作人员要严格守法，主要包括：严格按照土地利用总体规划确定的用途批准用地；严格按照法律规定的权限和程序批准占用、征收土地；不得侵占、挪用被征收土地单位的征地补偿费用和其他有关费用；自然资源主管部门的工作人员要认真执法、不得滥用职权、徇私舞弊。在处理土地违法案件时，必须严格按照法律、法规的规定，该给予处分的必须给予处分，该给予行政处罚的必须给予行政处罚，该移送有关机关追究刑事责任的，必须移交有关机关追究刑事责任。其次，公民和单位应当忠实履行土地管理法律、法规规定的义务，主要包括：使用土地的单位和个人，有保护、管理和合理利用土地的义务；承包经营土地的单位和个人有保护和按照承包合同约定的用途合理利用土地的义务；不得侵占、

买卖或者以其他形式非法转让土地；不得违反土地利用总体规划擅自将农用地改为建设用地；不得违反本法规定，占用耕地建窑、建坟或者擅自在耕地上建房、挖砂、采石、采矿、取土等，破坏种植条件；不得未经批准或者采取欺骗手段骗取批准，非法占用土地；农村村民不得未经批准或者采取欺骗手段骗取批准，非法占用土地建住宅；使用耕地的，要严格按照本法的规定履行开垦义务；因挖损、塌陷、压占等造成土地破坏的，应当履行土地复垦义务；开发土地要遵守本法和其他法律、法规规定的程序和要求等。

二、任何单位和个人都有权对违反土地管理法律、法规的行为提出检举和控告

这里所说的有权“检举”和“控告”，是指单位和公民个人对有土地违法行为的政府机关部门、单位、组织和个人，有向人民政府土地行政主管部门或者人民政府其他机关提出举报和指控，要求有关机关予以处理和制裁的权利。宪法第四十一条规定，中华人民共和国公民对于任何国家机关和国家工作人员的违法失职行为，有向有关国家机关提出申诉、控告或者检举的权利。对土地资源保护和管理情况的监督，需要依靠群众、借助社会力量。实践证明，很多问题都是通过社会力量才得以发现并最终得到有效处理的。单位和个人进行检举和控告既可以用书面形式，也可以用口头形式，但应注意说明被检举人或者被控告人的具体违法行为等情况。按照宪法的规定，有关国家机关必须查清事实，负责处理。任何人不得打击报复。受理单位和个人对土地违法违规行为的检举和控告，也是各级自然资源主管部门行使土地管理监督检查职责的重要内容之一。为此，原国土资源部于2009年6月开通了全国统一的12336举报电话，主要受理公众针对土地、矿产违法行为的各类举报。2017年，为拓展群众举报土地违法线索渠道，又进一步开通12336违法线索举报微信平台。举报人可以通过电话、平台、信件、邮件等方式向自然资源主管部门举报自然人、法人或者其他组织违反土地管理法律、法规的违法线索，自然资源主管部门按照统一规范的流程，对违法线索进行接收、判定、核查、处理等，并将结果反馈给举报人。

相关规定

《中华人民共和国宪法》第四十一条。

第八条 **在保护和开发土地资源、合理利用土地以及进行有关的科学研究等方面成绩显著的单位和个人，由人民政府给予奖励。**

条文主旨

本条是关于奖励的规定。

立法背景

法律具有引导作用，给予奖励是发挥法律引导作用的重要方式。奖励与处罚不同，处罚是通过制裁给予违法者的负向“激励”；奖励是通过鼓励给予社会成员的正向激励。奖励先进是为了向全社会树立起一种榜样，推动某项工作的开展，调动全体公民的积极性和热情。

奖励是对做出成绩或者贡献的人员的奖赏和鼓励，也是对其成绩或者贡献的价值肯定。奖励的方式有两种：一是精神奖励，可以采取通报表扬、授予光荣称号、嘉奖等形式，如先进单位、先进个人、模范县（市）；二是物质奖励，可以采取发给一定数额的奖金、晋升工资级别等形式。在具体工作中可以采用一种或者同时采用两种方式。

条文解读

本条规定包含以下几方面内容：

一、奖励主体

本条规定的奖励主体是人民政府，包括以人民政府的名义奖励、以人事或干部主管部门的名义奖励和以自然资源主管部门的名义奖励。

二、奖励对象

本条规定的奖励对象是单位和个人，单位可以是企业、事业单位，各级政府的组成部门，也可以是其他非政府组织等。个人可以是中国公民，也可以是外国公民。可以是自然资源主管部门及其工作人员，也可以是有关研究机构科研人员、使用土地的单位和个人，举报土地违法案件的单位和个人等。

三、奖励范围

本条规定的奖励范围应当是与土地管理相关的方面，包括保护和开发土地资源、合理利用土地、进行与保护和开发土地资源、合理利用土地有关的科学研究。

四、奖励条件

本条规定的奖励条件是在保护和开发土地资源、合理利用土地以及进行有关的科学研究等方面作出显著成绩。

第二章　土地的所有权和使用权

第九条　城市市区的土地属于国家所有。

农村和城市郊区的土地，除由法律规定属于国家所有的以外，属于农民集体所有；宅基地和自留地、自留山，属于农民集体所有。

条文主旨

本条是关于国家和农民集体所有土地范围的规定。

立法背景

宪法第九条第一款规定："矿藏、水流、森林、山岭、草原、荒地、滩涂等自然资源，都属于国家所有，即全民所有；由法律规定属于集体所有的森林和山岭、草原、荒地、滩涂除外。"第十条第一款、第二款规定："城市的土地属于国家所有。农村和城市郊区的土地，除由法律规定属于国家所有的以外，属于集体所有；宅基地和自留地、自留山，也属于集体所有。"本条规定与宪法规定的精神完全一致。宪法是国家根本大法，是制定法律的依据，本法

第一条也开宗明义地规定了“根据宪法，制定本法”。

条文解读

宪法第十条第一款、第二款规定：“城市的土地属于国家所有。农村和城市郊区的土地，除由法律规定属于国家所有的以外，属于集体所有；宅基地和自留地、自留山，也属于集体所有。”第九条第一款规定：“矿藏、水流、森林、山岭、草原、荒地、滩涂等自然资源，都属于国家所有，即全民所有；由法律规定属于集体所有的森林和山岭、草原、荒地、滩涂除外。”

根据本条第一款规定，城市市区的土地属于国家所有。这一款只是对于城市市区的土地所有权属于国家作了规定，但并没有否定除城市市区外还有属于国家的土地，即国有土地的范围不仅限于城市市区的土地。根据本条第二款关于“农村和城市郊区的土地，除由法律规定属于国家所有的以外，属于农民集体所有”的规定，对于农村和城市郊区的土地，法律规定属于国家所有的、仍然属于国家所有。例如，一些处于农村和城市郊区、国家划拨国有农场使用的土地，依据1950年土地改革法第十五条“分配土地时，县以上人民政府得根据当地土地情况，酌量划出一部分土地收归国有，作为一县或数县范围内的农事试验场或国营示范农场之用”及1995年原国家土地管理局《确定土地所有权和使用权的若干规定》第四条“依据《土地改革法》

及有关规定，凡当时没有将土地所有权分配给农民的土地属于国家所有；1962 年《农村人民公社工作条例修正草案》明确未划入农民集体范围内的土地属于国家所有”的规定，属于国家所有。

《中华人民共和国土地管理法实施条例》第二条规定，下列土地属于全民所有即国家所有：（一）城市市区的土地；（二）农村和城市郊区中已经依法没收、征收、征购为国有的土地；（三）国家依法征收的土地；（四）依法不属于集体所有的林地、草地、荒地、滩涂及其他土地；（五）农村集体经济组织全部成员转为城镇居民的，原属于其成员集体所有的土地；（六）因国家组织移民、自然灾害等原因，农民成建制地集体迁移后不再使用的原属于迁移农民集体所有的土地。

根据本条第二款的规定，农民集体所有土地的范围为：一是除由法律规定属于国家所有外的农村和城市郊区的土地。也就是说，农村和城市郊区的土地原则上属于集体所有。如果法律规定属于国家所有的，则属于国家所有。这里的“法律”是指全国人大及其常委会通过的具有约束力的规范性文件，还包括了建国初期在国有土地形成过程中发挥重要作用的由当时中央人民政府根据共同纲领制定的法律，如 1950 年 6 月 28 日中央人民政府颁布的《中华人民共和国土地改革法》，1950 年 11 月 10 日政务院颁布的《城市郊区土地改革条例》等。例如，土地改革法第十八条规定，“大森林、大水利工程、大荒地、大荒山、大盐田和矿山及湖、沼、河、港等，均归国家所有，由人民政府管理经营之”。也就是说，法律没有确定为集体所有的森林和山岭、草原、荒地、滩涂等（当然包括其范围内的土地），均属于国家所有。二是宅基地和自留地、自留山。宅基地是农民用于建造住宅及其附属设施的一定范围内的土地。自留地是我国农业合作化后农村集体经济组织分配给本集体经济组织成员长期使用的土地。自留山是农村集体经济组织分配给其成员长期使用的柴山和荒坡。自留山和自留地主要来自二十世纪六十年代初《农村人民公社工作条例（修正草案）》第四十条的规定：“自留地一般占生产队耕地面积的5%～7%，归社员家庭使用，长期不变。在有柴山或荒坡的地方，还可以根据需要和原有习惯，分配给社员适当数量的自留山，由社员经营。自留山划定后，也长期不变。”

此外，农村和城市郊区的土地，有下列情形之一且不属于《中华人民共和国土地管理法实施条例》第二条规定范围的，确定为农民集体所有。第一，土地改革时分给农民并颁发了土地的所有权证，现在由村或乡农民集体经济组织或其成员使用的；第二，根据1962年《农村人民公社工作条例修正草案》的规定，已确定为集体所有的耕地、自留地、自留山、宅基地、山林、水面和草原等；第三，不具有上述情形，但农民集体连续使用其他农民集体所有的土地已满二十年的，或者虽未连续使用满二十年但是经县级以上人民政府根据具体情况确认其所有权的；第四，农村集体经济组织设立的企业或其他组织及成员持有集体建设用地使用权证的。

相关规定

《中华人民共和国宪法》第九条、第十条；《中华人民共和国土地管理法实施条例》第二条；《农村人民公社工作条例修正草案》。

第十条　国有土地和农民集体所有的土地，可以依法确定给单位或者个人使用。使用土地的单位和个人，有保护、管理和合理利用土地的义务。

条文主旨

本条是关于土地使用权和土地使用权人应履行的义务的规定。

条文解读

一、国有土地和农民集体所有的土地可以依法确定给单位或者个人使用

国有土地和农民集体所有的土地可以依法确定给单位或者个人使用，体现了土地所有权和土地使用权可以分离

的基本原则。土地使用权是用益物权中的一项重要权利。物权法第一百一十八条规定，“国家所有或者国家所有由集体使用以及法律规定属于集体所有的自然资源，单位、个人依法可以占有、使用和收益”。土地等自然资源的公有制，决定了单位、个人利用土地等资源，必然要在国家所有或者集体所有的土地等资源上取得用益物权。物权法上的用益物权，是土地所有权与土地使用权分离的法律形式。我国是在土地公有制基础上实行社会主义市场经济，作为土地所有者的国家自己不使用土地而交由各类企业事业等单位使用，是国有土地使用关系的主要形式；作为土地所有者的农民集体自己不使用土地而交给农户使用，是农村土地使用关系的主要形式。

土地使用权是指使用土地的单位和个人在法律所允许的范围内对依法交由其使用的国有土地和农民集体所有土地的占有、使用、收益以及依法处分的权利。土地使用权具有以下特征：一是土地使用权是基于法律的规定而产生的，如果没有法律的规定，也就不会有土地使用权的合法存在。二是土地使用权是在国有土地和农民集体土地所有权的基础上派生出来的一种权利，也就是说这一权利是依据土地所有权的存在而存在的，没有土地所有权也就没有土地使用权。三是土地使用权是一种对土地的直接占有支配权。四是土地使用权的目的是获得土地的使用价值，从土地的利用活动中获得经济利益和为其他活动提供空间场所。五是土地使用权具有一定的稳定性。一方面土地使用权只要依法使用土地即不受他人非法干涉；另一方面有的土地使用权的期限较长，如本法规定的农民集体所有和国家所有依法由农民集体使用的耕地、林地、草地，以及依法用于农业的土地，采取农村集体经济组织内部的家庭承包方式承包；家庭承包的耕地的承包期为三十年，草地的承包期为三十年至五十年，林地的承包期为五十年至七十年；耕地承包期届满后再延长三十年，草地、林地承包期届满后依法相应延长。六是土地使用权一般仅限于地面。根据宪法和有关法律的规定，地下矿藏、文物、埋藏物等属于国家，土地使用权人不能因为对土地具有使用权，而认为对上述财物具有权利。

根据本条规定，土地使用权分为国有土地使用权和农民集体土地的使用权，这是由土地所有权的主体不同而形成的土地使用权。国有土地和农民集体所有的土地是否确定给单位或者个人使用，由土地所有者自己决定。国有土地和农民集体所有的土地确定给单位或者个人使用必须依法进行。

二、使用土地的单位和个人，有保护、管理和合理利用土地的义务

土地是人类可利用的自然资源中最基本、最宝贵的资源之一，是人类最基本的生产资料。我国人多地少，特别是耕地少是我国的基本国情。因此，“十分珍惜、合理利用土地和切实保护耕地”是我国的基本国策。土地也是一种社会资源，对于土地资源的利用不仅是权利人对自己权利的行使，而且还关系到其他社会成员生存的权利。所以，使用土地的单位和个人，有保护、管理和合理利用土地的义务。

保护、管理，是指使用土地的单位和个人对土地生产能力的保护和管理，也就是对土地生态及其环境的良好性能和质量的保护和管理。合理利用土地，是指在使用土地的过程中，要坚持因地制宜、科学开发、充分利用的原则，通过科学使用土地，充分发挥土地的潜力，有效利用土地资源，使得土地的利用与其自然的、社会的特性相适应。同时，要遵循自然规律和社会规律，正确处理好人口、资源与环境的关系，既要重视人民生产生活用地，又要切实保护好耕地，充分发挥土地在生产活动中的作用，以获得最佳的经济、社会、生态的综合效益。具体而言，要做到保护耕地、保护土地生态环境、提高土地利用率、防止水土流失和盐渍化等。

相关规定

《中华人民共和国物权法》第一百一十八条。

第十一条 农民集体所有的土地依法属于村农民集体所有的，由村集体经济组织或者村民委员会经营、管理；已经分别属于村内两个以上农村集体经济组织的农民集体所有的，由村内各该农村集体经济组织或者村民小组经营、管理；已经属于乡（镇）农民集体所有的，由乡（镇）农村集体经济组织经营、管理。

条文主旨

本条是关于农民集体所有的土地的经营、管理的规定。

立法背景

根据我国广大农村集体土地所有权的基本形式，本条规定了相应的主体行使农民集体所有土地的经营、管理权，这样规定与民法通则、物权法、农村土地承包法等现行法律的相关规定保持一致，也使得党在农村的政策具有连续性和稳定性，进而保护和调动广大农民的积极性。

条文解读

一、关于农民集体所有的土地的经营、管理，本条规定分为三种情况：

1. 农民集体所有的土地依法属于村农民集体所有的，由村集体经济组织或者村民委员会经营、管理。

这里的“村”是指行政村，即设立村民委员会的村，而非自然村。农民集体所有的土地依法属于村农民集体所有，就是指农民集体所有的土地依法属于行政村农民集体所有。这里所讲的村集体经济组织，应理解为农村中有土地所有权的农业集体经济组织。这里所讲的村民委员会，是指村民委员会组织法中所规定的村民委员会。村民委员会是在人民公社进行政社分开、建立乡政权的过程中，在全国农村逐步建立起来的农村基层群众性自治组织。农村实行家庭承包经营责任制形式后，对以“三级所有，队为基础”的人民公社体制进行改革。在改革过程中，有的生产大队在生产小队的基础上建立了村民委员会。1985 年 2 月，生产大队管理体制的改革在全国全部完成，村民委员会在农村普遍建立起来。村民委员会能否经营、管理农民集体所有的土地，在现实中一直存在争议。有的认为，村民委员会是农村基层群众性自治组织，不能代表集体经营、管理农民集体土地。而在实践中，许多村的集体经济组织已不存在或者不健全，难以履行集体所有土地的经营、管理，需要由行使自治权的村民委员会来经营、管理集体土地。因此，如果有以村为单位的农村集体经济组织，就由该村集体经济组织经营、管理；如果没有以村为单位的农村集体经济组织，则由村民委员会经营、管理。物权法、民法通则和农村土地承包法都从法律上赋予了村民委员会对村集体所有土地等财产进行经营、管理的经济职能。村民委员会经营、管理农村集体所有土地，不但与农村经济发展的实际情况相适应，而且也符合多年来的法律实践。

2. 已经分别属于村内两个以上农村集体经济组织的农民集体所有的，由村内各该农村集体经济组织或者村民小组经营、管理。

本条规定的“已经分别属于村内两个以上农村集体经济组织的农民集体所有的”土地，是指该土地在改革开放以前就分别属于两个以上的生产队，现在仍然分别属于相当于原生产队的各该农村集体经济组织或者村民小组的农民集体所有。这里的“村民小组”是指行政村内的由村民组成的自治组织，它是村民自治共同体内部的一种组织形式，相当于原生产队的层次。关于村民小组，村民委员会组织法规定，村民委员会可以根据居住地区划分若干个村民小组。目前，全国多数农村地区在原来的生产大队一级设立村委会，在原来的生产队一级设立村民小组。物权法和农村土地承包法都赋予了村民小组对集体土地等财产经营、管理的职能。

已经分别属于村内两个以上农村集体经济组织的农民集体所有的土地，或者由村内各该农村集体经济组织经营、管理，或者由村民小组经营、管理。这是因为考虑到我国实行家庭联产承包责任制以后，有些村内的集体经济组织已不健全，难以完成集体所有土地的经营、管理任务，需要具有一定自治权的村民小组来行使集体经济组织经营、管理土地的职能。因此，如果村内有集体经济组织的，就由村内的集体经济组织经营、管理；如果没有村内的集体经济组织的，则由村民小组经营、管理。

3. 已经属于乡（镇）农民集体所有的，由乡（镇）农村集体经济组织经营、管理。

这种情况包括：一是指改革开放以前，原来以人民公社为核算单位的土地，在公社改为乡（镇）以后仍然属于乡（镇）农民集体所有；二是在人民公社时期，公社一级掌握的集体所有的土地仍然属于乡（镇）农民集体所有。上述两种情况下的土地仍然由乡（镇）农村集体经济组织经营、管理。

二、本条规定实际上是以法律的形式，维持了我国广大农村以往实行的“三级所有，队为基础”的农民集体所有土地的基本形式，使得党在农村的政策具有连续性和稳定性，进而保护和调动广大农民的积极性。

相关规定

《中华人民共和国物权法》第六十条；《中华人民共和国民法通则》第七十四条；《中华人民共和国农村土地承包法》第十三条。

第十二条　土地的所有权和使用权的登记，依照有关不动产登记的法律、行政法规执行。

依法登记的土地的所有权和使用权受法律保护，任何单位和个人不得侵犯。

条文主旨

本条是关于不动产登记制度和土地的所有权和使用权受法律保护的规定。

立法背景

本条第一款是将原法第十一条、第十二条合并后作出的实质性修改。本条第二款是原法第十三条的规定，并未进行修改。

党中央、国务院高度重视不动产统一登记工作，强调整合不动产登记职责、建立不动产统一登记制度，是国务院机构改革和职能转变方案的重要内容，也是完善社会主义市场经济体制、建设现代市场体系的必然要求，对于保护不动产权利人合法财产权、提高政府治理效率和水平，尤其是方便企业、方便群众，具有重要意义。2014 年，国务院出台了《不动产登记暂行条例》，不动产登记方面的法律也会加快立法步伐。

条文解读

一、土地的所有权和使用权的登记

本条第一款明确了不动产统一登记制度并强调不动产

登记可以确认和保护土地权利人的所有权和使用权。物权法第十条规定，“不动产登记，由不动产所在地的登记机构办理。国家对不动产实行统一登记制度。统一登记的范围、登记机构和登记办法，由法律、行政法规规定”。国家建立不动产统一登记制度后，对现行分散的登记制度进行改革，并出台了《不动产登记暂行条例》，进一步细化了不动产统一登记制度，明确了登记的内容、程序、登记簿等相关内容，将土地、林地、草地等不动产权利进行统一登记。不动产统一登记制度的建立，结束了土地、房屋、森林、草原等不动产由不同部门分割登记的现状。随着不动产统一登记制度的实施，原法规定的土地登记已经被不动产统一登记所取代，本法进一步落实不动产统一登记制度，明确规定土地的所有权和使用权的登记，依照有关不动产登记的法律、行政法规执行，删去了原法中关于确认林地、草原的所有权和使用权，确认水面滩涂的养殖使用权，分别依照森林法、草原法、渔业法办理的内容。

本条所讲的土地所有权是指土地所有者在法律规定的范围内对其所有的土地享有占有、使用、收益和处分的权利，包括国有土地所有权和农民集体土地所有权。本条所讲的使用权是指土地使用权人对依法取得的土地享有占有、使用、收益和依法处分的权利。按照土地所有权的主体不同，土地使用权可以分为国有土地的使用权和农民集体所有土地的使用权。按土地用途的不同，又可以分为建设用地使用权和农业用地使用权，如国有建设用地使用权、宅基地使用权、集体经营性建设用地使用权和农村土地承包经营权、林地使用权、草原使用权、国有农用地使用权等。物权法第一百三十九条规定，设立建设用地使用权的，应当向登记机构申请建设用地使用权登记。建设用地使用权登记自登记时设立。登记机构应当向建设用地使用权人发放建设用地使用权证书。第一百四十五条规定，建设用地使用权转让、互换、出资或者赠与的，应当向登记机构申请变更登记。第一百五十条规定，建设用地使用权消灭的，出让人应当及时办理注销登记。登记机构应当收回建设用地使用权证书。同时，还对不动产登记应提供的必要资料、登记的效力、不动产登记簿效力及其管理机构、不动产登记簿与不动产权属证书的关系、不动产更正登记和异议登记等作出了规定。农村土地承包法对土地承包经营权和土地经营权登记作出了规定，第二十四条规定，国家对耕地、林地和草地等实行统一登记，登记机构应当向承包方颁发土地承包经营权证或者林权证等证书，并登记造册，确认土地承包经营权。第三十五条规定，土地承包经营权互换、转让的，当事人可以向登记机构申请登记。未经登记，不得对抗善意第三人。第四十一条规定，土地经营权流转期限为五年以上的，当事人可以向登记机构申请土地经营权登记。未经登记，不得对抗善意第三人。上述规定的所有权和使用权经过登记的，受法律保护，未经登记的不受法律保护。

二、依法登记的土地的所有权和使用权受法律保护

该款包括的含义为：一是土地所有权人和使用权人必须是法定的经过登记的所有权人和使用权人；二是当土地所有权人和使用权人的权利受侵害时，可以请求行政机关给予保护，可请求行政机关作出处理；三是当土地所有权人和使用权人的权利受侵害时，可以请求司法机关给予保护。

本款从两个方面规定了土地的所有权和使用权受法律保护。一是从正面规定，依法登记的土地的所有权和使用权受法律保护；二是从另一面规定任何单位和个人不得侵犯依法登记的土地的所有权和使用权。“任何单位和个人”，这实际上是对权利人以外的人来讲的，它同“依法登记的土地的所有权和使用权受法律保护”的规定是一个问题的两面。这一规定实际上是给土地所有权人和使用权人以外的政府及其部门、法人和其他组织及个人设定的一项义务，这些单位和个人必须履行这一义务。如违反这项义务须承担相应的法律责任。

相关规定

《中华人民共和国物权法》；《中华人民共和国农村土地承包法》；《中华人民共和国不动产登记暂行条例》。

第十三条 农民集体所有和国家所有依法由农民集体使用的耕地、林地、草地，以及其他依法用于农业的土地，采取农村集体经济组织内部的家庭承包方式承包，不宜采取家庭承包方式的荒山、荒沟、荒丘、荒滩等，可以采取招标、拍卖、公开协商等方式承包，从事种植业、林业、畜牧业、渔业生产。家庭承包的耕地的承包期为三十年，草地的承包期为三十年至五十年，林地的承包期为三十年至七十年；耕地承包期届满后再延长三十年，草地、林地承包期届满后依法相应延长。

国家所有依法用于农业的土地可以由单位或者个人承包经营，从事种植业、林业、畜牧业、渔业生产。

发包方和承包方应当依法订立承包合同，约定双方的权利和义务。承包经营土地的单位和个人，有保护和按照承包合同约定的用途合理利用土地的义务。

条文主旨

本条是关于土地承包经营的规定。

立法背景

本条是将原法第十四条、第十五条合并后进行的修改。修改的目的主要是与农村土地承包法的规定相衔接。以家庭承包经营为基础、统分结合的双层经营体制是我国农村经济的一项基本制度。土地承包经营权人依法对其承包经营的耕地、林地、草地等享有占有、使用和收益的权利，有权从事种植业、林业、畜牧业等农业生产。农村土地承包法对农村土地承包经营的方式，承包经营权的期限、保护、流转等农村土地承包制度进行了明确规定。

本条共三款，分别对农村土地的家庭承包及承包的期限、“四荒地”等其他农村土地的承包、国有农用地的承包经营以及订立承包合同并履行保护和合理利用土地义务作出了规定。

条文解读

一、农村土地的家庭承包及承包限期和“四荒地”等其他农村土地的承包

为与农村土地承包法的内容相衔接，本条第一款一是明确了土地承包经营权的客体：农民集体所有的土地和国家所有依法由农民集体使用的耕地、林地、草地，以及其他依法用于农业的土地；二是明确土地承包经营权的主体：对一般农用地而言，以家庭承包方式设立的土地承包经营权，其主体必须是本集体经济组织成员所组成的农户，具有特定的身份性。“四荒地”（荒山、荒沟、荒丘和荒滩）土地承包人则无身份限制，除本集体经济组织成员外，其他集体经济组织成员以及城镇居民或组织也可作为承包人；

三是土地承包经营的方式为采取农村集体经济组织内部的家庭承包方式承包为主，不宜采取家庭承包方式的“四荒地”等，可以采取招标、拍卖、公开协商等方式承包；四是明确土地承包经营合同的期限：家庭承包的耕地承包期为三十年，草地的承包期为三十年至五十年，林地的承包期为三十年至七十年。耕地承包期届满后再延长三十年，草地、林地承包期届满后依法相应延长。

1. 关于农村土地的家庭承包。根据农村土地承包法第二条的规定，实行家庭承包的农村土地的范围包括农民集体所有和国家所有依法由农民集体使用的耕地、林地、草地，以及其他依法用于农业的土地。不包括农民集体所有的其他土地，如宅基地等。农村土地承包法是农村土地承包的基本法律，本条规定的实行家庭承包的农村土地的范围与农村土地承包法的规定完全一致。农村土地实行家庭承包经营，是从我国实际出发，经过几十年探索而形成的农村土地基本经营制度，也是农村改革不断深化、农村经济和社会迅速发展的必然结果。实践中承包的农村土地主要是农民集体所有的土地，也有少部分是国家所有依法由农村集体使用的土地。

2. 关于家庭承包的期限。农村土地实行家庭承包是一项长期不变的政策，稳定土地承包关系是党的农村政策的核心内容。土地承包经营权的期限是稳定土地承包关系的重要方面，也是保障农民的土地权利、稳定农民对土地的长期预期的关键因素。家庭承包应当有足够长的期限，以确保土地承包经营权的确定性和稳定性，从而消除农民的顾虑。2019 年，中共中央、国务院出台了《关于保持土地承包关系稳定并长久不变的意见》，该意见明确提出，保持土地承包关系稳定并长久不变，第二轮土地承包到期后再延长三十年。

本条分三种情况规定了家庭承包的期限：一是耕地的承包期限为三十年；二是草地的承包期限为三十年至五十年；三是林地的承包期限为三十年至七十年。耕地承包期届满后再延长三十年，草地、林地承包期届满后依法相应延长。本条规定与农村土地承包法第二十一条的规定完全一致。

3. 不宜采取家庭承包的“四荒地”等其他农村土地的承包。除家庭承包外，对“四荒地”等其他农村土地，通过招标、拍卖、公开协商等进行承包的，称为其他方式的承包，承包方取得土地经营权。其他方式承包强调效率优先、兼顾公平，承包主体不限于集体经济组织内部农户和成员，本集体经济组织以外的单位和个人也可以承包，在同等条件下，本集体经济组织成员享有优先承包权。

二、国有农用地的承包经营

本条第二款规定，国家所有依法用于农业的土地可以由单位或者个人承包经营，从事种植业、林业、畜牧业、渔业生产。承包经营的范围为“从事种植业、林业、畜牧业、渔业生产。”国有土地承包经营应根据本条规定和其他有关法律的规定订立承包经营合同，约定双方的权利和义务。

物权法第一百三十四条规定，“国家所有的农用地实行承包经营的，参照本法的有关规定”。对于国家所有依法用于农业的土地，有的由农民集体长期使用，实行农村土地承包经营制度；有的由单位（包括集体）或者个人承包经营；有的通过组建国有农场、林场等进行生产经营；有的还没有完全开发利用。对交由农民集体使用以外的国有农用地实行承包经营的，可以根据实际情况，在承包方式、承包期限、承包的权利义务等方面参照物权法的有关规定执行，以促进国有农用地资源的合理开发利用，维护承包人的合法权益。

三、依法订立承包合同，依法履行义务

本条第三款规定，发包方和承包方应当依法订立承包合同，约定双方的权利和义务。承包经营土地的单位和个人，有保护和按照承包合同约定的用途合理利用土地的义务。这一款的规定包括以下两个方面的内容：

1. 依法订立承包合同。承包合同是明确发包方、承包方的权利义务关系并具有法律效力的文书，是承包方依法承包国家和集体所有土地的合法依据，是约定当事人双方权利义务的重要凭证。本条规定的承包合同，包括农村土地家庭承包合同、其他方式承包的土地承包合同和国有农用地承包经营合同三种。承包合同一般包括：发包方、承包方的名称，发包方负责人和承包方代表的姓名、住所；承包土地的名称、坐落、面积、质量等级；承包期限和起止日期；承包土地的用途；发包方和承包方的权利和义务；违约责任等。承包合同自成立之日起生效。

2. 依法履行义务。保护和合理利用土地是本法规定的义务，承包经营土地的单位和个人，更应履行这一义务。这里所讲的保护，是指承包经营方为保护土地的生产能力要采取整治和管理措施，要保护土地生态环境、提高土地利用率、防止水土流失和盐渍化等。合理利用土地，是指承包经营土地单位和个人在使用土地的过程中，通过科学使用土地，使得土地的利用与其自然的、社会的特性相适应，充分发挥土地要素在生产活动中的作用，以获得最佳的经济、生产、生态的综合效益。

相关规定

《中华人民共和国农村土地承包法》；《中华人民共和国物权法》第一百三十四条；《中共中央、国务院关于保持土地承包关系稳定并长久不变的意见》。

第十四条 **土地所有权和使用权争议，由当事人协商解决；协商不成的，由人民政府处理。**

单位之间的争议，由县级以上人民政府处理；

个人之间、个人与单位之间的争议，由乡级人民政府或者县级以上人民政府处理。

当事人对有关人民政府的处理决定不服的，可以自接到处理决定通知之日起三十日内，向人民法院起诉。

在土地所有权和使用权争议解决前，任何一方不得改变土地利用现状。

条文主旨

本条是关于土地所有权和使用权争议解决的规定。

立法背景

土地所有权和使用权争议一般是指与土地所有权和使用权相关的争议，如土地权属争议、侵犯土地所有权和使用权的争议、相邻关系争议等。权属界限不清、土地权属混乱和因政策、体制的变更造成的历史遗留问题等，产生了土地所有权和使用权纠纷，在这种情况下就需要有法律处理的原则和程序。

本条共有四款，规定了权属争议解决的办法和争议解决之前不得改变土地利用现状。

条文解读

关于土地权属争议，本条规定了三种解决的办法：

一、协商解决和人民政府处理

本条第一款规定，土地所有权和使用权争议，由当事人协商解决。这是权属争议解决的首要方法。也就是说，土地所有者或者使用者之间在发生权属争议后，不论权属争议的主体是单位还是个人，各方在自愿互谅的基础上，依照法律的规定，直接进行磋商，自行解决争议。如果争议各方达成一致意见，则协商成功。如果协商不成或者协商达成了协议而另一方又反悔，不履行协议，他方可以依照本条的规定提请人民政府处理。协商解决可以减少当事人耗费的时间、精力和费用，也有利于化解矛盾。

二、当事人协商不成时由人民政府处理

根据本条第二款的规定，单位之间的争议，由县级以上人民政府处理。个人之间、个人与单位之间的争议，由乡级人民政府或者县级人民政府处理。人民政府收到争议案件后，一般先对当事人进行调解，调解不成的由人民政府处理。其中人民政府的调解是依据事实和法律对当事人进行调停，促使争议各方当事人进行和解。如果调解不成或者当事人不愿意进行调解，人民政府则依法进行裁决。一般来讲，具体工作由自然资源主管部门承办，但作出处理决定须以人民政府的名义并出具处理决定书。

三、当事人对有关人民政府的处理决定不服的，可以自接到处理决定通知之日起三十日内，向人民法院起诉

在土地所有权和使用权争议过程中，当事人必须遵守本条第四款的规定，即“在土地所有权和使用权争议解决以前，任何一方不得改变土地利用现状”。此外，在争议没有解决前，对存在土地争议的土地，不动产登记机构不应进行不动产登记。

第三章　土地利用总体规划

第十五条　各级人民政府应当依据国民经济和社会发展规划、国土整治和资源环境保护的要求、土地供给能力以及各项建设对土地的需求，组织编制土地利用总体规划。

土地利用总体规划的规划期限由国务院规定。

条文主旨

本条是关于土地利用总体规划编制依据和期限的规定。

立法背景

土地利用总体规划是在一定区域内，根据国家社会经济可持续发展的要求和当地自然、经济、社会条件，对土地的开发、利用、治理、保护在空间上、时间上所作的总体安排和布局。土地利用总体规划是国土空间规划体系的重要组成内容，是实施土地用途管制、保护土地资源，统筹各类土地利用活动的重要依据。

本条分为两款，分别规定了编制土地利用总体规划的依据和规划的期限。

条文解读

一、土地利用总体规划编制的依据

各级人民政府组织编制土地利用总体规划的主要依据有：

1. 国民经济和社会发展规划

国民经济和社会发展规划，是国家制定的关于整个国民经济和社会发展的综合性的长远设想，它是制定各种规划的前提和基础，任何规划原则上不能违反它，如果违反它，就有可能使该规划落空，难以达到制定该规划的目的。国民经济和社会发展规划的落实还需要其他各种具体的规划。土地是国民经济与社会发展的基础，土地利用属于国民经济和社会发展规划的一部分，所以该规划的制定须以国民经济和社会发展规划为依据。土地利用总体规划要为实现国民经济和社会发展规划提供土地保证。土地利用总体规划确定的规划目标和土地利用布局，原则上应当服从国民经济与社会发展规划的要求。

2. 国土整治和资源环境保护的要求

在编制土地利用总体规划时考虑国土整治和资源环境保护的要求，主要包括：一是要落实生态文明建设的要求，要从国家和民族的长远利益出发，按照可持续发展的要求，在保持耕地总量稳定的前提下，反映地方不同资源禀赋和发展需求；二是落实全域国土综合整治要求，对农村生态、农业、建设空间进行优化布局，提高土地利用效率和效益，促进土地节约集约利用；三是要充分考虑资源环境保护的要求，促进形成山水林田湖草矿海“整体保护、系统修复、区域统筹、综合治理”的保护格局。

3. 土地供给能力以及各项建设对土地的需求

各级土地利用总体规划的编制应当充分考虑当地土地供求状况，立足于我国人多地少，耕地资源不足的国情，充分考虑土地供应能力，在耕地总量不减少、质量不降低的前提下，决定建设用地供应数量，以土地供应制约和引导各项建设的用地需要。

二、土地利用总体规划的规划期限由国务院确定

规划是一个设想和方案，一般需要有一定的期限，有了期限才便于执行。本条规定“土地利用总体规划的规划期限由国务院确定”。这一规定属于授权性规定，即授权国务院确定。土地利用总体规划是中长期的规划，根据土地管理法实施条例的规定，土地利用总体规划的规划期限通常为十五年。目前正在编制的国土空间规划也是按照规划期十五年，展望至三十年的期限编制的。

相关规定

《中华人民共和国土地管理法实施条例》第九条。

第十六条 下级土地利用总体规划应当依据上一级土地利用总体规划编制。

地方各级人民政府编制的土地利用总体规划中的建设用地总量不得超过上一级土地利用总体规划确定的控制指标，耕地保有量不得低于上一级土地利用总体规划确定的控制指标。

省、自治区、直辖市人民政府编制的土地利用总体规划，应当确保本行政区域内耕地总量不减少。

条文主旨

本条是关于地方各级土地利用总体规划编制要求的规定。

条文解读

一、编制土地利用总体规划的基本要求

根据本条第一款的规定，下级土地利用总体规划应当依据上一级土地利用总体规划编制。这是对编制土地利用总体规划的一个基本要求。本条中所讲的“下级”与“上一级”是一对相对的概念，具体而言，省级人民政府编制的土地利用总体规划应当依据国务院编制的土地利用总体规划，地、市级人民政府编制的土地利用总体规划应当依据省级人民政府编制的土地利用总体规划，县级人民政府编制的土地利用总体规划应当依据地、市级人民政府编制

的土地利用总体规划，乡镇级人民政府编制的土地利用总体规划应当依据县级人民政府编制的土地利用总体规划编制。这就是所讲的“下级”依据“上一级”的基本含义。

本条中的依据，是指“下级”依据“上一级”总体规划的内容作出具体的规定，对于“上一级”中作出的限制性规定，不得违背，违背者将不能得到批准。例如，县级土地利用总体规划应当依据地、市级规划的要求和本地土地资源的特点，分解落实土地利用各项指标。乡镇级土地利用总体规划应当依据县级土地利用总体规划的要求，将各类用地指标、规模和布局落实到地块；将农业区、村镇建设用地区、独立工矿区用地落实到乡镇土地利用总体规划图上。

中共中央、国务院2019年下发了《关于建立国土空间规划体系并监督实施的若干意见》，该意见要求，将主体功能区规划、土地利用规划、城乡规划等空间规划融合为统一的国土空间规划，实现“多规合一”。国土空间规划要全面落实党中央、国务院重大决策部署，体现国家意志和国家发展规划的战略性，自上而下编制各级国土空间规划，对空间发展作出战略性系统性安排。上级国土空间规划是下级国土空间规划的编制依据，下级国土空间规划要对上级国土空间规划的要求进行细化落实。该意见对多规合一后的国土空间规划编制依据的基本要求，延续了土地利用总体规划的编制依据要求。

二、建设用地总量和耕地保有量的要求

为了防止建设用地过多，确保耕地不减少，本条第二款规定，地方各级土地利用总体规划中的建设用地总量不得超过上一级土地利用总体规划确定的控制指标，耕地保有量不得低于上一级土地利用总体规划确定的控制指标。土地利用总体规划的控制指标主要有两项：一是建设用地总量，二是耕地保有量。

1. 这里所讲的地方各级人民政府是指省级人民政府、地市级人民政府、县级人民政府和乡镇人民政府。其中关于建设用地的要求是：省级人民政府编制的土地利用总体规划中的建设用地总量不得超过国家土地利用总体规划确定的控制指标；地市级土地利用总体规划中的建设用地总量不得超过省级土地利用总体规划确定的控制指标；县级土地利用总体规划中的建设用地总量不得超过地市级土地利用总体规划确定的控制指标；乡镇级土地利用总体规划中的建设用地总量不得超过县级土地利用总体规划确定的控制指标。

2. 关于耕地保有量的要求是：耕地保有量不得低于上一级土地利用总体规划确定的控制指标。也就是说，地方各级人民政府编制的土地利用总体规划中不得减少上一级土地利用总体规划所确定的耕地保有量，地方各级人民政府编制的土地利用总体规划中所确定的耕地保有量只能是等于或者高于上一级人民政府所确定的数量。

三、对省级土地利用总体规划耕地总量的要求

为确保我国耕地总量不减少，本条第三款对省级人民政府编制的土地利用总体规划提出了关于耕地总量的特别要求，即省、自治区、直辖市人民政府编制的土地利用总体规划，应当确保本行政区域内耕地总量不减少。党中央、国务院明确要求，各省、自治区、直辖市必须严格按照耕地总量动态平衡的要求，做到本行政区域内耕地总量只能增加，不能减少，这一要求要通过土地利用总体规划落实下来。这是从全省来讲的，对于省内个别地方讲可以减少，但不能是省内所有的地方都减少，否则就有可能造成本省耕地总量的减少，难以达到本条规定的要求。省内个别地方减少了，省内的其他地方就得增加，这样才能保证全省耕地总量不减少。

相关规定

《中共中央、国务院关于建立国土空间规划体系并监督实施的若干意见》。

第十七条 土地利用总体规划按照下列原则编制：

（一）落实国土空间开发保护要求，严格土地用途管制；

（二）严格保护永久基本农田，严格控制非农业建设占用农用地；

（三）提高土地节约集约利用水平；

（四）统筹安排城乡生产、生活、生态用地，满足乡村产业和基础设施用地合理需求，促进城乡融合发展；

（五）保护和改善生态环境，保障土地的可持续利用；

（六）占用耕地与开发复垦耕地数量平衡、质量相当。

条文主旨

本条是关于土地利用总体规划编制原则的规定。

立法背景

本条规定是对原法第十九条规定的修订。本条是为认真贯彻落实党中央、国务院关于坚持新的发展理念，坚持改革决策与立法决策相结合，将改革的思维贯穿到法律中，统筹协调各方面用地需要等重大决策精神，而进行的实质性修改。主要作了以下五处修改：一是增加一项作为第一项，规定“落实国土空间开发保护要求，严格土地用途管制”；二是将原法第一项中的“基本农田”修改为第二项中的“永久基本农田”；三是将原法第二项提高土地“利用率”修改为第三项中的提高土地“节约集约利用水平”；四是将原法第三项统筹安排“各类、各区域”用地，修改为第四项中的统筹安排“城乡生产、生活、生态”用地，“满足乡村产业和基础设施用地合理需要，促进城乡融合发展”；五是将原法第五项中占用耕地与开发复垦耕地“相平衡”修改为第六项中的“数量平衡、质量相当”。

条文解读

一、落实国土空间开发保护要求，严格土地用途管制

增加了落实国土空间开发保护要求、严格土地用途管制的原则。中共中央、国务院印发的《生态文明体制改革总体方案》提出了建立国土空间开发保护制度的要求，土地利用总体规划是国土空间开发保护的基础。用途管制制度是落实国土空间开发保护要求的主要手段，编制土地利用总体规划要落实用途管制，严禁任意改变用途，防止不合理的开发建设活动对生态环境的破坏。

二、严格保护永久基本农田，严格控制非农业建设占用农用地

从 1992 年开始，我国就实行了对基本农田的特殊保护制度，根据土地利用总体规划将一些耕地划为基本农田，经实践证明这是保护耕地的有效方法。为此，本法在第四章中专门规定了永久基本农田保护制度。本次修改将“基本农田”改为“永久基本农田”，并完善了一系列措施，体现了对基本农田永久保护的价值理念，是贯彻落实党中央、国务院对永久基本农田保护重要决策部署的重大举措。

要保护耕地，就要严格控制非农业建设占用农用地规模。在土地利用总体规划编制中，要依据上级土地利用总体规划的建设用地控制指标，认真审核当地城市和村庄的人口规模和人均用地标准。

三、提高土地节约集约利用水平

提高土地节约集约利用水平，是解决我国人多地少矛盾的一项基本途径，是编制土地利用总体规划的原则之一。习近平总书记在十八届中央政治局第六次集体学习时指出，节约资源是保护生态环境的根本之策。本次修改将土地利用总体规划编制原则中的“提高土地利用率”改为“提高土地节约集约利用水平”，将节约集约利用资源的基本国策写入法律中，推动土地利用方式根本转变的要求更加明确。

四、统筹安排城乡生产、生活、生态用地，满足乡村产业和基础设施用地合理需求，促进城乡融合发展

为贯彻落实十九大报告提出的实施乡村振兴战略，按照产业兴旺、生态宜居、乡风文明、治理有效、生活富裕的总要求，建立健全城乡融合发展体制机制和政策体系，加快推进农业农村现代化的要求，本条将编制土地利用总体规划的原则修改为“统筹安排城乡生产、生活、生态用地，满足乡村产业和基础设施用地合理需求，促进城乡融合发展”。实施乡村振兴战略，产业兴旺是重点，合理规划乡村产业用地，保障乡村振兴战略的实施。促进城乡融合发展，推动城乡要素自由流动、平等交换，推动新型工业化、信息化、城镇化、农业现代化同步发展，加快形成工农互促、城乡互补、全面融合、共同繁荣的新型工农城乡关系。

土地利用总体规划的对象是区域内的全部土地，而不是某一种用地或某一局部用地。它要协调土地开发、整治、保护之间的关系，要协调土地供需之间与各行业之间的用地矛盾，协调建设与吃饭之间的用地矛盾，使该区域的土地利用符合国民经济和社会可持续发展的需要。因此，在土地利用总体规划的编制过程中应当认真听取各产业部门和各地区的意见，以便统筹安排城乡生产、生活、生态用地。科学布局生产空间、生活空间、生态空间，是加快绿色生产方式和生活方式，推进生态文明建设、建设美丽中国的关键举措。在编制土地利用总体规划时，要满足乡村产业发展，合理安排乡村产业和基础设施用地，为实现乡村振兴、促进城乡融合发展提供保障。

五、保护和改善生态环境，保障土地的可持续利用

在土地利用中，不能片面追求土地的经济价值或片面追求生产，还应当考虑到满足人们生活和其他方面的要求。为了适应人们这一要求，就需要通过采取一些保护生态环境的措施，进行土地整理，改良土壤，提高地力，防止土地沙化、盐渍化、水土流失和污染土地，进而防止洪涝灾害的发生，保障土地的可持续利用。在土地合理开发利用过程中，要注意改善和保护生态环境，并在改善和保护生态环境的条件下进行土地开发和土地利用，使土地得到高效利用和可持续利用。

六、占用耕地与开发复垦耕地数量平衡、质量相当

为保护耕地不减少，国家实行占用耕地补偿制度。而占用耕地补偿制度的实现方式之一就是需要通过编制土地利用总体规划的形式来进行。即通过规划规定可开垦的未利用地区域，并规划开垦的计划制度，使得占用耕地的建设者有计划地去开发复垦所占耕地。如果没有规划，则有可能使得占用耕地补偿制度落空。因此，本条将占用耕地与开发复垦耕地相平衡作为编制土地利用总体规划的一项原则。本次修改将占补平衡制度进一步细化，不仅要强调数量平衡，防止占多补少，还要强调开垦土地的质量，防止占优补劣、占水田补旱地。

第十八条 **国家建立国土空间规划体系。编制国土空间规划应当坚持生态优先，绿色、可持续发展，科学有序统筹安排生态、农业、城镇等功能空间，优化国土空间结构和布局，提升国土空间开发、保护的质量和效率。**

经依法批准的国土空间规划是各类开发、保护、建设活动的基本依据。已经编制国土空间规划的，不再编制土地利用总体规划和城乡规划。

条文主旨

本条是关于建立国土空间规划体系和有关规划与国土空间规划衔接的规定。

立法背景

本条是新增加的规定，主要是将党中央、国务院关于建立国土空间规划体系的要求上升为法律，建立国土空间规划体系，对国土空间规划作出原则规定，为“多规合一”预留空间。

国土空间规划是对一定区域国土空间开发保护在空间和时间上作出的安排，包括总体规划、详细规划和相关专项规划。国家、省、市县编制国土空间总体规划，各地结合实际编制乡镇国土空间规划。相关专项规划是指在特定区域（流域）、特定领域，为体现特定功能，对空间开发保护利用作出的专门安排，是涉及空间利用的专项规划。国土空间总体规划是详细规划的依据、相关专项规划的基础；相关专项规划要相互协同，并与详细规划做好衔接。

条文解读

一、建立国土空间规划体系

建立国土空间规划体系是党中央、国务院作出的重大决策部署。中央明确要求，要建立国土空间规划体系并监督实施，将主体功能区规划、土地利用总体规划、城乡规划等空间规划融合为统一的国土空间规划，实现“多规合一”，强化国土空间规划对各专项规划的指导约束作用，是党中央、国务院作出的重大部署。

2019年，中共中央、国务院下发了《关于建立国土空间规划体系并监督实施的若干意见》，该意见对建立国土空间规划体系的主要目标是：到2020年，基本建立国土空间规划体系，逐步建立“多规合一”的规划编制审批体系、实施监督体系、法规政策体系和技术标准体系；基本完成市县以上各级国土空间总体规划编制，初步形成全国国土空间开发保护“一张图”。到2025年，健全国土空间规划法规政策和技术标准体系；全面实施国土空间监督预警和绩效考核机制；形成以国土空间规划为基础，以统一用途管制为手段的国土空间开发保护制度。到2035年，全面提升国土空间治理体系和治理能力现代化水平，基本形成生产空间集约高效、生活空间宜居适度、生态空间山清水秀，安全和谐、富有竞争力和可持续发展的国土空间格局。

二、编制国土空间规划的要求

根据本条规定，编制国土空间规划应当坚持生态优先，绿色、可持续发展，科学有序统筹安排生态、农业、城镇等功能空间，优化国土空间结构和布局，提升国土空间开发、保护的质量和效率。这是对编制国土空间规划提出的要求。

《中共中央、国务院关于建立国土空间规划体系并监督实施的若干意见》指出，坚持生态优先，绿色发展，尊重自然规律、经济规律、社会规律和城乡发展规律，因地制宜开展规划编制工作；坚持节约优先、保护优先、自然恢复为主的方针在资源环境承载能力和国土空间开发适宜性评价的基础上，科学有序统筹布局生态、农业、城镇等功能空间，划定生态保护红线、永久基本农田、城镇开发边界等空间管控边界以及各类海域保护线，强化底线约束，为可持续发展预留空间。坚持山水林田湖草生命共同体理念，加强生态环境分区管治，量水而行，保护生态屏障，构建生态廊道和生态网络，推进生态系统保护和修复，依法开展环境影响评价。坚持陆海统筹、区域协调、城乡融合，优化国土空间结构和布局，统筹地上地下空间综合利用，着力完善交通、水利等基础设施和公共服务设施，延续历史文脉，加强风貌管控，突出地域特色。坚持上下结合、社会协同，完善公众参与制度，发挥不同领域专家的作用。运用城市设计、乡村营造、大数据等手段，改进规划方法，提高规划编制水平。

三、国土空间规划与其他空间类规划的关系

本条第二款规定，经依法批准的国土空间规划是各类开发、保护、建设活动的基本依据。已经编制国土空间规划的，不再编制土地利用总体规划和城乡规划。同时，本法在附则第八十六条明确规定，在根据本法第十八条的规定编制国土空间规划前，经依法批准的土地利用总体规划和城乡规划继续执行。这样就使党中央确定的全面实行国土空间规划制度的改革方向同目前仍在实行的土地利用总体规划和城乡规划制度在法律上有一个衔接。今后，还要专门制定国土空间规划方面的法律。2019 年 5 月，自然资源部印发《关于全面开展国土空间规划工作的通知》（自然资发〔2019〕87 号），要求全面启动国土空间规划编制后，各地不再新编和报批主体功能区规划、土地利用总体规划、城镇体系规划、城市（镇）总体规划、海洋功能区划等。已批准的规划期至 2020 年后的省级国土规划、城镇体系规划、主体功能区规划、城市（镇）总体规划以及原省级空间规划试点和市县“多规合一”试点等，要按照新的规划编制要求，将既有规划成果融入新编制的同级国土空间规划中。

相关规定

《中共中央、国务院关于建立国土空间规划体系并监督实施的若干意见》；《自然资源部关于全面开展国土空间规划工作的通知》。

第十九条 县级土地利用总体规划应当划分土地利用区，明确土地用途。

乡（镇）土地利用总体规划应当划分土地利用区，根据土地使用条件，确定每一块土地的用途，并予以公告。

条文主旨

本条是关于县、乡（镇）土地利用总体规划划分土地利用区的规定。

条文解读

一、划分土地利用区

划分土地利用区，是指在土地利用总体规划中，依据土地的适宜性和利用现状，依据当地社会经济可持续发展的要求和上级土地利用总体规划下达的规划指标和布局要求，划分出的土地主要规划用途相对一致的区域，以达到对土地的合理利用。划分土地利用区是对县、乡（镇）土地利用总体规划的基本要求。

为了指导县、乡（镇）土地利用总体规划的分区，各级土地利用总体规划也都涉及土地利用分区。例如，全国土地利用总体规划图可以表示国家重点能源、交通、水利等基础设施用地的布局和大体范围，表示直辖市和省、自治区人民政府所在地城市、非农业人口在100万以上的城市以及国务院指定的其他城市的建设用地大致范围。省、地（市）级土地利用总体规划中也要表示重要用地的范围。总的来说，国家和省、市级土地利用总体规划主要是对各类用地数量上的控制，县、乡（镇）级土地利用总体规划通过划分土地利用区，来实现对各类用地的分区控制。

各级土地利用总体规划中的土地利用区界线通过下级土地利用总体规划逐级细化，最终反映在乡镇土地利用总体规划中。划分土地利用区对县级和乡（镇）级土地利用总体规划尤为重要，上级土地利用总体规划的规划指标和布局要求，最终通过县、乡级土地利用总体规划的土地利用分区得以体现和落实。

二、确定每一块土地的用途并公告

确定每一块土地的用途并公告，这是对乡（镇）土地利用总体规划的基本要求。这一要求实际上是在县级土地利用总体规划所划定的区域内，作进一步的分区，将每一个分区落实到具体的地块，这样才能保证土地利用总体规划的真正落实，保证每一块土地的土地用途不至于随意改变。实行地块控制，这是实施土地用途管制和土地管理的依据。这里需要说明的是，根据本条第二款的规定，乡（镇）土地利用总体规划划分土地利用区确定每一块土地的用途时，需要依据土地的使用条件进行，如土地条件适宜为农业生产的应当划为农业用地区，适宜为建设用地的应当划为建设用地区等。乡（镇）土地利用总体规划确定每一块土地的用途后，应当进行公告。要求公告的目的是要求使用者自觉按照划定的土地用途进行使用；同时还能监督执法机关是否按照总体规划的要求审批土地，这样执法机关也不会随意审批土地。

第二十条 土地利用总体规划实行分级审批。

省、自治区、直辖市的土地利用总体规划，报国务院批准。

省、自治区人民政府所在地的市、人口在一百万以上的城市以及国务院指定的城市的土地利用总体规划，经省、自治区人民政府审查同意后，报国务院批准。

本条第二款、第三款规定以外的土地利用总体规划，逐级上报省、自治区、直辖市人民政府批准；其中，乡（镇）土地利用总体规划可以由省级人民政府授权的设区的市、自治州人民政府批准。

土地利用总体规划一经批准，必须严格执行。

条文主旨

本条是关于土地利用总体规划审批制度和审批权限的规定。

条文解读

一、分级审批制

本条第一款明确规定，土地利用总体规划实行分级审批。这是土地利用总体规划实行审批制的原则性规定。我国的土地利用总体规划由国家、省、市、县和乡（镇）五级组成。土地利用总体规划的审批实行分级审批制，按照下级规划服从上级规划的原则，依法自上而下逐级审查报批。分级审批属于政府行政行为。根据本条第二款、第三款的规定，分级审批原则上是二级审批，个别情况下是三级审批。原则上二级审批，是指一般情况下土地利用总体规划由国务院和省级人民政府二级审批。国务院批准的省级人民政府编制和部分大城市人民政府编制的土地利用总体规划；省级人民政府批准国务院所批准的土地利用总体规划以外的人民政府制定的土地利用总体规划。个别情况下的三级审批，是指由省级人民政府授权地级市审批乡镇土地利用总体规划时存在三级审批。本法之所以规定土地利用总体规划实行二级审批，是为了确保土地利用总体规划的严肃性，以达到保护、开发土地资源，合理利用土地，切实保护耕地，促进社会经济的可持续发展的立法目的。

二、国务院批准的土地利用总体规划的范围

根据本条第二款、第三款的规定，省、自治区、直辖市的土地利用总体规划，省、自治区人民政府所在地的市、人口在一百万以上的城市以及国务院指定的城市的土地利用总体规划，报国务院批准。省级人民政府的土地利用总体规划直接报国务院批准；省、自治区人民政府所在地的市、人口在一百万以上的城市以及国务院指定的城市的土地利用总体规划，在报国务院批准前，应经省、自治区人民政府审查同意。

三、省级政府批准的土地利用总体规划的范围

根据本条第四款的规定，国务院批准的土地利用总体规划以外的人民政府编制的土地利用总体规划，由省（自治区、直辖市）人民政府批准。乡（镇）土地利用总体规划可以由省级人民政府授权的设区的市、自治州人民政府批准。上述规划均需要逐级上报。比如，乡镇级人民政府编制的土地利用总体规划需要经过县级人民政府、地市级人民政府后上报省或者自治区批准。如果不逐级上报，省、自治区人民政府则不予批准。也就是说，逐级上报是本条规定的必经程序。

四、批准后必须严格执行

本条强调土地利用总体规划一经批准，必须严格执行。总则中也明确规定，“使用土地的单位和个人都必须严格按照土地利用总体规划确定的用途使用土地”。土地利用总体规划是刚性的约束，一经批准，就具有法律效力。任何单位和个人都必须严格执行土地利用总体规划，按照土地利用总体规划确定的用途使用土地，违反了土地利用总体规划就是违法，就要依法追究违法行为人的法律责任。

第二十一条 城市建设用地规模应当符合国家规定的标准，充分利用现有建设用地，不占或者尽量少占农用地。

城市总体规划、村庄和集镇规划，应当与土地

利用总体规划相衔接，城市总体规划、村庄和集镇规划中建设用地规模不得超过土地利用总体规划确定的城市和村庄、集镇建设用地规模。

在城市规划区内、村庄和集镇规划区内，城市和村庄、集镇建设用地应当符合城市规划、村庄和集镇规划。

条文主旨

本条是关于城市建设用地要求，城市总体规划、村庄和集镇规划与土地利用总体规划关系的规定。

条文解读

一、城市建设用地规模要求

随着我国经济社会快速发展，工业化城镇化进程的不断加快，城市快速扩张同时带来了土地利用粗放问题，大量占用农用地特别是耕地，建设用地的增长速度超过了人口和经济增长速度，土地浪费十分严重。为了有效控制建设用地总量，防止无序重复建设，本条规定建设用地规模应当符合国家规定的标准，充分利用现有建设用地，不占或者尽量少占农用地，为城市建设作了一条原则性的规定。这一规定的重要内容就是严格执行国家规定的标准，在执行国家标准的前提下，还需要充分利用现有建设用地，提高城市内存量建设用地的利用率，不占或者尽量少占农用地。

二、城市总体规划、村庄和集镇规划与土地利用总体规划的关系

土地利用总体规划与城镇总体规划各自的任务不同。从土地利用的角度看，城市总体规划、村庄和集镇规划应当服从土地利用总体规划对建设用地规模的安排。城市总体规划、村庄和集镇规划应当与土地利用总体规划相衔接。新的国土空间规划编制实施后，不再编制土地利用总体规划和城乡规划，将彻底解决过去规划之间的不协调问题。

相关规定

《国务院关于促进节约集约用地的通知》；《国土资源部关于严格执行土地标准大力促进节约集约用地的通知》。

第二十二条　江河、湖泊综合治理和开发利用规划，应当与土地利用总体规划相衔接。在江河、湖泊、水库的管理和保护范围以及蓄洪滞洪区内，土地利用应当符合江河、湖泊综合治理和开发利用规划，符合河道、湖泊行洪、蓄洪和输水的要求。

条文主旨

本条是关于土地利用总体规划与江河、湖泊综合治理和开发利用规划关系的规定。

条文解读

1. 江河、湖泊综合治理和开发利用规划属于规划体系中的国土空间相关专项规划，应当与土地利用总体规划做好衔接。在江河、湖泊、水库的管理和保护范围以及蓄洪滞洪区内，因行洪、蓄洪、滞洪、防洪、航运、灌溉、输水等方面的需要，对土地利用有特殊的要求，如城镇建设和发展不得占用河道滩地，在土地管理中要落实相关的要求。

江河、湖泊综合治理和开发利用规划，应当与土地利用总体规划相衔接。这就是说，有关部门在批准江河、湖泊综合治理和开发利用规划时必须考虑与土地利用总体规划的协调性，不得存在矛盾之处。江河、湖泊综合治理和开发利用规划，是根据江河、湖泊的特点及其防洪、抗洪的要求制定的，因此本条在强调与土地利用总体规划相衔接的同时，还规定在江河、湖泊、水库的管理和保护范围以及蓄洪滞洪区内，土地利用应当符合江河、湖泊综合治理和开发利用规划，符合河道、湖泊行洪、蓄洪和输水的要求。如果土地利用违反江河、湖泊综合治理和开发利用规划，就有可能影响到河道、湖泊的行洪、蓄洪和输水，引起洪涝灾害。

2. 有关江河、湖泊、水库的管理和保护范围以及蓄洪滞洪区，水法、防洪法等有关法律、行政法规都有规定。例如，水法第四十三条规定，国家对水工程实施保护。国家所有的水工程应当按照国务院的规定划定工程管理和保护范围。国务院水行政主管部门或者流域管理机构管理的水工程，由主管部门或者流域管理机构商有关省、自治区、直辖市人民政府划定工程管理和保护范围。前款规定以外的其他水工程，应当按照省、自治区、直辖市人民政府的规定，划定工程保护范围和保护职责。防洪法第二十一条规定，有堤防的河道、湖泊，其管理范围为两岸堤防之间的水域、沙洲、滩地、行洪区和堤防及护堤地；无堤防的河道、湖泊，其管理范围为历史最高洪水位或者设计洪水位之间的水域、沙洲、滩地和行洪区。流域管理机构直接管理的河道、湖泊管理范围，由流域管理机构会同有关县级以上地方人民政府依照前款规定界定；其他河道、湖泊管理范围，由有关县级以上地方人民政府依照前款规定界定。第二十九条规定，防洪区是指洪水泛滥可能淹及的地区，分为洪泛区、蓄滞洪区和防洪保护区。洪泛区是指尚无工程设施保护的洪水泛滥所及的地区。蓄滞洪区是指包括分洪口在内的河堤背水面以外临时贮存洪水的低洼地区及湖泊等。防洪保护区是指在防洪标准内受防洪工程设施保护的地区。洪泛区、蓄滞洪区和防洪保护区的范围，在防洪规划或者防御洪水方案中划定，并报请省级以上人民政府按照国务院规定的权限批准后予以公告。第三十五条规定，属于国家所有的防洪工程设施，应当按照经批准的设计，在竣工验收前由县级以上人民政府按照国家规定，划定管理和保护范围。属于集体所有的防洪工程设施，应当按照省、自治区、直辖市人民政府的规定，划定保护范围。在防洪工程设施保护范围内，禁止进行爆破、打井、采石、取土等危害防洪工程设施安全的活动。水库大坝安全管理条例和一些地方法规中对此也有相关规定。

3. 有关河道、湖泊行洪、蓄洪和输水的要求，水法、防洪法等有关法律、法规中也有规定，如水法第三十七条规定，禁止在江河、湖泊、水库、运河、渠道内弃置、堆放阻碍行洪的物体和种植阻碍行洪的林木及高秆作物。禁止在河道管理范围内建设妨碍行洪的建筑物、构筑物以及从事影响河势稳定、危害河岸堤防安全和其他妨碍河道行洪的活动。第四十三条规定，在水工程保护范围内，禁止从事影响水工程运行和危害水工程安全的爆破、打井、采石、取土等活动。防洪法第二十二条规定，河道、湖泊管理范围内的土地和岸线的利用，应当符合行洪、输水的要求。禁止在河道、湖泊管理范围内建设妨碍行洪的建筑物、构筑物，倾倒垃圾、渣土，从事影响河势稳定、危害河岸堤防安全和其他妨碍河道行洪的活动。禁止在行洪河道内种植阻碍行洪的林木和高秆作物。第二十三条规定，禁止围湖造地。已经围垦的，应当按照国家规定的防洪标准进行治理，有计划地退地还湖。禁止围垦河道。确需围垦的，应当进行科学论证，经水行政主管部门确认不妨碍行洪、输水后，报省级以上人民政府批准。第三十五条规定，在防洪工程设施保护范围内，禁止进行爆破、打井、采石、取土等危害防洪工程设施安全的活动。水库大坝安全管理条例和一些地方法规中对此也有相关规定。

相关规定

《中华人民共和国水法》；《中华人民共和国防洪法》；《中华人民共和国水库大坝安全管理条例》。

第二十三条　各级人民政府应当加强土地利用计划管理，实行建设用地总量控制。

土地利用年度计划，根据国民经济和社会发展计划、国家产业政策、土地利用总体规划以及建设用地和土地利用的实际状况编制。土地利用年度计划应当对本法第六十三条规定的集体经营性建设用地作出合理安排。土地利用年度计划的编制审批程序与土地利用总体规划的编制审批程序相同，一经审批下达，必须严格执行。

条文主旨

本条是关于实行土地利用年度计划管理的规定。

立法背景

本条在原法第二十四条的基础上，增加了“土地利用年度计划应当对本法第六十三条规定的集体经营性建设用地作出合理安排”。集体经营性建设用地入市后，应当与国有建设用地统筹安排，并纳入土地利用年度计划管理，保障集体经营性建设用地入市工作平稳有序进行。

条文解读

一、土地利用计划管理原则

为保证土地利用总体规划的实现，本条第一款规定了土地利用要进行计划管理的原则。在土地利用的计划管理中应通过建设用地总量控制的办法来确保土地利用总体规划的实施。所谓总量控制，是指各级人民政府对建设用地数量有一个量的控制，在本级人民政府所管辖的范围内，无论有多少家建设单位使用土地，其建设用地之和不得超过计划所确定的建设用地的总的数量。

二、土地利用年度计划

土地利用年度计划，是根据土地利用总体规划、国民经济和社会发展计划、国家产业政策和土地利用的实际状况编制的年度内各项用地数量的具体安排。土地利用年度计划是实施土地利用总体规划的重要措施，是农用地转用审批、建设项目立项审查和用地审批、土地整治审批的依据。

本条第二款关于土地利用年度计划的规定包括以下内容：

1. 土地利用年度计划由各级人民政府编制。土地利用年度计划是对土地利用总体规划的落实，其编制审批程序与土地利用总体规划的编制审批程序相同。下级土地利用年度计划必须依据上级土地利用年度计划下达的计划指标，在上级土地利用年度计划的指标范围内编制。土地利用年度计划一经审批下达，必须严格执行。

2. 土地利用年度计划编制的依据包括四个方面：一是依据国民经济和社会发展计划。土地利用年度计划要为国民经济和社会发展服务，必须依据国民经济和社会发展计划编制。二是依据国家产业政策。国家产业政策引导产业发展方向，对不同建设项目采取鼓励性、限制性、禁止性的政策，土地利用计划也应依据国家产业政策编制，优先安排社会民生建设用地，保障国家重点建设项目和基础设施用地。三是依据土地利用总体规划。土地利用年度计划还要严格执行土地利用总体规划的安排，合理控制建设用地总量和强度，切实保护耕地特别是永久基本农田，保护和改善生态环境，保障土地的可持续利用。如果制定土地利用年度计划时，不以土地利用总体规划为依据，土地利用年度计划就失去了存在的基础。四是依据建设用地和土地利用的实际状况。土地利用年度计划是一个实施性的计划，具有可操作性，编制的目的就是要保证土地利用总体规划所确定的建设用地总量在实际中不能超过，并且充分有效地利用现存的土地，以减少占用农用地。如果土地利用年度计划不根据建设用地和土地利用的实际状况制定，它也只能是一个缺乏可操作性的计划，不能保证土地利用总体规划正确实施。所以，编制土地利用年度计划必须以“建设用地和土地利用的实际状况”为依据。

3. 本次修改增加“土地利用年度计划应当对本法第六十三条规定的集体经营性建设用地作出合理安排”的规定，这标志着土地利用年度计划的内涵发生了重大转变。在新土地管理法出台前，由于能进入建设用地市场的只有国有建设用地，实际上土地利用年度计划指标体系中对新增建设用地指标的管控是限制在国有建设用地范围内的，主要从农用地转用计划指标、耕地保有量计划指标、土地开发整理计划指标等方面进行管控。农村集体经营性建设用地入市后，要将集体经营性建设用地纳入土地利用年度计划管理，与国有建设用地统筹安排，保障这项改革工作平稳有序进行。

第二十四条　省、自治区、直辖市人民政府应当将土地利用年度计划的执行情况列为国民经济和社会发展计划执行情况的内容，向同级人民代表大会报告。

条文主旨

本条是关于土地利用年度计划执行情况报告制度的规定。

条文解读

本条规定省级人民政府执行土地利用年度计划情况要接受省级人大监督，把土地利用年度计划执行情况作为国民经济和社会发展计划执行的重要内容，每年向省级人民代表大会报告。这是因为土地利用年度计划是否严格执行，直接关系到土地利用总体规划能否落实、土地用途管制制度能否实现、耕地总量能否确保不减少。省级政府要对本行政区域内的耕地保护任务负责，就必须严格土地利用年度计划的执行，提高土地利用年度计划的权威性。要求省级政府向省级人大汇报土地利用年度计划执行情况，有利于监督省级政府履行好土地利用年度计划管理的职责，有利于督促政府及其自然资源管理部门依据本法的规定，做好耕地保护和合理利用土地的工作。

根据宪法有关规定，地方各级人民代表大会具有审查和批准本行政区域内的国民经济和社会发展计划的职权。国民经济和社会发展计划，是指中央或者地方对一定时期内国民经济的主要活动、科学技术、教育事业和社会发展所作的安排和提出的要求，它是指导经济和社会发展的纲领性文件。为加强人大对土地利用情况的监督，本条规定省级政府应当将土地利用年度计划的执行情况列为国民经济和社会发展计划执行情况的内容，向同级人民代表大会报告。本条只规定了省级政府应当将土地利用年度计划的执行情况列入国民经济和社会发展计划执行情况的内容，主要考虑到本法规定的耕地总量动态平衡是以省级为单位的，主要责任在省一级。

第二十五条 经批准的土地利用总体规划的修改，须经原批准机关批准；未经批准，不得改变土地利用总体规划确定的土地用途。

经国务院批准的大型能源、交通、水利等基础设施建设用地，需要改变土地利用总体规划的，根据国务院的批准文件修改土地利用总体规划。

经省、自治区、直辖市人民政府批准的能源、交通、水利等基础设施建设用地，需要改变土地利用总体规划的，属于省级人民政府土地利用总体规划批准权限内的，根据省级人民政府的批准文件修改土地利用总体规划。

条文主旨

本条是关于土地利用总体规划修改的规定。

条文解读

土地利用总体规划是依据法定程序进行审批的，一经批准即具有法律效力，必须执行。如果情况发生变化确实需要修改，则必须依照法定程序经过原批准机关批准。未经批准，不得改变土地利用总体规划确定的土地用途。

土地利用总体规划的修改是指在土地利用总体规划的期限内，由于某些不可抗力（如抢险救灾、灾后恢复重建）或难以预料因素的出现（如行政区划调整）以及其他原因（如国务院或省级政府批准的能源、交通、水利等基础设施建设），致使现行的土地利用总体规划不能适应社会和经济发展的要求，因此对规划确定的指标和土地利用布局进行调整的行为。土地利用总体规划一经批准，必须严格执行。土地利用总体规划的频繁、随意修改会严重影响规划的严肃性和权威性，必须十分慎重并加以严格限定。因此，法律在土地利用总体规划修改的程序、审批权限上作出了严格规定。土地利用总体规划的修改，须经原批准机关批准，不同级别的土地利用总体规划，原批准机关不同。

1. 修改省、自治区、直辖市的土地利用总体规划的，须报国务院批准。修改省、自治区人民政府所在地的市、人口在一百万以上的城市以及国务院指定的城市的土地利用总体规划的，须经省、自治区人民政府审查同意后，报国务院批准。

2. 修改上述规划以外的土地利用总体规划的，须逐级上报省、自治区、直辖市人民政府批准；其原来乡镇土地利用总体规划是由省级人民政府授权的设区的市、自治州人民政府批准的，其规划的修改，仍须报省级人民政府授权的设区的市、自治州人民政府批准。

本条第二款规定，经国务院批准的大型能源、交通、水利等基础设施建设用地，需要改变土地利用总体规划的，根据国务院的批准文件修改土地利用总体规划。这是对五级土地利用总体规划来讲，如果出现这种情况，编制土地利用总体规划的人民政府应当及时修改自己所编制的规划。本条中的修改前提是该建设用地已经过国务院批准，且具有批准文件。修改必须依据批准文件所确定的建设用地范围进行，不得随意进行。这种情况下的修改，一般来讲无需再进行审批即发生效力。

本条第三款规定，经省、自治区、直辖市人民政府批准的能源、交通、水利等基础设施建设用地，需要改变土地利用总体规划的，属于省级人民政府土地利用总体规划批准权限内的，根据省级人民政府的批准文件修改土地利用总体规划。这是相对于省级行政区域范围的土地利用总体规划来讲的，如果出现这种情况，编制该土地利用总体规划的相关人民政府应当及时修改自己的土地利用总体规划。本条中的修改前提是该建设用地已经过省级人民政府批准，且具有批准文件。修改必须依据批准文件所确定的建设用地范围进行，不得随意进行。这里需要说明的是，属于省级人民政府土地利用总体规划批准权限内的，需要根据省级人民政府批准文件修改土地利用总体规划。但是，如果不属于省级人民政府土地利用总体规划批准权限内的，其修改需要依照编制土地利用总体规划的程序报经批准，未经批准不具有法律效力，省级人民政府不得改变土地利用总体规划确定的土地用途。

第二十六条　国家建立土地调查制度。

县级以上人民政府自然资源主管部门会同同级有关部门进行土地调查。土地所有者或者使用者应当配合调查，并提供有关资料。

条文主旨

本条是关于实行土地调查制度的规定。

条文解读

一、土地调查制度

土地调查是县级以上人民政府自然资源主管部门会同同级有关部门，根据需要在一定时间和范围内，为查清土地的数量、质量、分布、利用和权属状况而采取的一项技术的、行政的和法律的措施。土地调查的目的，是全面查清土地资源和利用状况，掌握真实准确的土地基础数据，为科学规划、合理利用、有效保护土地资源，实施最严格的耕地保护制度，加强和改善宏观调控提供依据，促进经济社会全面协调可持续发展。

二、土地调查的形式

土地调查根据调查内容和侧重点不同可以分为土地利用

现状调查、土地权属调查（地籍调查）和土地条件调查三种：

1. 土地利用现状及变化情况调查，包括地类、位置、面积、分布等状况。土地分类是土地利用现状调查的基础，土地分类的任务是划分土地的类型，客观反映土地利用现状，为制定土地政策和土地利用总体规划提供依据。根据本法规定，土地分为三种类型，即农用地、建设用地和未利用地。

2. 地籍调查，是对土地权属及变化情况的调查，包括土地的所有权和使用权状况，查清每一宗土地的权属、界址、面积、用途（类别）、等级等内容。地籍调查是土地登记程序中的一个步骤，土地登记的内容靠地籍调查取得或核实，是一项基础性工作。确定权属，直接关系到土地权利人的经济利益，因此对土地的面积和用途、等级的准确性要求很高。

3. 土地条件调查，包括土地的自然条件、社会经济条件等状况。其调查的主要目的是对土地进行评价，确定土地的等级。

三、有关部门和土地所有者、使用者的配合

做好土地调查工作，必须得到有关部门和有关单位、个人的协助配合。县级以上人民政府自然资源主管部门会同同级有关部门进行土地调查，主要涉及发展改革、财政、统计、农业农村、水利等与调查关系密切的部门，应当积极参与和密切配合土地调查工作，依法提供土地调查需要

的相关资料。与土地调查有关的单位和个人也应当配合调查工作，如实回答询问，按照要求提供相关资料，不得转移、隐匿、篡改、毁弃原始记录和土地登记簿等相关资料。

第二十七条　县级以上人民政府自然资源主管部门会同同级有关部门根据土地调查成果、规划土地用途和国家制定的统一标准，评定土地等级。

条文主旨

本条是关于评定土地等级的规定。

条文解读

1. 土地等级是土地质量和价值状况差异的反映。评定土地等级又称为土地的分等定级，是根据土地的自然属性和经济属性及其在社会经济活动中的地位、作用，进行调查、测算后确定土地质量和价值的评估活动。科学评定、划分土地等级为制定有关规划、计划和有偿使用土地提供依据。土地分等定级评定结果，经有权机关审核批准后，应当向社会公布。我国是从 1987 年开始土地评定等级工作的。

2. 土地等级根据土地调查成果、规划土地用途和国家制定的统一标准来评定，可以分为城镇土地分等定级和农用地分等定级，有“等”和“级”两个层次。

（1）城镇土地分等定级，主要反映的是土地地域和区位、利用效益的差异。它将每个城镇看作一个点，分析各个城镇从整体上表现出来的土地差异。城镇土地的“等”反映全国城镇土地之间的地域差异，等的顺序在全国范围内统一排列。城镇土地的“级”反映城镇内部土地的区位条件和利用效益的差异，级的顺序在各城镇内部统一排列。

（2）农用地的分等定级。农用地的“等”，在全国农用地范围内进行比较、划分，按照标准耕作制度，在自然质量条件、平均利用土地条件、平均土地经济条件下，按照规定的标准和程序进行的农用地质量综合评定，划分出的农用地等别。农用地的“级”，在县级行政区域内按相对差异评定，根据一定的农用地定级目的，按照规定的方法和程序进行的农用地质量综合、定量评定，划分出的农用地级别。

第二十八条 国家建立土地统计制度。

县级以上人民政府统计机构和自然资源主管部门依法进行土地统计调查，定期发布土地统计资料。土地所有者或者使用者应当提供有关资料，不得拒报、迟报，不得提供不真实、不完整的资料。

统计机构和自然资源主管部门共同发布的土地面积统计资料是各级人民政府编制土地利用总体规划的依据。

条文主旨

本条是关于建立土地统计制度以及统计资料发布、应用的规定。

条文解读

一、土地统计制度

我国现行的土地统计制度是国家统计制度的重要组成部分。土地统计是指利用数字、图表和其他资料对土地的数量、质量、分布、利用状况和权属状况进行调查、汇总、分析，并定期发布的制度。土地统计的对象是土地，国家的土地统计对象是全国的土地，省、地（市）、县级的统计对象为自己管辖范围内的土地。

统计工作是自然资源主管部门统一行使全民所有自然资源所有者职责、统一行使所有国土空间用途管制和生态保护修复职责的重要基础性工作。土地统计的任务是全面了解全国土地资源状况，掌握土地资源调查评价、开发利用及管理情况；系统收集、整理、分析土地数据信息，保证统计资料的现势性，为有关部门制定规划、政策和进行宏观调控提供依据；为社会公众提供信息服务。特别是在编制土地利用总体规划时，没有它，土地利用总体规划很难编制。

二、土地统计的基本要求

1. 土地统计调查。本条第二款明确规定，土地统计调查由县级以上人民政府统计机构和自然资源主管部门共同进行。本条修改后删去了原法第二十九条规定的“制定统计调查方案”的规定，并不是说不需要作出统计调查方案，而是因为其是统计调查工作中的具体程序性内容，不需要在本法中规定。

2. 定期发布土地统计资料。土地统计资料的发布必须经严格的审批程序，自然资源部负责土地统计数据的汇总、审查工作，未经批准，任何单位和个人不得泄露统计资料。根据《自然资源部办公厅关于印发自然资源统计调查制度的通知》（自然资办函〔2019〕1235 号），土地统计资料以公报、年鉴等方式公布，此外也会利用报纸、网络等媒体予以公布。

3. 土地的所有者、使用者应当提供有关资料，不得拒报、迟报，不得提供不真实、不完整的资料。这是对土地所有者和使用者提出的要求。统计法第七条规定，国家机关、企业事业单位和其他组织以及个体工商户和个人等统计调查对象，必须依照本法和国家有关规定，真实、准确、完整、及时地提供统计调查所需的资料，不得提供不真实或者不完整的统计资料，不得迟报、拒报统计资料。本次修改在文字表述上与统计法的规定基本一致。拒报，是指土地所有者和使用者拒不执行国家土地统计制度，明确表示不履行提供土地统计资料的义务，对土地统计人员进行统计调查的合法要求置之不理的行为；迟报，是指土地所有者和使用者违反土地统计制度的规定，超过法定的报送土地统计资料的时间报送土地统计资料的行为。

土地的所有者、使用者应当依照统计法和本法的规定，真实、准确、完整、及时地提供土地统计调查所需的资料，不得提供不真实或者不完整的统计资料，不得迟报、拒报土地统计资料。违者将按照统计法第四十一条的规定，追究相关责任人的法律责任。

三、统计机构和自然资源主管部门共同发布的土地面积统计资料是各级人民政府编制土地利用总体规划的依据

经统计机构和自然资源主管部门共同发布的土地统计资料是具有法律效力的统计信息，是各级政府土地管理工作的基本依据，其中土地面积统计资料是各级人民政府编制土地利用总体规划的依据。这一规定为各级人民政府编制土地利用总体规划，保证土地利用总体规划的正确实施打下了一个良好的基础。

相关规定

《中华人民共和国统计法》第七条、第四十一条；《自然资源部办公厅关于印发自然资源统计调查制度的通知》。

第二十九条 国家建立全国土地管理信息系统，对土地利用状况进行动态监测。

条文主旨

本条是关于建立全国土地利用状况动态监测系统的规定。

条文解读

1. 为保证上报的土地统计数字的准确性、了解土地利用总体规划、年度计划的执行情况并及时发现土地违法行为，建立全国土地管理信息系统，对土地利用状况进行动态监测非常重要。土地管理信息系统是国家对土地利用状况进行动态监测的前提，也是保证科学管理的前提，它是高科技成果在土地管理上的成功运用。

2. 土地利用动态监测是指国家运用遥感技术和其他现代化手段，对全国及国家确定的重点地区的土地利用变化情况，特别是城镇建设用地扩展情况和耕地变化情况进行连续监测，为中央决策提供及时、准确的各类土地数据。土地利用状况，是指人类对各种土地利用的基本现状，包括土地开发的情况、土地整治的情况、土地满足人们生产、生活、生态需要的利用情况、土地保护的情况等。

土地利用动态监测的目的，一是可以推算全国或某一地区的土地利用现状情况；二是可以核查下级上报的土地统计数据是否真实；三是能够监督土地利用总体规划和年度计划的执行情况；四是及时发现乱占滥用土地、闲置、荒芜土地的违法行为。

3. 建立全国土地利用监测系统，要合理分布监测站点，形成网络。国家也可以根据需要在某些重点监测地区设置加密网点，提高监测的及时性和准确性。

第四章　耕 地 保 护

第三十条　国家保护耕地，严格控制耕地转为非耕地。

国家实行占用耕地补偿制度。非农业建设经批准占用耕地的，按照“占多少，垦多少”的原则，由占用耕地的单位负责开垦与所占用耕地的数量和质量相当的耕地；没有条件开垦或者开垦的耕地不符合要求的，应当按照省、自治区、直辖市的规定缴纳耕地开垦费，专款用于开垦新的耕地。

省、自治区、直辖市人民政府应当制定开垦耕地计划，监督占用耕地的单位按照计划开垦耕地或者按照计划组织开垦耕地，并进行验收。

条文主旨

本条是关于非农建设占用耕地补偿制度和按照计划开垦耕地的规定。

立法背景

耕地是人类赖以生存的基本资源和条件。进入二十一世纪，人口不断增加，耕地逐渐减少，人民生活水平不断提高，保持农业可持续发展首先要确保耕地的数量和质量。我国耕地数量有限，而且可以开垦为耕地的荒地也较为有限，通过开垦荒地补充被非农业建设占用的耕地潜力不大。因此，为保证我国的耕地总量的动态平衡，一方面要实行“占多少，垦多少”，即开垦荒地补充耕地的办法；另一方面就是要严格控制非农业建设占用耕地。

条文解读

一、严格控制耕地转为非耕地

国家保护耕地，严格控制耕地转为非耕地。这是我国保护耕地的基本原则。为保障国家粮食安全，坚守耕地红线，维持耕地总量和质量动态平衡，本法明确规定，国家保护耕地，严格控制耕地转为非耕地。目前，耕地转为非耕地的主要原因是城市建设和村镇建设以及能源、交通、水利等基础设施建设需要占用耕地。为控制耕地转为非耕地，我国实行了最严格的用途管制制度，包括：一是通过制定国土空间规划，限定建设可以占用土地的区域；二是制定并分解下达土地利用年度计划，控制各类建设占用耕地规模；三是建立农用地转用审批制度，各项建设需要占用耕地的，要经过有批准权限的人民政府批准。通过这些手段，严格限制耕地转为非耕地。

二、国家建立占用耕地补偿制度

一是非农业建设项目经批转占用耕地，必须按照“占多少，垦多少”的原则来补充耕地，如若不然，我国耕地面积会不断被建设占用，无法保证耕地总量动态平衡，严重影响我国粮食安全。所以，“占多少，垦多少”是占补平衡制度的核心，各类建设必须坚持占用多少耕地就补充多少耕地的原则。

二是建立占用耕地补充制度，即耕地占补平衡。任何建设占用耕地都必须履行开垦耕地的义务。无论是国家重点工程、城市建设，还是乡镇企业、农村村民建住宅占用耕地，都必须履行耕地开垦的义务，国家投资的能源、交通、水利、国防军工等大中型建设项目也与其他项目一样，没有特殊待遇。

三是补充耕地的责任人是占用耕地的单位。主要包括：城市建设用地范围内，由政府统一征收后再进行出让的，补充耕地的责任人是地方人民政府；城市建设用地范围外，单独选址进行建设的，补充耕地的责任人是建设单位，市、县人民政府应当做好监管，并对补充耕地的数量和质量进行验收；村庄、集镇建设占用耕地的，补充耕地责任人是农村集体经济组织，市、县人民政府应当做好监管，并对补充耕地的数量和质量进行验收。

四是对占用耕地的单位开垦耕地提出要求，明确要求占用耕地的单位负责开垦与所占用耕地的数量和质量相当的耕地。这条规定不仅仅要求在数量上保持一致，在耕地质量上也必须保持一致，不能占好地补劣地，导致粮食生产能力下降。地方政府必须严格落实监管责任，做好补充耕地的验收工作。

五是缴纳耕地开垦费。对于没有条件开垦的，或者开垦的耕地不符合要求的，建设单位应当按照各省、自治区、直辖市的规定，缴纳耕地开垦费。没有条件开垦是指建设单位没有开垦的人力和机械，而无法从事土地开垦工作。开垦的耕地不符合要求是指耕地开垦的数量和质量没有达到规定的指标。建设单位缴纳耕地开垦费后，地方人民政府应当履行耕地开垦义务。耕地开垦费必须专款用于耕地的开垦，不能挪作他用。各省（自治区、直辖市）政府要依据土地整治新增耕地平均成本和占用耕地质量状况等，制定差别化的耕地开垦费标准。对经依法批准占用永久基本农田的，缴费标准按照当地耕地开垦费最高标准的两倍执行。

需要特别注意的是，各地在制定国土空间规划时，应当根据当地土地资源状况、生态和环境保护要求，明确可开垦耕地区域，防止乱开滥垦，破坏生态环境，造成水土流失。

三、按计划开垦耕地

一是省、自治区、直辖市人民政府应当制定开垦耕地计划。这是对省级人民政府在占用耕地补偿制度中职责的规定。省级人民政府是保持耕地总量动态平衡的责任者，也是耕地开垦的组织者和监督者。省级人民政府应当依据国土空间规划、土地利用年度计划、耕地保护要求、生态和环境保护要求以及建设占用耕地情况，科学制定切实可行的耕地开垦计划，落实补充耕地责任。

二是省级人民政府要切实履行补充耕地监督和验收责任，对补充耕地责任人开垦耕地的行为进行监督管理，使责任人切实履行耕地开垦义务，对于未履行耕地开垦义务的要进行督促及处罚。

同时，地方各级政府应当负责组织实施土地整治，通过土地整理、复垦、开发等推进高标准农田建设，增加耕地数量、提升耕地质量，以县域自行平衡为主、省域内调剂为辅、国家适度统筹为补充，落实补充耕地任务。

相关规定

《中共中央、国务院关于加强耕地保护和改进占补平衡的意见》。

第三十一条 县级以上地方人民政府可以要求占用耕地的单位将所占用耕地耕作层的土壤用于新开垦耕地、劣质地或者其他耕地的土壤改良。

条文主旨

本条是关于保护耕作层土壤，保证新开垦耕地质量的规定。

条文解读

耕地耕作层是指经农业生产生活活动的长期影响和改造，土壤不断熟化，耕性得到改善，肥力得到提高而形成的适用于农作物生长，厚度为30～50厘米的表土层。耕地耕作层是耕地的精华和不可再生的资源，是农业生产中的宝贵资源。一般来说，要形成良好的土壤结构（即生地变熟地）要经过很长时间的耕作、施肥和培养，良好的土壤结构对农业生产非常重要。目前，我国耕地开发中往往因缺少熟化土而影响耕地的质量。但在工程建设中，耕作层的土壤好坏与建设毫无关系，有的工程还必须将耕作层挖掉来加固基础。因此，将耕作层土壤用于新开垦的耕地是有利的，可以加快新开垦耕地熟化的过程。

一般建设项目占用耕地，需要将耕作层挖掉进行基础建设，这将导致长时间培养的优质耕作层遭到破坏。为了保护耕地耕作层，使其得到最大限度的利用，在项目建设过程中，应当将耕作层进行剥离，剥离后重点用于中低产田改造、高标准农田建设和土地复垦，以增加耕作层厚度、改善土壤结构。同时，将占用耕地耕作层土壤剥离利用，纳入省级政府耕地保护责任目标和耕地占补平衡考核内容。

国内外都有许多将耕作层剥离用于开垦耕地的成功经验，可供我们借鉴。但是，将耕地耕作层用于开垦耕地是受当地的自然条件和开垦耕地成本影响的，如当地土壤条件较好、开垦耕地不需要另加耕作层或运输距离较远、成本太高等原因会使其难以实现。因此，本条规定县级以上地方人民政府可以要求这样做，但不是必须要求这样做。县级以上地方人民政府应根据当地的实际情况，实事求是地对具备条件的提出此项要求。

第三十二条 省、自治区、直辖市人民政府应当严格执行土地利用总体规划和土地利用年度计划，采取措施，确保本行政区域内耕地总量不减少、质量不降低。耕地总量减少的，由国务院责令在规定期限内组织开垦与所减少耕地的数量与质量相当的耕地；耕地质量降低的，由国务院责令在规定期限内组织整治。新开垦和整治的耕地由国务院自然资源主管部门会同农业农村主管部门验收。

个别省、直辖市确因土地后备资源匮乏，新增建设用地后，新开垦耕地的数量不足以补偿所占用耕地的数量的，必须报经国务院批准减免本行政区域内开垦耕地的数量，易地开垦数量和质量相当的耕地。

条文主旨

本条是关于省级人民政府负责耕地总量和质量动态平衡的规定。

立法背景

习近平总书记强调，耕地是我国最为宝贵的资源。我国人多地少的基本国情，决定了我们必须把关系十几亿人吃饭大事的耕地保护好，绝不能有闪失。要实行最严格的耕地保护制度，依法依规做好耕地占补平衡，规范有序推进农村土地流转，像保护大熊猫一样保护耕地。为此，本次修改，强化省级人民政府耕地保护责任，明确提出耕地总量不减少、质量不降低。

本条是对原法第三十三条的修改，与原法相比，这次修改重点是突出了耕地质量的保护与提升，明确各省级人民政府的耕地保护责任，不仅仅是以前的保耕地数量，更重要的是要保护和提升耕地质量。耕地保护从重“数量”到“数量”与“质量”并重的转变，不仅仅是管理方式上的转变，更重要的是，这种转变标志着我国耕地保护新时代的开始。

条文解读

一、明确省、自治区、直辖市人民政府耕地保护的目标和责任

以省、自治区、直辖市为单位实行耕地总量和质量平衡，实行的是省级政府负责制，即本法第十六条第三款规定的“省、自治区、直辖市人民政府编制的土地利用总体规划，应当确保本行政区域内耕地总量不减少”和本条规定的“省、自治区、直辖市人民政府应当严格执行土地利用总体规划和土地利用年度计划，采取措施，确保本行政区域内耕地总量不减少、质量不降低”。以省级为单位平衡耕地总量，一方面可以调动地方的积极性，发挥中央和地方两个积极性，完成这一对全局有根本性影响的战略性任务；另一方面可以在一个相对较大的地域范围内，集中必要的人力、物力和资源，在物质上保证这一任务的完成。地方人民政府不能为了 GDP 热衷于搞开发区，大量占用耕地，造成土地大量占用和闲置浪费。加大地方政府保护耕地的责任，是本法历次修改坚持的原则之一。

保证耕地总量不减少、耕地质量不降低是对各省、自治区、直辖市人民政府的最低要求，有些省、自治区、直辖市的耕地数量还应该增加、质量还应该提高。将来，国土空间规划将明确各省、自治区、直辖市的耕地保护总目标。各省（区、市）应当根据这个总目标，将耕地保护责任层层落实到各级政府。

二、国务院责令省级政府采取措施保证耕地总量不减少、质量不降低

对于省级人民政府没有切实履行耕地保护责任的，国务院将及时采取措施，对于耕地数量减少的，国务院将责令其在规定期限内组织开垦与减少耕地数量与质量相当的耕地；对于耕地质量降低的，国务院将责令其在规定期限内组织整治。这是保证耕地动态平衡（总量不减少、质量不降低）目标实现的一个行政措施。根据宪法规定，我国各级行政机关实行行政首长负责制；国务院是国家的最高行政机关，统一领导全国地方各级国家行政机关的工作；全国地方各级国家行政机关，都在国务院的统一领导下，依照法律规定的权限，管理本行政区域内的各项行政工作。因此，如果有哪一个省级行政区域，未经批准不完成保证耕地动态平衡的任务，该省级政府的行政首长就应当承担相应的行政责任。同时，对于新开垦和整治的耕地，自然资源部将会同农业农村部进行验收。

三、变通规定

根据我国实际情况，个别省、直辖市难以在本行政区域内做到耕地平衡，“一刀切”的规定容易造成过度开发，引起生态环境破坏和水土流失。为此，本条第二款明确经国务院批准，可以核减该省、直辖市的耕地开垦数量，易地开垦耕地，同时强调易地开垦耕地的数量和质量必须相当。

2017年，中共中央、国务院下发了《关于加强耕地保护和改进占补平衡的意见》，该意见提出，县（市、区）政府无法在本行政辖区内实现耕地占补平衡的，可在市域内相邻的县（市、区）调剂补充，仍无法实现耕地占补平衡的，可在省域内资源条件相似的地区调剂补充……耕地后备资源严重匮乏的直辖市，新增建设占用耕地后，新开垦耕地数量不足以补充所占耕地数量的，可向国务院申请国家统筹；资源环境条件严重约束、补充耕地能力严重不足的省份，对由于实施国家重大建设项目造成的补充耕地缺口，可向国务院申请国家统筹。经国务院批准后，有关省份按规定标准向中央财政缴纳跨省补充耕地资金，中央财政统筹安排落实国家统筹补充耕地任务所需经费，在耕地后备资源丰富省份落实补充耕地任务。

相关规定

《中共中央国务院关于加强耕地保护和改进占补平衡的意见》。

第三十三条 国家实行永久基本农田保护制度。下列耕地应当根据土地利用总体规划划为永久基本农田，实行严格保护：

（一）经国务院农业农村主管部门或者县级以上地方人民政府批准确定的粮、棉、油、糖等重要农产品生产基地内的耕地；

（二）有良好的水利与水土保持设施的耕地，正在实施改造计划以及可以改造的中、低产田和已建成的高标准农田；

（三）蔬菜生产基地；

（四）农业科研、教学试验田；

（五）国务院规定应当划为永久基本农田的其他耕地。

各省、自治区、直辖市划定的永久基本农田一般应当占本行政区域内耕地的百分之八十以上，具体比例由国务院根据各省、自治区、直辖市耕地实际情况规定。

条文主旨

本条是关于永久基本农田保护制度的规定。

立法背景

本次土地管理法修改，将“基本农田”修改为“永久基本农田”，并完善了一系列措施。从“基本农田”到“永久基本农田”，绝不是简单的文字修改，而是理念的重大转变，体现了对基本农田永久保护这样一个价值的理念，是贯彻落实党中央、国务院对永久基本农田保护重要决策部署的重大举措。党的十七届三中全会首次提出“划定永久基本农田，确保基本农田总量不减少、用途不改变、质量有提高”的部署要求。《中共中央、国务院关于加强耕地保护和改进占补平衡的意见》（中发〔2017〕4号）指出“耕地是我国最为宝贵的资源”的战略定位，强调了“两个绝不能”，即“已经确定的耕地红线绝不能突破，已经划定的城市周边永久基本农田绝不能随便占用”，提出了严格永久基本农田划定和保护的具体要求。党的十九大报告明确提出“完成生态红线、永久基本农田、城市开发边界三条控制线划定工作”。2019年两会期间，习近平总书记参加内蒙古代表团审议时强调，“要把城镇、农业、生态空间和生态保护红线、永久基本农田保护红线、城镇开发边界作为调整经济结构、规划产业发展、推进城镇化不可逾越的红线”。中央多次强调耕地保护特别是永久基本农田划定和保护，充分体现了坚决守住永久基本农田保护红线的重要性，充分表明党中央、国务院对永久基本农田保护工作一以贯之的高度重视。

本条修改除将“基本农田”改为“永久基本农田”外，另一个重要的修改是在原法第三十四条第二款有关永久基本农田划定占耕地面积的比例中增加了“一般”二字，同时增加规定“具体比例由国务院根据各省、自治区、直辖市耕地实际情况规定”。这两处修改，是本着实事求是的原则，根据实际情况划定，不搞“一刀切”。此外，还对第一款哪些耕地应当划为永久基本农田进行了完善，在第一项中增加“糖等重要农产品”，在第二项中增加“已建成的高标准农田”。

条文解读

一、国家实行永久基本农田保护制度

我国人多地少，耕地后备资源贫乏，如何保护我国宝贵的耕地资源，并合理利用，成为我国迫在眉睫的大事。实行永久基本农田保护制度，对永久基本农田实行特殊保护，是经实践证明保护耕地的有效方法。本次修改将“基本农田”改为“永久基本农田”，既不是在原有基本农田中挑选一定比例的优质基本农田，也不是永远不能占用的基本农田。加上“永久”二字，进一步体现了党中央、国务院对耕地特别是基本农田的高度重视，体现的是严格保护的态度。同时，也说明基本农田保护需要进一步完善相关措施，确保其质量不降低、数量不减少。

永久基本农田，是指根据一定时期人口和社会经济发展对农产品的需求以及对建设用地的预测，依据国土空间规划确定的不得擅自占用或改变用途并实行特殊保护的耕地。“永久基本农田”，顾名思义，就是对基本农田实行永久性保护，这是2008年中共中央十七届三中全会提出的概念。永久基本农田是从国家战略高度出发，为了满足一定时期人口和国民经济对农产品的需求而必须确保的耕地的最低需求量，老百姓称之为“吃饭田”“保命田”。1994年

出台的基本农田保护条例，后经两次修改，对基本农田的划定、保护和监督管理作出了明确规定。本次修法后，该条例也会适时修改，进一步完善永久基本农田保护、管理等措施。

二、永久基本农田的划定

永久基本农田的划定主要是为了对耕地实行特殊保护。对于那些影响国民经济及农业发展的重点耕地，必须划入永久基本农田，实行严格保护。根据本条规定，应当划为永久基本农田保护的耕地主要有以下几种：

1. 经国务院农业农村主管部门或者县级以上地方人民政府批准确定的粮、棉、油、糖等重要农产品生产基地内的耕地

主要是指国家和地方确定的商品粮基地、商品棉基地、商品油基地和糖生产基地。这些地方生产的粮、棉、油、糖商品率高，对国家市场调节贡献大，在国民经济发展和保证城乡居民生活中起着关键作用。因此，国家和地方各级人民政府对商品粮、棉、油、糖等生产基地建设都采取了一些特殊的政策，并给予一定的投入和扶持，对这些地区的耕地也必须实行特殊保护。各级人民政府在编制国土空间规划时应充分考虑到这一点，将国务院农业农村主管部门或者县级以上地方人民政府批准确立的粮、棉、油、糖等重要农产品生产基地内的耕地划为永久基本农田。本次修改根据农业农村部的意见增加了“糖等重要农产品”。

糖作为重要的农产品，是人们日常生活不可或缺的食料，将其生产基地内的耕地划为永久基本农田，有利于保障人民群众日益丰富生活的需要。增加“糖等重要农产品生产基地”，为今后根据需要划为永久基本农田留下空间。

2. 有良好的水利与水土保护设施的耕地，正在实施改造计划以及可以改造的中、低产田和已建成的高标准农田

除高产、稳产的耕地外，有良好的水利与水土保持设施的耕地，也是具有保护价值的。此外，我国耕地总体质量差，人均水平低，对于正在实施改造计划以及可以改造的中、低产田，虽然目前产量不高或者生产率不高，但有一定的开发潜力，经过治理、改造可以发挥更大的作用。为了满足人民生活对粮食的需求，对这些有潜力的耕地，也应当予以保护，考虑划为永久基本农田。同时，高标准农田也应当划为永久基本农田。高标准农田是指集中连片、设施配套、高产稳产、生态良好、抗灾能力强、与现代农业生产和经营方式相适应的基本农田。高标准农田属于“田成方、土成型、渠成网、路相通、沟相连、土壤肥、旱能灌、涝能排、无污染、产量高”的稳定保量的粮田。为此，对已建成的高标准农田也应当划为永久基本农田，实行严格保护。

3. 蔬菜生产基地

为了保证城乡居民生活必需的蔬菜需要，对于生产蔬菜需要的耕地，也应当划为永久基本农田。菜地一般是耕

地的精华，具有良好的水利设施，生产条件好，产量高，而且蔬菜保鲜时间较短，菜地一般离城市较近，主要分布在城市近郊，往往成为占用的对象，而且形成新的蔬菜生产基地需要投入大量资金，经过很长时间才能形成。因此，蔬菜生产基地应当划为永久基本农田予以保护。

4. 农业科研、教学试验田

农业科研、教学试验田，对农作物产量的提高、新品种的推广等都有着特殊的贡献。我国粮食亩产的增加，主要是靠农业科技的进步以及新品种的引用来实现的。农业科研、教学试验田是农业生产的高新技术生产基地，对农业的发展、提高农产品产量和质量意义重大。此外，农业科研、教学试验田对耕地的土壤、气候、水利等都有特殊的需求，占用之后要重新建设难度大、时间长，因此必须划为永久基本农田予以特殊保护。农业技术推广法第三十条规定，地方各级人民政府应当采取措施，保障农业技术推广机构获得必需的试验基地和生产资料，进行农业技术的试验、示范。地方各级人民政府应当保障农业技术推广机构有开展农业技术推广工作必要的条件。地方各级人民政府应当保障农业技术推广机构的试验基地、生产资料和其他财产不受侵占。因此，对于农业科研、教学试验田作为永久基本农田加以保护，是一项很重要的工作。

5. 国务院规定应当划为永久基本农田的其他耕地

除上述几种耕地必须划入永久基本农田外，国务院可以根据粮食生产和经济发展的需要，确定其他应当划为永久基本农田的耕地类型。

三、关于永久基本农田的划定比例

划定永久基本农田的首要任务是从数量上对耕地进行保护。1998 年修订的土地管理法规定，各省、自治区、直辖市划定的基本农田应当占本行政区域内耕地的 80% 以上。当时确定 80% 的比例，主要是根据国民经济社会发展要求和以前划定基本农田的情况确定的。确定这个目标是根据当时的国民经济和今后人民群众对粮、棉、油需要来确定的。1998 年，我国耕地总量为 19.5 亿亩，按照 80% 计算，不足 16 亿亩。随着我国经济社会的快速发展，大量土地被占用，部分省份耕地后备资源严重不足，为避免“一刀切”的政策影响地方发展，这次修改对永久基本农田划定比例作了调整，规定各省、自治区、直辖市划定的永久基本农田一般应当占本行政区域内耕地的 80% 以上，具体比例由国务院根据各省、自治区、直辖市耕地实际情况规定。有些省、自治区耕地后备资源丰富，永久基本农田比例可能会高于 80%，有些省、直辖市经济发展快速，耕地后备资源匮乏，永久基本农田比例可能会低于 80%。但是，为了保障国家粮食安全，在国家层面将采取积极措施，保证耕地数量和质量动态平衡。这样的规定，更加符合实际情况。

相关规定

《中共中央、国务院关于加强耕地保护和改进占补平衡的意见》。

第三十四条 永久基本农田划定以乡（镇）为单位进行，由县级人民政府自然资源主管部门会同同级农业农村主管部门组织实施。永久基本农田应当落实到地块，纳入国家永久基本农田数据库严格管理。

乡（镇）人民政府应当将永久基本农田的位置、范围向社会公告，并设立保护标志。

条文主旨

本条是关于永久基本农田划定的组织实施和基本要求的规定。

立法背景

本条是对原法第三十四条第三款进行修改后所作的规定，并增加了划定永久基本农田的具体措施。划区定界是对永久基本农田实行特殊保护的具体工作之一。将原法第三十四条第三款单列为一条，进一步保障永久基本农田划定工作落到实处。

条文解读

一、划定永久基本农田的基本单位及组织实施的部门

根据本条第一款的规定，永久基本农田由县级人民政府自然资源主管部门会同同级农业农村主管部门组织实施，以乡（镇）为单位进行划定。也就是说，划定的部门为县级人民政府自然资源主管部门会同同级农业农村主管部门。开展永久基本农田划定工作是实施土地利用总体规划的一项具体工作，也是保证农业生产的一项基础性工作，因此本条规定，永久基本农田由“县级以上人民政府自然资源主管部门会同同级农业农村主管部门组织实施”。划定永久基本农田以乡（镇）为单位进行，与本法第十九第二款“乡（镇）土地利用总体规划应当划分土地利用区，根据土地使用条件，确定每一块土地的用途，并予以公告”的规定是一致的。

二、永久基本农田要落实到地块

各级自然资源主管部门应按照省市县各级永久基本农田划定方案，将已经划定的永久基本农田图斑，实地调查确认到每个地块，具体确定边界、坐落、面积、地类、保护情况、质量等别（级）等信息，依次对永久基本农田保护片（块）进行编号，作为永久基本农田管理数据统计、分析、汇总的基本数据单元。

三、纳入数据库严格管理

市县级自然资源主管部门根据市县级永久基本农田划

定方案，编制标准分幅永久基本农田保护图、乡级永久基本农田保护图、县级永久基本农田分布图，以及城（镇）周边永久基本农田保护图。以县级为基本组织单元，以土地利用变更调查数据库中土地利用要素和基础地理信息要素为支撑和基础，依据永久基本农田划定方案成果，以及落地块、明责任、设标志、建表册任务完成情况，衔接规划调整完善工作，更新完善省、市、县三级永久基本农田数据库，做到图、数、实地相一致。

四、设立永久基本农田保护标志

根据本条第二款的规定，乡（镇）人民政府应当设立永久基本农田保护标志，并将永久基本农田的位置、范围向社会公告。市县级自然资源主管部门要在本级人民政府组织下，会同有关部门充分利用已有保护标志，在铁路、公路等交通沿线和城镇、村庄周边的显著位置，及时补充更新设置标志牌和界桩，昭示社会，接受监督。各省（区、市）自然资源主管部门要按照《基本农田与土地整理标识使用和有关标志牌设立规定》（国土资发〔2007〕304 号）和《技术规程》有关要求，结合落实地块实际情况，细化设置永久基本农田标志具体措施和规范，标志牌和界桩设立要统一规范、因地制宜、节约简洁、醒目清晰，标识内容包括永久基本农田的位置、面积、保护责任人、保护片（块）号、相关政策规定、示意图和监督举报电话等相关信息。标志牌和界桩一经设立，任何单位和个人不得擅自破坏或改变。原有基本农田发生变动的地块，要及时更新或移除旧的保护标志。

相关规定

《基本农田与土地整理标识使用和有关标志牌设立规定》。

第三十五条　永久基本农田经依法划定后，任何单位和个人不得擅自占用或者改变其用途。国家能源、交通、水利、军事设施等重点建设项目选址确实难以避让永久基本农田，涉及农用地转用或者土地征收的，必须经国务院批准。

禁止通过擅自调整县级土地利用总体规划、乡（镇）土地利用总体规划等方式规避永久基本农田农用地转用或者土地征收的审批。

条文主旨

本条是关于对永久基本农田进行特殊保护的规定。

立法背景

这是本次修改新增加的规定，进一步强化永久基本农田的管理和保护。

条文解读

为贯彻落实党中央关于永久基本农田保护的决策部署，并将实践中好的经验做法上升为法律制度，从严管控非农建设占用永久基本农田。永久基本农田一经划定，任何单位和个人不得擅自占用或者擅自改变用途，不得多预留一定比例永久基本农田为建设占用留有空间，严禁通过擅自调整县乡土地利用总体规划规避占用永久基本农田的审批，严禁未经审批的违法违规占用。按有关要求，重大建设项目选址确实难以避让永久基本农田的，农用地转用和土地征收必须报国务院审批。这意味着，除了国家重点建设项目，如交通、能源、水利、军事设施等项目经批准可以占用永久基本农田之外，其他项目一律不得占用永久基本农田。占用永久基本农田，审批的层级为国务院，其他任何部门都无权批准。这一规定同本法第四十四条“永久基本农田转为建设用地的，由国务院批准”的规定、第四十六条征收永久基本农田由国务院批准的规定是一致的。

同时，本条明确规定禁止通过擅自调整县级土地利用总体规划、乡（镇）土地利用总体规划等方式规避永久基本农田农用地转用或者土地征收的审批。按照目前法律规定，占用永久基本农田进行建设，农转用审批和土地征收审批都要由国务院进行审批。在以往实际工作中，有的地方擅自调整规划，通过规划修改调整基本农田的位置，从而规避国务院的审批。这次修改，针对当前存在的擅自调整县乡土地利用总体规划等方式规避永久基本农田农用地转用或者土地征收的审批，作出禁止性规定，即禁止通过修改规划的方式规避占用永久基本农田的农转用审批和土地征收审批。《中共中央、国务院关于加强耕地保护和改进占补平衡的意见》也明确指出，严禁通过擅自调整县乡土地利用总体规划，规避占用永久基本农田的审批。

相关规定

《中共中央、国务院关于加强耕地保护和改进占补平衡的意见》。

第三十六条　各级人民政府应当采取措施，引导因地制宜轮作休耕，改良土壤，提高地力，维护排灌工程设施，防止土地荒漠化、盐渍化、水土流失和土壤污染。

条文主旨

本条是关于耕地质量保护的规定。

立法背景

本条是对原法第三十五条进行修改后所作出的规定。“十分珍惜、合理利用土地和切实保护耕地”是我国的基本国策。保护耕地有两条基本原则，一是严格保护耕地数量，二是不断提升耕地质量。我国人多地少，土地资源紧缺，特别是近些年，我们以有限的耕地资源养活了十几亿人口，但也付出了极大的代价，耕地数量减少、地力严重透支、水土流失、地下水超采、土壤污染等问题，已成为制约我国农业可持续发展的突出矛盾。针对当前存在的这些问题，本次修改特别增加规定“引导因地制宜轮作休耕”，使我国有限的土地资源能够得到长久、可持续利用。

轮作休耕第一次在法律中规定，是2018年通过的土壤污染防治法，该法第二十七条第二款规定，地方人民政府农业农村主管部门应当鼓励农业生产者采取有利于防止土壤污染的种养结合、轮作休耕等农业耕作措施；支持采取土壤改良、土壤肥力提升等有利于土壤养护和培育的措施；支持畜禽粪便处理、利用设施的建设。

条文解读

一、建立轮作休耕制度

轮作休耕包含轮作和休耕两个意思，轮作是在同一块田地上，有顺序地在季节间或年间轮换种植不同的作物或以复种方式进行种植的方式，如一年一熟的“大豆—小麦—玉米”三年轮作。休耕就是在一段时间不耕种，使耕地得到休养和恢复。实行轮作休耕制度，有利于耕地休养生息和农业可持续发展。

2016年5月20日，中央全面深化改革领导小组召开了第二十四次会议，会议审议通过了《探索实行耕地轮作休耕制度试点方案》，方案提出在部分地区探索实行耕地轮作休耕制度试点，既有利于耕地休养生息和农业可持续发展，又有利于平衡粮食供求矛盾、稳定农民收入。要在坚守耕地保护红线、保障国家粮食安全、不影响农民收入的前提下，在有关地区开展轮作试点和休耕试点。要建立利益补偿机制，稳定农民收益。经过三年时间，在农业土地生态脆弱的、特别需要保护的这些地方开展轮作休耕，已经积累了很好的经验和办法。党的十九大报告明确提出，严格保护耕地，扩大轮作休耕试点，健全耕地草原森林河流湖泊休养生息制度，建立市场化、多元化生态补偿机制。中共中央办公厅、国务院办公厅于2017年印发了《关于创新体制机制推进农业绿色发展的意见》，该意见提出，建立耕地轮作休耕制度。推动用地与养地相结合，集成推广绿色生产、综合治理的技术模式，在确保国家粮食安全和农民收入稳定增长的前提下，对土壤污染严重、区域生态功能退化、可利用水资源匮乏等不宜连续耕作的农田实行轮作休耕。降低耕地利用强度。此次修法落实党中央的决策部署，将试点中好的经验做法上升为法律制度。

本条规定引导因地制宜轮作休耕，强调耕地轮作休耕要坚持生态优先、综合治理，轮作为主、休耕为辅，突出重点区域、加大政策扶持、强化科技支撑，加快构建耕地轮作休耕制度，促进生态环境改善和资源永续利用。轮作主要在东北冷凉区、北方农牧交错区等地开展试点，休耕主要在地下水漏斗区、重金属污染区、生态严重退化地区。同时，要让农民愿意开展轮作休耕，必须保证其收益不减少，这样才能真正把轮作休耕的任务落实下去。为此，国家对开展耕地轮作休耕给予必要的粮食或现金补助。

二、改良土壤，提高地力

改良土壤，指改变土地的不良性状，防止土地退化，恢复和提高土地生产力；提高地力，即提高土地生产力。土壤的肥力是土壤的基本属性和质的特征，是从养分条件和环境条件方面供应和协调农作物生产的能力。土壤的肥力状况是耕地质量好坏的具体体现。土壤肥力越高，提供的养分越多，作物产量也就越高。因此，改良土壤，提高地力，可以提高粮、棉、油、糖的单产，发挥耕地的最大效益。

三、维护排灌工程设施

排灌工程设施，是为灌溉农田、排泄水流而兴修的水利工程设施。水利是农业的命脉。我国是一个多自然灾害的国家，水灾、旱灾经常发生，水利设施的建设对农业生产来讲是必不可少的，直接影响到农业生产的产量，是取得粮食高产稳产的必要条件。我国耕地总体质量差，要提高粮食产量，做到高产稳产，不仅要维护现有的水利设施，还应加大水利设施的投入，增强抵御自然灾害的能力。

四、防止土地荒漠化、盐渍化、水土流失和土壤污染

土地荒漠化是指耕地的生态平衡遭到破坏而使其逐步变成沙漠的现象；盐渍化，是指土壤中含有过多的可溶性盐，对大多数作物都有不同程度的危害；水土流失，是指在自然或人为因素影响下造成的地表土壤中的水分和土壤同时流失的现象；土壤污染是指因人为因素导致某种物质进入陆地表层土壤，引起土壤化学、物理、生物等方面特性的改变，影响土壤功能和有效利用，危害公众健康或者破坏生态环境的现象。大量施用化肥和农药，也是造成土壤污染的重要原因之一。当前，土地荒漠化、盐渍化、水土流失和土壤污染是我国许多地区的耕地受到的主要威胁。根据本法第七十五条的规定，因开发土地造成土地荒漠化、盐渍化的，依法追究违法者的法律责任。

对于防止土地荒漠化、盐渍化、水土流失和土壤污染，我国其他有关自然资源和环境保护的法律中也作了很多规定，如水土保持法、森林法、草原法、水法、固体废物污染防治法、环境保护法、水污染防治法、土壤污染防治法等法律，国务院还有很多行政法规，许多地方也制定了一些地方性法规。各级人民政府应当依照本法和相关法律、法规的规定，采取措施认真履行保护土地的责任。

相关规定

《中华人民共和国土壤污染防治法》；《探索实行耕地

轮作休耕制度试点方案》；中共中央办公厅、国务院办公厅《关于创新体制机制推进农业绿色发展的意见》。

第三十七条　非农业建设必须节约使用土地，可以利用荒地的，不得占用耕地；可以利用劣地的，不得占用好地。

禁止占用耕地建窑、建坟或者擅自在耕地上建房、挖砂、采石、采矿、取土等。

禁止占用永久基本农田发展林果业和挖塘养鱼。

条文主旨

本条是关于非农业建设的用地原则以及禁止占用耕地、永久基本农田行为的规定。

立法背景

我国人口众多，耕地面积少，人均耕地就更少，如何让有限的耕地资源养活我国十几亿人口，是摆在我们面前的突出矛盾。加强耕地保护，就是保护我们的生命线。

条文解读

一、非农业建设占用耕地的基本原则

根据本条第一款规定，非农业建设必须节约使用土地，可以利用荒地的，不得占用耕地；可以占用劣地的，不得

占用好地。这是非农业建设用地的基本原则，也是保护耕地的必要措施。这就要求各级政府和建设单位在建设项目规划选址、工程设计等方面，都必须贯彻节约使用土地的原则，要采取措施，尽量避免占用耕地，如果必须占用耕地，要尽量避免占用优质耕地。各级政府要严格把关，可以利用荒地和劣质耕地的，不得批准占用优质耕地。

二、禁止占用耕地的行为

根据本条第二款的规定，禁止在耕地上从事的活动，包括建房、挖砂、采石、采矿、取土等，这些行为不仅占用了耕地，还破坏了土壤，毁坏了耕作层，有可能造成水土流失、土地沙化，甚至土壤污染。但是，如果经过批准，并可以开垦耕地或者改善耕地质量的挖砂、采石、采矿、取土等，是允许开展的，但要以耕地保护和生态保护为前提。违反上述禁止性规定的，依照本法第七十五条的规定，追究其法律责任。

三、禁止占用永久基本农田的行为

本条第三款规定，禁止占用永久基本农田发展林果业和挖塘养鱼。占用基本农田发展林果业和挖塘养鱼，是指占用基本农田种果树和挖鱼塘。林果业是以发展林果取得收益为目的，并不是以保护耕地为目的，有的林果业还可能破坏耕地耕作层。永久基本农田是“保命田”，禁止改作他用，当然也包括种植果树或者挖塘养鱼。

对于禁止占用永久基本农田的行为，中共中央、国务院曾在有关农村、农业的文件里多次强调，如《乡村振兴战略规划（2018—2022年)》提出，对于农业生产过程中所需各类生产设施和附属设施用地，以及由于农业规模经营必须兴建的配套设施，在不占用永久基本农田的前提下，纳入设施农用地管理，实行县级备案。2014年，中共中央办公厅、国务院办公厅印发的《关于引导农村土地经营权有序流转发展农业适度规模经营的意见》指出，严禁占用基本农田挖塘栽树及其他毁坏种植条件的行为。早在2004年，国务院就针对占用基本农田问题下发了《关于坚决制止占用基本农田进行植树等行为的紧急通知》，该通知对坚决制止任意改变基本农田用途的行为，切实做好保护基本农田规定了“五个不准”，即：不准占用基本农田进行植树造林、发展林果业和搞林粮间作以及超标准建设农田林网；不准以农业结构调整为名，在基本农田内挖塘养鱼、建设用于畜禽养殖的建筑物等严重破坏耕作层的生产经营活动；不准违法占用基本农田进行绿色通道和城市绿化隔离带建设；不准以退耕还林为名违反土地利用总体规划，将基本农田纳入退耕范围；除法律规定的国家重点建设项目以外，不准非农建设项目占用基本农田。凡在基本农田上进行植树造林（包括种植速生丰产林)、挖塘养鱼、绿色通道和城市绿化隔离带建设的必须立即停止和纠正。今后，新增绿色造林、新建和扩建用材林基地均不得占用永久基本农田。

相关规定

《乡村振兴战略规划（2018—2022 年）》；《中共中央办公厅、国务院办公厅关于引导农村土地经营权有序流转发展农业适度规模经营的意见》；《国务院关于坚决制止占用基本农田进行植树等行为的紧急通知》。

第三十八条 禁止任何单位和个人闲置、荒芜耕地。已经办理审批手续的非农业建设占用耕地，一年内不用而又可以耕种并收获的，应当由原耕种该幅耕地的集体或者个人恢复耕种，也可以由用地单位组织耕种；一年以上未动工建设的，应当按照省、自治区、直辖市的规定缴纳闲置费；连续二年未使用的，经原批准机关批准，由县级以上人民政府无偿收回用地单位的土地使用权；该幅土地原为农民集体所有的，应当交由原农村集体经济组织恢复耕种。

在城市规划区范围内，以出让方式取得土地使用权进行房地产开发的闲置土地，依照《中华人民共和国城市房地产管理法》的有关规定办理。

条文主旨

本条是关于占用耕地后闲置土地处理的规定。

立法背景

本条未对原法第三十七条第一款、第二款进行修改，只将第三款删去。原法第三十七条第三款规定，“承包经营耕地的单位或者个人连续二年弃耕抛荒的，原发包单位应当终止承包合同，收回发包的耕地”。农村土地承包法第四十二条、第六十四条对此有专门规定，本法不再重复规定。

条文解读

一、禁止闲置、荒芜耕地

长期以来，我国城市土地利用效率低下，浪费严重。一方面大量闲置，另一方面建设又在大量占用耕地，造成土地资源的更大浪费，与我国人多地少的国情严重不符。因此，本条明确规定，禁止任何单位和个人闲置、荒芜耕地。也就是说，不论是进行非农业建设占用的耕地，还是承包经营的耕地，都不得闲置、荒芜。否则就要承担相应的法律后果。其中，闲置耕地，是指依法取得建设用地使用权后未能及时按照批准的用途（或者土地使用权出让合同约定的用途）加以利用，或者土地利用率未达到规定要求的行为。荒芜耕地，是指土地具备耕种条件，而土地使用者故意不进行耕种的行为。闲置、荒芜耕地，是对农业生产资源的极大的浪费。这两种行为都是本法禁止的行为。

二、闲置土地的处理

本条第一款是对已经办理审批手续的非农业建设占用耕地闲置处理的规定，主要有以下三种情况：

1. 一年内不用而又可以耕种并收获的，由原耕种该耕地的集体或者个人恢复耕种，也可以由用地单位组织耕种。这一规定中，“一年内不用而又可以耕种并收获的”是指在批准占用耕地后，一年之内尚不能开工进行建设，到开工之前可以完成播种到收获，种植一季农作物的。在这种情况下，应当充分利用耕地现有的生产能力，恢复耕种；既可以由原耕种该幅耕地的集体或者个人耕种，占地单位也可以自己组织进行耕种，具体采用哪种形式，由用地单位自己决定。

2. 一年以上未动工建设的，按照省、自治区、直辖市的规定缴纳闲置费。也就是说，造成闲置的单位和个人，应当受到缴纳闲置费的经济处罚。其目的在于用经济手段来约束用地者的行为。依照本款规定缴纳的闲置费，是指用地者以划拨方式取得的土地使用权。闲置费的缴纳，本法授权各省、自治区、直辖市规定。这是因为各地经济发展水平不同，闲置费收取的水平如果全国作统一规定，对一些地方的当事人来说负担不重，可能起不到促使其尽快利用土地的作用，而对另一些地方的当事人来说，又可能负担过重。至于各省、自治区、直辖市是由人民政府制定规章，还是由地方人大或其常委会制定地方性法规，本条没有规定，可由地方自行决定。

3. 连续二年未使用的，经原批准机关批准，由县级以上人民政府无偿收回用地单位的土地使用权。该幅土地原为农民集体所有的，应当交由原农村集体经济组织恢复耕种。也就是说，对于连续二年未使用的，用地者的土地使用权将由政府无偿收回，以体现对用地者的严厉处罚。无偿收回，即不论其取得土地使用权是以有偿的方式还是通过无偿划拨的方式，不论其是否在该幅土地上进行了资金投入，都不给补偿。土地收回后，政府应当立即组织恢复耕种，负责耕种的是原来的农村集体经济组织。这里需要说明的是，该幅土地已经通过征收转为国家所有，由原来的农村集体经济组织耕种，并不是所有权又还给了原集体经济组织，所有权还是国家的，集体经济组织只是取得了在该幅耕地上重新进行耕种的国有土地使用权。

三、以出让方式取得的土地使用权闲置土地的处理

本条第二款是对城市规划区范围内以出让方式取得土地使用权进行房地产开发的闲置土地的处理，对此，城市房地产管理法第二十六条明确规定：“超过出让合同约定的动工开发日期满一年未动工开发的，可以征收相当于土地使用权出让金百分之二十以下的土地闲置费；满二年未动工开发的，可以无偿收回土地使用权；但是，因不可抗力或者政府、政府有关部门的行为或者动工开发必需的前期工作造成动工开发迟延的除外。”为了使土地管理法与城市房地产管理法相衔接，本条规定对城市规划区内闲置土地的处理，适用城市房地产管理法的有关规定。

相关规定

《中华人民共和国农村土地承包法》第四十二条、第六十四条;《中华人民共和国城市房地产管理法》第二十五条。

第三十九条　国家鼓励单位和个人按照土地利用总体规划，在保护和改善生态环境、防止水土流失和土地荒漠化的前提下，开发未利用的土地；适宜开发为农用地的，应当优先开发成农用地。

国家依法保护开发者的合法权益。

条文主旨

本条是关于开发未利用土地的规定。

条文解读

根据本法第四条第三款的规定，未利用的土地，是指农用地和建设用地以外的土地，也就是尚未有人类的劳动加以利用和改造的土地。开发未利用的土地，就是将可以开发的未利用土地经过人类劳动的投入，使其变为可供利用的土地，补充农用地和建设用地。土地开发的对象是具有一定开发潜力和开发价值的未利用土地。未利用的土地，不能随意开发，国家要对开发活动进行管理和限制。开发未利用的土地是投入大、效益比较低的活动，但这是对全社会乃至全人类都有巨大贡献的事业，为了调动各方面开发未利用土地的积极性，本条首先明确，国家鼓励单位和个人开发未利用的土地。

一、开发未利用土地应遵循的原则

根据本条规定，开发未利用的土地应当遵循的原则有三个：

1. 必须符合土地利用总体规划，将来要符合国土空间规划，在土地利用总体规划或者国土空间规划允许开发的区域内开发。土地利用总体规划或者国土空间规划是我国土地开发利用的基本依据，任何土地利用活动，包括开发未利用的土地，都必须依据土地利用总体规划或者国土空间规划的要求进行。

2. 必须有利于保护和改善生态环境，在防止水土流失和土地荒漠化的前提下进行。土地是生态环境系统中最主要的环境要素之一，对土地的不适当利用，必然会对生态环境造成破坏。对未利用土地的开发，必须注意对生态环境的影响，如果开发后会造成对生态环境的破坏，导致水土流失和土地荒漠化的，就不应开发。水土保持法对开发土地中水土流失的预防和治理问题作了具体规定。

3. 开发未利用的土地，适宜开发为农用地的，应当优先开发成农用地。农用地包括耕地、林地、草地、农田水利地、养殖水面等。这些农用地是我国目前迫切需要而后备资源又相对不足的。因此，农用地优先是未利用土地开发的一个重要原则。

二、保护开发者的合法权益

本条在规定国家鼓励开发未利用土地的前提下，第二款还明确规定，保护土地开发者的合法权益。单位和个人依法取得的对未利用土地的土地开发权，是受法律保护的，土地开发者有权对土地进行开发并取得利益，任何单位和个人不得侵犯。国家保护开发者的合法权益不受侵害，对侵害开发者合法权益的单位和个人将依法作出处理。这一规定体现了“谁开发，谁受益”的原则。同时，本法第四十一条还规定了可以确定给开发单位或者个人长期使用。

第四十条 **开垦未利用的土地，必须经过科学论证和评估，在土地利用总体规划划定的可开垦的区域内，经依法批准后进行。禁止毁坏森林、草原开垦耕地，禁止围湖造田和侵占江河滩地。**

根据土地利用总体规划，对破坏生态环境开垦、围垦的土地，有计划有步骤地退耕还林、还牧、还湖。

条文主旨

本条是关于开垦未利用土地的规定。

立法背景

本法第三十九条规定的开发土地，与本条规定的开垦土地是有区别的。开发土地，是指人类通过劳力、技术和资金的投入，将土地由自然资源改造为经济资源；是对未利用的或者难以利用的土地进行改造，也可以是对利用不合理不充分的土地进行改造，以达到充分利用、有效发挥土地资源的优势与潜力；开发后的土地可以是农用地，也可以是工业、交通、城镇建设用地。开垦土地，是指以垦殖为目的的开发，即开垦荒地为耕地用于农作物的种植。开垦土地是开发土地的一种具体行为。

条文解读

按照本法第三十九条的规定，开发未利用的土地，必须按照土地利用总体规划，在保护和改善环境、防止水土流失和土地荒漠化的前提下进行。本条就是按照上述开发土地的原则，对开垦土地的范围和程序所作的规定。

一、关于开垦的范围

根据本条第一款的规定，开垦未利用土地，必须在土地利用总体规划划定的可开垦的区域内进行。本法第十九条对土地利用总体规划中应当划定土地利用区作了规定，依照本条的规定，在土地利用总体规划中划定的土地利用区中，应当对可供开垦的未利用土地的区域作出明确规定。

在编制土地利用总体规划，划分土地利用区时，对于那些未利用的土地可以开垦，要按照本法的有关规定，对有关环境保护、耕地需求等问题进行详尽的论证后才可划定，这样才能保证开垦土地是在保护和改善生态环境、防止水土流失和土地荒漠化的前提下进行的。

二、开垦未利用土地的程序

根据本条第一款的规定，开垦未利用的土地需要经过依法批准，同时在申请批准之前，必须经过科学论证和评估，确定是否开垦。

1. 在土地利用总体规划划定的可供开垦的未利用的土地区域内进行，还要经过进一步的科学论证和评估后，才可确定是否可以开垦。科学论证和评估的具体内容本条没有作出规定。一般来说，论证和评估的内容包括对未利用土地的性能、可利用的经济社会价值、开垦对周围环境的影响、会不会造成水土流失等因素进行的科学论证、综合评估。经过论证、评估后，认为开垦价值大，不会破坏生态环境的，经依法批准后，可组织开垦；认为开垦价值不大，并对生态环境有影响的，就不应开垦。

2. 开垦未利用土地经过科学论证和评估后，要依法申请批准才能开始进行。由谁批准，本法第四十一条规定，开发未确定使用权的国有荒山、荒地、荒滩从事种植业、林业、畜牧业、渔业生产的，经县级以上人民政府依法批准，可以确定给开发单位或者个人长期使用。具体可按照土地管理法实施条例的规定执行，即在土地利用总体规划确定的土地开垦区内，开发未确定土地使用权的国有荒山、荒地、荒滩从事种植业、林业、畜牧业、渔业生产的，应当向土地所在地的县级以上人民政府土地行政主管部门提出申请，报有批准权的人民政府批准。

三、禁止开垦的情形

开垦土地除了具备以上几个条件之外，还必须注意对林地、草原、湖泊、江河滩地的特别保护。本条第一款明确规定，禁止毁坏森林、草原开垦耕地，禁止围湖造田和侵占江河滩地。这是对森林法、草原法、水法、防洪法有关规定内容的重申。

1. 禁止毁坏森林、草原开垦耕地。森林作为土地上的天然植被，具有涵养水源、保持水土、调节气候、防止污染和减少自然灾害的作用。我国森林覆盖率本身就比较低，因此毁坏森林开垦耕地的行为必须禁止。草原也是土地的一个重要部分，是畜牧业生产的基本生产资料，是整个自然生态环境的重要组成部分，因此毁坏草原开垦耕地的行为同样也应禁止。实践证明，毁坏森林、草原开垦耕地，不仅不能解决粮食问题，反而造成了生态破坏。

2. 禁止围湖造田和侵占江河滩地。所谓围湖造田，是用堤坝等把湖滩地围起来种植或者开垦；所谓江河滩地，是指江河、湖泊水深时淹没、水浅时露出的地方。盲目围湖造田或者侵占江河滩地，降低了天然水域的调蓄和宣泄能力，人为地增加洪涝灾害，因此必须予以禁止。

四、对开垦、围垦土地的处理

本条第二款是对破坏生态环境开垦、围垦土地的处理。主要措施是根据土地利用总体规划，有计划、有步骤地退耕还林、还牧、还湖，这是保护生态环境的客观需要。

退耕还林就是从保护和改善生态环境出发，有计划、有步骤地停止耕种易造成水土流失的坡耕地，按照适地适树的原则，因地制宜地植树造林，恢复森林植被。实施退耕还林是党中央、国务院为改善生态环境作出的重大决策，受到了广大农民的拥护和支持。自 1999 年开始试点以来，工程进展总体顺利，成效显著，加快了国土绿化进程，增加了林草植被，水土流失和风沙危害强度有所减轻。2002 年国务院颁布了退耕还林条例，对退耕还林活动作出了具体规定。

相关规定

《中华人民共和国土地管理法实施条例》；《中华人民共和国退耕还林条例》。

第四十一条　开发未确定使用权的国有荒山、荒地、荒滩从事种植业、林业、畜牧业、渔业生产的，经县级以上人民政府依法批准，可以确定给开发单位或者个人长期使用。

条文主旨

本条是关于开发国有荒山、荒地、荒滩从事农业生产的规定。

条文解读

本条的规定适用于以从事种植业、林业、畜牧业、渔业生产活动为目的，即以从事农业生产为目的，开发未确定使用权的国有荒山、荒地、荒滩的行为。如果开发未确定使用权的国有荒山、荒地、荒滩的目的是从事非农业建设，本法对其管理另有规定，不适用本条规定。所谓未确定使用权，是指国有荒山、荒地、荒滩没有确定给具体的单位或者个人使用；所谓荒山，是指树木郁闭度小于10%，表层为土质，生长杂草的宜林山地；所谓荒地，是指尚未开垦种植或曾开垦而长期废弃的土地；所谓荒滩，是指河滩、海滩等浅滩。国有荒山、荒地、荒滩是国家重要的土地后备资源，对其进行开发从事种植业、林业、畜牧业、渔业生产，是增加农用地面积，促进后备资源开发的重要途径。

从事国有荒山、荒地、荒滩开发，一是必须经县级以上人民政府依法批准。对县级以上人民政府依照本条规定进行审批的权限，本法未作规定，按照土地管理法实施条例第十七条的规定，在土地利用总体规划确定的土地开垦区内，开发未确定土地使用权的国有荒山、荒地、荒滩从事种植业、林业、畜牧业、渔业生产的，应当向土地所在地的县级以上人民政府土地行政主管部门提出申请，报有批准权的人民政府批准。一次性开发未确定土地使用权的国有荒山、荒地、荒滩 600 公顷以下的，按照省、自治区、直辖市规定的权限，由县级以上地方人民政府批准；开发 600 公顷以上的，报国务院批准。

二是经批准后开发的，可以确定给开发的单位或者个人长期使用。按照土地管理法实施条例第十七条的规定，开发未确定土地使用权的国有荒山、荒地、荒滩从事种植业、林业、畜牧业或者渔业生产的，经县级以上人民政府依法批准，可以确定给开发单位或者个人长期使用，使用期限最长不得超过 50 年。开发者依法取得的土地使用权或承包经营权，受法律保护，应当明确土地使用权或者承包经营权的年限，使用期限内不得收回土地使用权或者承包经营权。

国有荒山、荒地、荒滩，按照土地类型属于未利用土地，开垦未利用土地，同时还应当依照本法第三十九条和第四十条的规定进行，即开垦未利用土地应当在土地利用总体规划划定的可开垦区域内进行，并防止水土流失和土地荒漠化。禁止毁坏森林、草原开垦耕地，禁止围湖造田和侵占江湖滩地。

相关规定

《中华人民共和国土地管理实施条例》第十七条。

第四十二条 国家鼓励土地整理。县、乡（镇）人民政府应当组织农村集体经济组织，按照土地利用总体规划，对田、水、路、林、村综合整治，提高耕地质量，增加有效耕地面积，改善农业生产条件和生态环境。

地方各级人民政府应当采取措施，改造中、低产田，整治闲散地和废弃地。

条文主旨

本条是关于农村土地整理的规定。

条文解读

一、国家鼓励土地整理

土地整理，是土地管理的重要内容，也是实施土地利用总体规划的重要手段。土地整理，是指在一定的区域内，按照土地利用总体规划的要求，通过采取各种措施，对田、水、路、林、村综合整治，提高耕地质量，增加有效耕地面积，改善农业生态条件和生态环境的行为。可分为农村土地整理和城市土地整理，本条讲的是农村土地整理。农村土地整理又可分为农田整理和村庄整理。农田整理主要包括农田利用结构的调整、农田的整治和改造以及农荒地的开发等；村庄整理主要包括村庄改造、归并和再利用，使农村建设逐步集中、集约，以减少对耕地浪费性的占用。

我国人多地少，耕地后备资源不足，土地整理是解决人地矛盾的重要措施之一。国家鼓励进行土地整理，对进行土地整理的给予政策上的支持，也可以给予资金上的支持。为了鼓励土地整理，土地管理法实施条例第十八条规定，地方各级人民政府应当采取措施，按照土地利用总体规划推进土地整理。土地整理新增耕地面积的60%可以用作折抵建设占用耕地的补偿指标。

二、按照规划进行土地整理

本法第十七条土地利用总体规划的编制原则第五项是“保护和改善生态环境，保障土地的可持续利用”。土地整理就是实现土地资源可持续利用的具体措施和手段。土地整理应当按照土地利用总体规划作出土地整理规划，使土地整理按规划进行，真正达到改善生产条件和生态环境，增加有效耕地面积，改善生产生活条件。2017年1月10日，原国土资源部、国家发改委联合印发了《全国土地整治规划(2016—2020年)》。规划提出未来五年国家土地整治战略部署，确定土地整治的指导思想、基本原则、目标任务和方针政策，统筹安排各项土地整治活动和高标准农田建设任务，明确土地整治重点区域和重大工程，提出规划实施保障措施。规划是开展土地整治活动的基本依据和行动指南。

三、县、乡（镇）政府组织实施

根据本条第一款的规定，土地整理应当由县、乡（镇）人民政府组织。土地整理往往涉及几个村或几个村民组，几十个承包经营权人，没有统一的组织很难实施。实施土地整理前要确认土地的权属，确认整理后的权属划分、变更，并配合有关部门进行验收。县、乡（镇）人民政府应当协调解决好土地整理中的产权关系、利益分配等问题，保证土地整理有效实现。同时，也应当对整理土地的调整作出安排，不得借土地整理侵害农民的合法权益。

四、地方各级人民政府在土地整理中的主要任务

根据本条第二款的规定，地方各级人民政府应当采取措施，改造中、低产田，整治闲散地和废弃地。这也是土地整理的重要内容之一。改造中、低产田，是指针对不同土壤的障碍因素（如干旱缺水、土壤酸性太强等），采取综合措施进行改造，清除或减轻制约产量的土壤障碍因素，提高耕地基础地力等级，改善农业生产条件。中、低产田是造成粮食产量低而不稳定的主要原因。改造中、低产田是提高土地生产力的重要途径，比垦荒投入省、用工省、见效快。中、低产田改造好了，能长期见效益。所谓闲散地，是指已利用面积以外的零星土地，包括田间地头、地角村边、路旁河滩以及废弃的大坑、场院等。这些土地虽然比较零碎，但位于已开发利用的土地之间，地理位置比较优越，易于开发整理，用少量的投资就可获得比较高的经济效益。所谓废弃地，是指采矿等企业废弃不用的土地，对这部分土地的恢复利用也非常重要。对废弃地的整治需要较大的投入，国家可通过整治项目实施。

相关规定

《中华人民共和国土地管理法实施条例》第十八条；《全国土地整治规划（2016—2020年）》。

第四十三条　因挖损、塌陷、压占等造成土地破坏，用地单位和个人应当按照国家有关规定负责复垦；没有条件复垦或者复垦不符合要求的，应当缴纳土地复垦费，专项用于土地复垦。复垦的土地应当优先用于农业。

条文主旨

本条是关于土地复垦的规定。

条文解读

一、土地复垦

土地复垦是指对生产建设活动和自然灾害损毁的土地，采取整治措施，使其达到可供利用状态的活动。国外土地复垦率一般为70%～80%，而在我国的一些地区土地复垦率还不到1%。因此，对于我国这个土地资源相对贫乏的国家而言，加强土地复垦工作，对于有效缓解人地矛盾，改善被破坏区的生态环境，促进社会安定团结，具有十分重要的意义。

土地复垦按照“谁破坏，谁复垦”的原则，由造成土地破坏的单位和个人承担土地复垦义务。一是生产建设活动损毁的土地，按照“谁损毁，谁复垦”的原则，由生产建设单位或者个人（以下称土地复垦义务人）负责复垦。具体包括：（1）露天采矿、烧制砖瓦、挖沙取土等地表挖掘所损毁的土地；（2）地下采矿等造成地表塌陷的土地；（3）堆放采矿剥离物、废石、矿渣、粉煤灰等固体废弃物压占的土地；（4）能源、交通、水利等基础设施建设和其他生产建设活动临时占用所损毁的土地。二是由于历史原因无法确定土地复垦义务人的生产建设活动损毁的土地（即历史遗留损毁土地）以及自然灾害损毁土地，由县级以上人民政府负责组织复垦。

二、土地复垦费

根据本条规定，没有条件复垦或者复垦不符合要求的，应当缴纳土地复垦费。这里所说的“没有条件复垦”，一是指用地单位或者个人不具备复垦被破坏土地的技术、设备，无力复垦的情况；二是指由于土地被破坏的程度十分严重，复垦非常困难或者得不偿失的情况。“复垦不符合要求”，就是说复垦后的土地利用不符合国家对复垦规定的标准，国家对土地复垦有一定的技术标准，要求土地复垦后达到可供利用状况，用地单位或者个人应当按照国家有关复垦的技术规范进行复垦活动。如果是“没有条件复垦或者复垦不符合要求的”，造成土地破坏的用地单位或者个人就应当依照本条的规定，缴纳土地复垦费。

土地复垦费，是由国家统一规定收取的专项用于土地复垦的费用。土地复垦费的收取标准、收取的机关、收取的办法等内容，本法未作规定，但是本条对于土地复垦费的用途作了明确的规定，只能用于土地复垦，任何单位和个人不得挪用。2012 年，原国土资源部门颁布的《土地复垦条例实施办法》，对土地复垦费作出了具体规定。

三、复垦后的土地用途

按照本条规定，复垦的土地应当优先用于农业。也就是说，复垦后的土地可以用作农业用地，也可以用作建设用地，关键是要将被破坏的土地恢复利用。但是，如果复垦后的土地可以用作农业用途的，应当优先用于农业。这是由我国人均耕地少，耕地后备资源不足的实际情况决定的，有条件复垦为耕地的，应当优先复垦为耕地，以便能真正增加耕地的有效面积。

2011 年，国务院颁布的土地复垦条例对生产建设活动损毁土地的复垦、历史遗留损毁土地和自然灾害损毁土地的复垦及土地复垦验收、土地复垦激励措施等作出了具体规定。按照该条例的规定，土地复垦义务人完成土地复垦任务后，应当向所在地县级以上地方人民政府自然资源主管部门申请验收，并明确了验收程序、验收内容和验收结果。其中，为了防止复垦验收中弄虚作假，特别建立了多部门共同验收、专家参与、初步验收结果公开听取意见等制度，加大对验收环节的规范和监督力度。土地复垦义务人不依法履行复垦义务的，有关政府和自然资源主管部门不得批准新的建设用地、采矿许可证，也不得批准采矿许可证的延续、变更和注销。

采矿业是破坏土地最严重的行业，为此，相关法律对矿产资源开采活动的土地复垦也作出了规定，如煤炭法第二十五条规定，因开采煤炭压占土地或者造成地表土地塌陷、挖损，由采矿者负责进行复垦，恢复到可供利用的状态；造成他人损失的，应当依法给予补偿。矿产资源法、水土保持法、循环经济促进法、防洪法等也都有土地复垦的相关规定。土地复垦义务人应当严格按照有关法律、法规的规定履行复垦义务。

相关规定

《中华人民共和国循环经济促进法》第二十二条、第五十三条；《中华人民共和国煤炭法》第二十五条；《中华人民共和国防洪法》第四十五条；《中华人民共和国矿产资源法》第二十一条、第三十二条；《中华人民共和国土地复垦条例》；《国务院关于促进节约集约用地的通知》；《土地复垦条例实施办法》。

第五章　建设用地

第四十四条　建设占用土地，涉及农用地转为建设用地的，应当办理农用地转用审批手续。

永久基本农田转为建设用地的，由国务院批准。

在土地利用总体规划确定的城市和村庄、集镇建设用地规模范围内，为实施该规划而将永久基本农田以外的农用地转为建设用地的，按土地利用年度计划分批次按照国务院规定由原批准土地利用总体规划的机关或者其授权的机关批准。在已批准的农用地转用范围内，具体建设项目用地可以由市、县人民政府批准。

在土地利用总体规划确定的城市和村庄、集镇建设用地规模范围外，将永久基本农田以外的农用地转为建设用地的，由国务院或者国务院授权的省、自治区、直辖市人民政府批准。

条文主旨

本条是关于农用地转用制度的规定，主要规定在不同的情况下，农用地转为建设用地的审批主体。

立法背景

农用地转用是土地用途管制制度的关键环节，是控制农用地转为建设用地的重要措施。此次修法，对农用地转用的审批权限作了调整，按照项目是否占用永久基本农田实行分级审批，在严格保护耕地特别是永久基本农田的前提下，适当下放农用地转用审批权限。

条文解读

一、农用地转为建设用地

农用地转为建设用地，简称农用地转用，是指现状的农用地按照土地利用总体规划（国土空间规划）和国家规定的批准权限，经过审查批准后转为建设用地的行为。

二、永久基本农田转为建设用地的审批

永久基本农田转为建设用地的，由国务院批准。只要建设项目用地涉及占用永久基本农田的，整个项目的农用地转用都需要报国务院审批。

三、非永久基本农田转为建设用地的审批

建设不占用永久基本农田的，实行分级审批。在土地

利用规划确定的城市和村庄、集镇建设用地规模范围内，为实施该规划而将永久基本农田以外的农用地转为建设用地的，按照土地利用年度计划分批次由原批准土地利用总体规划的机关或其授权的机关批准。按照现行土地利用总体规划的批准权限，需要国务院批准规划的主要包括：省、自治区、直辖市，省、自治区人民政府所在地的市，人口在100万以上的城市，以及国务院指定的城市。除此之外，省、自治区、直辖市人民政府及其授权的设区的市、自治州人民政府也有部分规划审批权限。在建立实施国土空间规划体系后，将研究进一步减少需报国务院审批规划的城市数量。在已批准的农用地转用范围内，具体建设项目用地可以由市、县人民政府批准。

在土地利用规划确定的城市和村庄、集镇建设用地规模范围外，将永久基本农田以外的农用地转为建设用地的，由国务院或者其授权的省（区、市）人民政府批准。

四、农地转用审批授权

本法规定由国务院批准的农地转用审批事项可以通过授权方式下放。《国务院关于授权和委托用地审批权的决定》（国发〔2020〕4号）规定："将国务院可以授权的永久基本农田以外的农用地转为建设用地审批事项授权各省、自治区、直辖市人民政府批准。自本决定发布之日起，按照《中华人民共和国土地管理法》第四十四条第三款规定，对国务院批准土地利用总体规划的城市在建设用地规模范围内，按土地利用年度计划分批次将永久基本农田以外的农用地转为建设用地的，国务院授权各省、自治区、直辖市人民政府批准；按照《中华人民共和国土地管理法》第四十四条第四款规定，对在土地利用总体规划确定的城市和村庄、集镇建设用地规模范围外，将永久基本农田以外的农用地转为建设用地的，国务院授权各省、自治区、直辖市人民政府批准。”

相关规定

《中华人民共和国土地管理法实施条例》第十九条、第二十条、第二十一条、第二十二条、第二十三条；《国务院关于授权和委托用地审批权的决定》。

第四十五条　**为了公共利益的需要，有下列情形之一，确需征收农民集体所有的土地的，可以依法实施征收：**

（一）军事和外交需要用地的；

（二）由政府组织实施的能源、交通、水利、通信、邮政等基础设施建设需要用地的；

（三）由政府组织实施的科技、教育、文化、卫生、体育、生态环境和资源保护、防灾减灾、文物保护、社区综合服务、社会福利、市政公用、优抚安置、英烈保护等公共事业需要用地的；

（四）由政府组织实施的扶贫搬迁、保障性安居工程建设需要用地的；

（五）在土地利用总体规划确定的城镇建设用地范围内，经省级以上人民政府批准由县级以上地方人民政府组织实施的成片开发建设需要用地的；

（六）法律规定为公共利益需要可以征收农民集体所有的土地的其他情形。

前款规定的建设活动，应当符合国民经济和社会发展规划、土地利用总体规划、城乡规划和专项规划；第（四）项、第（五）项规定的建设活动，还应当纳入国民经济和社会发展年度计划；第（五）项规定的成片开发并应当符合国务院自然资源主管部门规定的标准。

条文主旨

本条是关于征地范围的规定，是本次修法新增加的内容。

立法背景

《中华人民共和国宪法》规定："国家为了公共利益的需要，可以依照法律规定对土地实行征收或者征用并给予补偿。"《中华人民共和国物权法》规定："为了公共利益的需要，依照法律规定的权限和程序可以征收集体所有的土地和单位、个人的房屋及其他不动产”。该条明确征地必须“为了公共利益的需要”，主要是贯彻宪法精神，并与物权法衔接。

条文解读

一、公共利益

为了明确公共利益的范围，该条在具体表述形式上采用了列举式与概括式相结合的表述方式，列举了六种情形：一是军事、外交需要用地的；二是由政府组织实施的能源、交通、水利、通信、邮政等基础设施建设需要用地的；三是由政府组织实施的科技、教育、文化、卫生、体育、生态环境和资源保护、防灾减灾、文物保护、社区综合服务设施建设、社会福利、市政公用、优抚安置、英烈褒扬等公共事业需要用地的；四是由政府组织实施的扶贫搬迁、保障性安居工程建设需要用地的；五是在土地利用总体规划确定的城镇建设用地范围内，经省级以上人民政府批准由县级以上地方人民政府组织实施的成片开发建设需要用地的；六是兜底条款，明确为法律规定的其他公共利益需要征收农民土地的，即只有法律才能规定公共利益的情形。上述内容的增加对公共利益进行了范围上的严格限定，体现了征地的公益性和强制性，回归征地本源。

二、军事和外交需要用地的

军事和外交是国家的基础性事务，属于典型公共利益。

国防是指国家为防备和抵抗侵略，制止武装颠覆，保卫国家的主权、统一、领土完整和安全所进行的军事活动，以及与军事有关的政治、经济、外交、科技、教育等方面的活动。国防需要主要体现在军事方面，因此军事用地可算作国防需要。一般情况下，军事用地的范围应当严格限制在军事设施用地的范围内，家属住宅等其他与军事有关的非军事设施用地，不宜通过征收方式实现。外交在我国现有立法中并无明确定义，一般指一个国家在国际关系方面的活动，如参加国际组织和会议，跟其他国家互派使节、进行谈判、签订条约和协定等，外交用地主要应满足国家涉外工作需求，包括外国驻华使馆、领事馆、国际机构及其生活设施等用地。

三、由政府组织实施的能源、交通、水利、通信、邮政等基础设施建设需要用地的

基础设施是指为社会生产和居民生活提供公共服务的物质工程设施，是用于保证国家或地区社会经济活动正常进行的公共服务系统。它是社会赖以生存发展的一般物质条件。一般而言，基础设施包括交通、邮电、供水供电、商业服务、科研与技术服务、园林绿化、环境保护、文化教育、卫生事业等市政公用工程设施和公共生活服务设施等，它们是国民经济各项事业发展的基础。完善的基础设施对加速社会经济活动、促进其空间分布形态演变起着巨大的推动作用。基础设施建设往往需较长时间和巨额投资，用地需求往往也比较大，且由于大多数基础设施选址远离城市，必须通过征收集体土地实现供地。根据《划拨用地目录》（国土资源部令第9号），能源、交通、水利等基础设施包括石油天然气设施、煤炭设施、电力设施、水利设施、铁路交通设施、公路交通设施、水路交通设施、民用机场设施等。需要说明的是，由政府组织实施的项目并不限于政府直接实施或者独立投资的项目，也包括由政府主导、市场化运作的项目。

四、由政府组织实施的科技、教育、文化、卫生、体育、生态环境和资源保护、防灾减灾、文物保护、社区综合服务、社会福利、市政公用、优抚安置、英烈保护等公共事业需要用地的

公共事业是指面向社会，以社会发展和进步为前提，以满足社会公共需要为基本目标、直接或者间接提供公共服务和公共产品或者代表公共利益协调各个方面利益关系的社会活动。由政府组织实施的科技、教育、文化、卫生、体育、生态环境和资源保护、防灾减灾、文物保护、社区综合服务设施建设、社会福利、市政公用、优抚安置、英烈褒扬等公共事业需要用地的，均属于公共事业。

五、由政府组织实施的扶贫搬迁、保障性安居工程建设需要用地的

由政府组织实施的保障性安居工程是保障居民居住权的重大民生工程，属于公共利益的范畴，根据国务院和有关部门印发的文件，保障性安居工程大致包括四类：第一类是城市和国有工矿棚户区改造，以及林区、垦区棚户区改造；第二类是廉租住房；第三类是经济适用住房、限价商品住房、公共租赁住房等；第四类是农村危房改造。政府实施上述住房保障类项目的，可以征地。

六、在土地利用总体规划确定的城镇建设用地范围内，经省级以上人民政府批准由县级以上地方人民政府组织实施的成片开发建设需要用地的

政府按照法定程序组织的“成片开发”属于公共利益范畴，可以实施征地。从“成片开发”的内涵来看，主要是政府统一实施规划、统一开发，主要包括对危房较为集中、基础设施落后等地段进行统一的旧城区改建，以及对开发区、新区实施规模化开发等。将“成片开发”纳入征地范围主要考虑了以下几方面原因：一是从我国国情看，宪法规定“城市的土地属于国家所有”。长期以来，城市建设过程中征收了大量农村集体所有土地，这种做法既保障了经济社会的稳定发展，确保了城市建设需要，也为农民和社会所接受。在经济社会仍然快速发展的阶段，不宜作较大幅度调整；二是从国外实践情况看，成片开发实行统一征收，既符合国际通行做法，也可充分体现规划的公共利益属性，强化规划的科学性、合理性与可操作性。同时有利于在一定范围内，对各类市政基础设施实行统一规划、统一设计、统一建设，提高资金使用效率，降低社会运营成本；三是我国目前正处于工业化、城镇化快速推进的阶段，由政府进行成片开发有利于统筹城市建设，可以防止建设用地遍地开花、混乱无序。

成片开发由政府主导，征地规模大，涉及群众利益广，容易引发争议和纠纷，必须进行严格限制：一是批准和实施层级，必须经省级以上人民政府批准，由县级以上地方人民政府组织实施；二是区域限制，必须在土地利用总体规划确定的城镇建设用地范围内，体现了规划的严肃性。在编制规划时，必须为日后即将进行的成片开发预留空间；三是在该条最后一款规定成片开发建设还应当纳入国民经济和社会发展年度计划，既充分体现了人民民主决策，也大大提高了成片开发征地的预见性和透明度。

七、法律规定为公共利益需要可以征收农民集体所有的土地的其他情形

该项是兜底条款，有利于弥补前五项规定未尽的事宜。需要注意的是，该兜底条款与《国有土地上房屋征收与补偿条例》比较，只有法律授权，没有行政法规授权，体现了更为严格的保护农民利益的原则。

八、需要符合的其他要求

除上述要求外，本条还规定建设活动应当符合国民经济和社会发展规划、土地利用总体规划、城乡规划和专项规划；第四项、第五项规定的建设活动，还应当纳入国民经济和社会发展年度计划；第五项规定的成片开发并应当符合国务院自然资源主管部门规定的标准。这是在前款的基础上，从另一个角度进一步明确土地征收的前提和要求，突出规划先行的目的在于既保证国民经济和社会发展需要正常的土地需求，又防止不当或者过度地动用征收权。由于规划制定和实施均需要通过一定方式向公众公开，因此在规划阶段就明确“成片开发”的区域和实施步骤，有利于提高征地工作的预见性和透明度，保障群众的知情权。

相关规定

《中华人民共和国宪法》第十条；《中华人民共和国物权法》第四十二条；《划拨用地目录》第十一至第十八项。

第四十六条 征收下列土地的，由国务院批准：

（一）永久基本农田；

（二）永久基本农田以外的耕地超过三十五公顷的；

（三）其他土地超过七十公顷的。

征收前款规定以外的土地的，由省、自治区、直辖市人民政府批准。

征收农用地的，应当依照本法第四十四条的规定先行办理农用地转用审批。其中，经国务院批准农用地转用的，同时办理征地审批手续，不再另行办理征地审批；经省、自治区、直辖市人民政府在征地批准权限内批准农用地转用的，同时办理征地审批手续，不再另行办理征地审批，超过征地批准权限的，应当依照本条第一款的规定另行办理征地审批。

条文主旨

本条是关于征地审批程序的规定，本次修改删去了原省政府批准征地后向国务院备案的程序性规定。同时，将“基本农田”改为了“永久基本农田”。

立法背景

原土地管理法第四十五条主要是征地审批程序，在新法中被调整为第四十六条，对于征地审批权限和程序未作修改，仍然由国务院和省级政府两级负责审批，其主要考虑征地属于国家强制性权力的行使，关系重大社会利益调整和农民的切身利益，必须持高度审慎的态度，避免地方政府因片面追求区域经济建设滥用征地权，损害农民利益。

条文解读

一、征地审批权限

国务院审批事项重点突出，主要聚焦基本农田保护和大规模征地，包括：永久基本农田；永久基本农田以外的耕地超过三十五公顷的；其他土地超过七十公顷的。其他的由省级政府审批。需要说明的是，本次修法虽然并没有调整审批权限，但删去了原省级政府批准征地后向国务院备案的程序性规定，主要是出于权责一致以及减少不必要的政府内部事项的考虑，在具体工作中，中央政府对地方政府批准征地信息的掌握，可以通过其他信息化手段实现。

二、征地与农用地转用审批事项的衔接

本次修法中没有作出修改，分为以下三种情况：一是经国务院批准农用地转用的，同时办理征地审批手续，不再另行办理征地审批。这主要是指按新法第四十四条的规定占用永久基本农田的项目等，国务院批准农用地转用时，同时批准征收土地，不需另行报批。这样可以简化手续，提高办事效率，减轻基层政府和建设单位的负担。二是经省、自治区、直辖市人民政府在征地批准权限内批准农用地转用的，同时办理征地审批手续，不再另行办理征地审批，这主要指农用地转用批准权和征收土地的批准权都属于省级人民政府的，由省级人民政府同时办理农用地转用和征收土地审批手续。三是超过征地批准权限的，应当依照本条第一款的规定另行办理征地审批，这主要是指按照新法第四十四条的规定由省级人民政府（包括国务院授权省级人民政府）批准农转用的情况，但是征地需要国务院批准的，需要先由省级政府办理农转用手续，再由国务院办理征地手续。

第四十七条 国家征收土地的，依照法定程序批准后，由县级以上地方人民政府予以公告并组织实施。

县级以上地方人民政府拟申请征收土地的，应当开展拟征收土地现状调查和社会稳定风险评估，并将征收范围、土地现状、征收目的、补偿标准、安置方式和社会保障等在拟征收土地所在的乡（镇）和村、村民小组范围内公告至少三十日，听取被征地的农村集体经济组织及其成员、村民委员会和其他利害关系人的意见。

多数被征地的农村集体经济组织成员认为征地补偿安置方案不符合法律、法规规定的，县级以上地方人民政府应当组织召开听证会，并根据法律、法规的规定和听证会情况修改方案。

拟征收土地的所有权人、使用权人应当在公告规定期限内，持不动产权属证明材料办理补偿登记。县级以上地方人民政府应当组织有关部门测算并落实有关费用，保证足额到位，与拟征收土地的所有权人、使用权人就补偿、安置等签订协议；个别确实难以达成协议的，应当在申请征收土地时如实说明。

相关前期工作完成后，县级以上地方人民政府方可申请征收土地。

条文主旨

本条是关于土地征收程序的规定。本次修改合并了原第四十六条、第四十八条的内容，并进行了修改完善。

立法背景

原土地管理法规定的“两公告一登记”的征收程序都是在征地批准后进行的，不利于保障被征收人知情权、参与权、表达权、监督权。《国务院关于深化改革严格土地管理的决定》（国发〔2004〕28 号）在一定程度上弥补了原土地管理法征地批准前程序的空白，提出在征地依法报批前，要将拟征地的用途、位置、补偿标准、安置途径告知被征地农民。此次修法，除吸纳 28 号文的内容外，还与时俱进地增加了社会风险评估的内容，并将补偿安置协议的签订作为上级批准征地决定的重要依据，按照新土地管理法，征地批准前需要履行调查、评估、公告、听证、登记、协议六步程序。

条文解读

一、拟征收土地现状调查

土地利用现状调查是指以一定行政区域或自然区域（或流域）为单位，查清区内各种土地利用类型面积、分布和利用状况，并自下而上、逐级汇总为省级、全国的土地总面积及土地利用分类面积而进行的调查。土地利用现状调查是土地资源调查中最为基础的调查。土地利用现状调查是征地准备工作的重要基础性工作，在时间次序上居于首位，土地现状调查核实被征地块的信息是开展下一步工作的前提。

二、社会稳定风险评估

社会稳定风险评估，是指与人民群众利益密切相关的重大决策、重要政策、重大改革措施、重大工程建设项目、与社会公共秩序相关的重大活动等重大事项在制定出台、组织实施或审批审核前，对可能影响社会稳定的因素开展系统的调查，科学的预测、分析和评估，制定风险应对策略和预案。其目的是有效规避、预防、控制重大事项实施过程中可能产生的社会稳定风险，更好地确保重大事项顺利实施。党的十八届三中全会作了《中共中央关于全面深化改革若干重大问题的决定》（2013 年 11 月 12 日），强调健全重大决策社会稳定风险评估机制。《重大行政决策程序暂行条例》第二十二条规定，重大行政决策的实施可能对社会稳定、公共安全等方面造成不利影响的，决策承办单位或者负责风险评估工作的其他单位应当组织评估决策草案的风险可控性。第二十四条规定，风险评估结果应当作为重大行政决策的重要依据。决策机关认为风险可控的，可以作出决策；认为风险不可控的，在采取调整决策草案等措施确保风险可控后，可以作出决策。此次土地管理法修改，要求征地必须开展社会稳定风险评估，是因为征地涉及群众的切身利益和基本生活保障，属于必须进行风险评估的事项范围，这对于维持社会稳定、避免社会矛盾十分重要。

三、土地征收公告

为保障被征地群众的合法知情权，征收范围、土地现状、征收目的、补偿标准、安置方式和社会保障等事关被征收土地群众的切身利益的事项必须在拟征收土地所在的乡（镇）和村、村民小组范围内进行公告。其中征收范围主要是精确的界址单位，土地现状主要是依土地现状调查获取的土地利用类型面积、分布和利用状况，征收目的主要是第四十五条中规定的具体的公益性目的，补偿标准、安置方式和社会保障主要是一些事关被征地群众日后生活保障的基本信息。上述信息在公示过程中必须听取被征地的农村集体经济组织及其成员、村民委员会和其他利害关系人的意见。需要注意的是，这里特别提到了“其他利害关系人”，实践中指土地承包经营权人、农业设施所有人等其他与被征地块有关的人员。本次修法明确公告的时间不得少于30日，目的是充分保障农民的知情权。

四、听证程序

召开听证会听取利害关系人的意见，是科学民主决策的重要手段，《中华人民共和国行政许可法》《中华人民共和国行政处罚法》均有听证的内容。《国务院关于加强市县政府依法行政的决定》（国发〔2008〕17 号）等文件提出，涉及重大公共利益和群众切身利益的决策事项，都要进行听证，原《国土资源听证规定》就对将拟定项目补偿安置标准作为依申请听证的内容。这次修改作出规定，大多数被征地组织和个人不满补偿标准的，应当召开听证会并依据听证会情况进行修改，也是充分保障人民群众合法权利的重要体现。

五、补偿登记

补偿登记是确定补偿范围和内容的基础性工作，修改后的土地管理法在补偿登记方面延续了旧法的做法，被征地人仍然需要持不动产证书进行补偿登记。土地的使用权，包括宅基地使用权、建设用地使用权、承包经营权和国有农用地征用权等，都应当办理土地补偿登记。征地补偿登记除对土地所有权、使用权登记外，还应当对被征用土地上的地上物进行清点，并依法进行登记。包括因征地而受到破坏的其他土地上的设施、青苗和其他附着物也应当进行登记，以便能确定恢复或补偿的办法。

六、签订补偿协议

签订补偿协议是征地工作中的重要环节。协议的签订，意味着政府与被征地农民就补偿问题形成了合意，征地工作才能顺利开展。补偿登记后应当签订安置补偿协议，补偿协议的核心内容应当围绕本法第四十八条的内容进行商议。这里需要说明的是，由于修法前的补偿协议签订于征地决定批准后，因此足额到位是指立即到位，而修法后的补偿协议签订于征地批准决定前，支付补偿款的时间节点可以由协议规定。

关于补偿无法达成一致的，本法规定：“个别难以达成协议的应当在申请征收土地时如实说明”。作此规定，主要是考虑到实践中确实存在无法达成协议的情况，但不能因此停滞征地程序，损害公众利益，故规定将有关情况报批准机关决策。

相关规定

《中华人民共和国行政许可法》第四章第四节；《中华人民共和国行政处罚法》第五章第三节；《国务院关于加强市县政府依法行政的决定》第三条第（八）项；《中共中央关于全面深化改革若干重大问题的决定》第（49）项；《重大行政决策程序暂行条例》；《国土资源听证规定》。

第四十八条 征收土地应当给予公平、合理的补偿，保障被征地农民原有生活水平不降低、长远生计有保障。

征收土地应当依法及时足额支付土地补偿费、安置补助费以及农村村民住宅、其他地上附着物和青苗等的补偿费用，并安排被征地农民的社会保障费用。

征收农用地的土地补偿费、安置补助费标准由省、自治区、直辖市通过制定公布区片综合地价确定。制定区片综合地价应当综合考虑土地原用途、土地资源条件、土地产值、土地区位、土地供求关系、人口以及经济社会发展水平等因素，并至少每三年调整或者重新公布一次。

征收农用地以外的其他土地、地上附着物和青苗等的补偿标准，由省、自治区、直辖市制定。对其中的农村村民住宅，应当按照先补偿后搬迁、居住条件有改善的原则，尊重农村村民意愿，采取重新安排宅基地建房、提供安置房或者货币补偿等方式给予公平、合理的补偿，并对因征收造成的搬迁、临时安置等费用予以补偿，保障农村村民居住的权利和合法的住房财产权益。

县级以上地方人民政府应当将被征地农民纳入相应的养老等社会保障体系。被征地农民的社会保障费用主要用于符合条件的被征地农民的养老保险等社会保险缴费补贴。被征地农民社会保障费用的筹集、管理和使用办法，由省、自治区、直辖市制定。

条文主旨

本条是关于土地征收补偿安置的规定，主要包括补偿原则、补偿内容、补偿标准、地上附着物和青苗补偿、农村村民居住权益和住房财产权保护、被征地农民的社会保障等内容。

立法背景

土地征收的补偿安置是此次修法的一个重要内容，相对于原法进行了较大的调整完善，聚焦农民合法权益保障，确认、巩固了党中央国务院一系列关于征地补偿方面的部署要求以及改革试点的成果，对补偿原则、补偿标准、农村村民居住权益和住房财产权保护、被征地农民的社会保障等内容都进行了修改和完善。

条文解读

一、补偿原则

土地是农民的基本生产资料，是农民最主要、最可靠的生活保障。征地补偿应当保障被征地农民“原有生活水平不降低、长远生计有保障”是本次土地管理法修改新增的内容，“生活水平不降低、长远生计有保障”最早出现在《国务院关于深化改革严格土地管理的决定》（国发〔2004〕28号）中，体现两层意思：第一层是生活水平不降低，指被征地人生活水平不会因为征地降低；第二层是长远生计有保障，指的是提供对被征地人长久的保障机制，确保其有持续稳定的生活保障，主要措施包括提供就业培训、纳入社保体系等。这一补偿原则被纳入新土地管理法，具有重要历史意义。

二、补偿内容

征收土地应当依法及时足额支付土地补偿费、安置补助费以及农村村民住宅、地上附着物和青苗等的补偿费用，并安排被征地农民的社会保障费用。与原土地管理法比较，新法第四十八条补偿内容明确农村村民住宅补偿，并在第四款有具体表述，土地补偿费和安置补助费由征地区片综合地价确定，这在本条第三款有具体规定；补偿内容增加社会保障费用，在本条第五款有规定。这次修法对补偿内容的调整，体现了对公平公正以及“原有生活水平不降低、长远生计有保障”补偿原则的具体落实。

三、区片综合地价

土地补偿费和安置补助费由征地区片综合地价确定，这是本次修法的一个重要突破，主要目的是使征地补偿标准符合社会主义市场经济发展形势，达到合理利用和保护土地资源，维护农民合法权益和社会安定的目的。征收农用地的土地补偿费、安置补助费标准由省、自治区、直辖市通过制定公布区片综合地价确定。制定区片综合地价应当综合考虑土地原用途、土地资源条件、土地产值、土地区位、土地供求关系、人口以及经济社会发展水平等因素，并至少每三年调整或者重新公布一次。这一规定明确了区片综合地价的制定主体、制定依据以及调整周期。与原法施行的年产值标准比较，区片综合地价的显著优点包括：一是征地区片综合地价是按照均值性区片确定的补偿标准，在一定区域内标准一致，体现“同地同价”；二是征地区片综合地价是针对土地确定的综合补偿标准，而不包括地上附作物和青苗补偿费，这种计算方式考虑了具体地块附着物的实际情况；三是征地区片综合地价是一种预设性标准，在征地没有发生时统一制订，刚性较强。新土地管理法规定区片综合地价应当至少每三年调整或者重新公布一次。

四、地上附着物和青苗补偿以及农民住房安置保障

地上附着物补偿和农民住宅安置问题是征地拆迁中的重要环节，本次修法在地上附着物补偿的范畴内就农民住宅安置进行了专门的规定，充分保障了农民财产权益特别是宅基地用益物权权利，是“原有生活水平不降低、长远生计有保障”补偿原则的具体体现。根据该款规定，地上附着物和青苗等的补偿标准，由省、自治区、直辖市制定，这主要是考虑到各地实际情况不同，由各省结合情况因地制宜制定标准，能够更好地保障农民利益。其中对于农村村民住宅，应当坚持“先补偿后搬迁，居住条件有改善”原则，这与《国有土地上房屋征收与补偿条例》国有土地上房屋征收与补偿的原则一致，明确了搬迁必须以补偿到位为前提对于住宅安置的标准、补偿方式方面，在充分尊重农民意愿的前提下，考虑到各地实际情况不同，预留了多种补偿方式。比如，建设用地指标比较充裕的地区，可以重新安排宅基地，土地资源紧张的地区，可以通过建设安置房进行集中安置，对于已经不需要提供住房的农民，

可以通过货币化的方式进行补偿。同时，明确提出将“因征收造成的搬迁、临时安置等费用”列入补偿内容，周全考虑了农民经济利益的具体情况，体现了公平公正的原则。

五、社会保障费用安排

将被征地农民纳入社会保障体系，是确保“长远生计有保障”的重要措施手段。《中华人民共和国社会保险法》第九十六条规定，征收农村集体所有的土地，应当足额安排被征地农民的社会保险费，按照国务院规定将被征地农民纳入相应的社会保险制度。实践中，各级政府已经逐渐将被征地农民纳入社保体系予以保障，但是各地保障方式不同，本法新增加的相关内容主要是作原则性规定，关于社保费用筹集、管理、使用的具体办法，授权各省级人民政府自行制定。

相关规定

《中华人民共和国社会保险法》第九十六条；《国有土地上房屋征收与补偿条例》；《国务院关于深化改革严格土地管理的决定》第十二项。

第四十九条 被征地的农村集体经济组织应当将征收土地的补偿费用的收支状况向本集体经济组织的成员公布，接受监督。

禁止侵占、挪用被征收土地单位的征地补偿费用和其他有关费用。

条文主旨

本条是关于征用土地的补偿费用使用的规定，本次修法未作修改。

立法背景

征地的补偿费用主要包括本法第四十八条第二款规定的土地补偿费、安置补助费、农村村民住宅、其他地上附着物和青苗等的补偿费用以及社会保障费用。根据本法第四十七条、第四十八条的规定，被征收土地的所有权人、使用权人均能得到补偿。因此，农民集体作为集体土地的所有者，能够取得相应的土地补偿费用。根据宪法和农业法等法律，村集体经济组织是我国农村集体经济制度的主要组织形式，其主要职能是做好集体资产的管理工作，使集体资产得到合理利用和有效保护，并确保集体资产的保值增值。土地补偿费用当然属于集体资产，村集体经济组织有义务对其进行管理。

条文解读

一、集体经济组织的成员对征地补偿费用收支状况的知情权与监督权受法律保护

征用土地补偿费的使用情况必须向本集体经济组织的成员公开，定期公布征用土地补偿的数额、使用情况及收入和支出情况，本集体经济组织的成员有权了解和监督征地费的使用及收支状况。这一规定，主要是保障农村集体经济组织成员的知情权和监督权以及民主管理本集体经济组织资产的权利，保护自身合法权益，上述规定与村民委员会组织法关于村务公开的规定是一致的。如不履行上述规定，乡镇人民政府有权责令改正。

二、禁止侵占、挪用征地补偿费用和其他有关费用

任何单位和个人侵占、挪用征地补偿费和其他费用都是违法行为，都是不允许的。任何人都可以向有关机关举报。

相关规定

《中华人民共和国村民委员会组织法》第二十四条、第三十四条、第三十五条。

第五十条　地方各级人民政府应当支持被征地的农村集体经济组织和农民从事开发经营，兴办企业。

条文主旨

本条是关于被征地农民安置的倡导性规定，在本次修法过程中未作修改。

立法背景

地方各级人民政府应当采取多种方式支持被征地的农

村集体经济组织和农民从事开发经营，兴办企业。一是提供就业渠道促进因征用土地造成的剩余劳动力和农业人口就业，避免因征地形成新的失业人口；二是通过支持促进被征地农民从事有关生产活动，保障被征地农民“原有生活水平不降低、长远生计有保障”。

条文解读

地方各级人民政府应当支持被征地的农村集体经济组织和农民从事开发经营，兴办企业。支持的方式可以是多种多样的，各地可以结合实际情况采取措施。比如，可以安排农村集体经济组织和农民对新开垦的耕地进行耕种，也可以在征地范围内留有建设用地，在符合规划的前提下，供农村集体经济组织和农民兴办企业，还可以协调农村集体经济组织或者农民入股用地企业或者参与有关经营活动。总之，应当采取各种措施为被征地农民提供长远生计方面的保障。

第五十一条　大中型水利、水电工程建设征收土地的补偿费标准和移民安置办法，由国务院另行规定。

条文主旨

本条是大中型水利、水电工程建设征用土地的补偿和移民安置的规定。在本次修法中未作修改。

立法背景

大中型水利、水电工程建设征地、移民与其他建设工程相比，征地的范围大、迁移人口多，且库区的位置多为偏远地区，迁移和就业安置较为复杂，因此其安置补偿办法较为特殊，需要授权由国务院另行规定。

条文解读

根据法律授权，2006 年国务院制定实施了《大中型水利水电工程建设征地补偿和移民安置条例》（国务院令第 471 号），该条例根据 2017 年 4 月 14 日《国务院关于修改〈大中型水利水电工程建设征地补偿和移民安置条例〉的决定》第三次修订。根据该条例，国家实行开发性移民方针，采取前期补偿、补助与后期扶持相结合的办法，使移民生活达到或者超过原有水平。第二十二条规定，大中型水利水电工程建设征收土地的土地补偿费和安置补助费，实行与铁路等基础设施项目用地同等补偿标准，按照被征收土地所在省、自治区、直辖市规定的标准执行。关于移民安置，该条例第二十九、第三十条、第三十一条区分了本县集中安置、本县分散安置、本省行政区域内其他县安置、跨省安置等多种情况，作出了具体规定。需要说明的是，土地管理法已将补偿标准由年产值改为区片综合地价，关于大中型水利、水电工程建设征收土地的补偿费标准或将进行调整。

相关规定

《大中型水利水电工程建设征地补偿和移民安置条例》。

第五十二条　建设项目可行性研究论证时，自然资源主管部门可以根据土地利用总体规划、土地利用年度计划和建设用地标准，对建设用地有关事项进行审查，并提出意见。

条文主旨

本条是关于建设项目用地预审的规定。在本次修法中未作修改。

立法背景

本条所指可行性论证阶段的审查是指用地预审，主要是自然资源主管部门在建设项目审批、核准、备案阶段，根据土地利用方面的规划和计划，依法对建设项目涉及的土地利用事项进行的审查并提出用地预审意见，这是建设用地报批程序的第一步，其目的是在项目审批、核准、备案阶段对其配套供地方案的合法性、合规性和合理性进行同步审查，确保项目后顺利实施。

条文解读

根据本条规定，土地管理法实施条例确立了用地预审制度。建设项目可行性研究论证时，由自然资源主管部门对建设项目用地有关事项进行审查，提出建设项目用地预审报告；可行性研究报告报批时，必须附具自然资源主管部门出具的建设项目用地预审报告。目前，建设项目用地实行分级预审制度，审查的内容包括拟建项目的基本情况、拟选址占地情况、拟用地是否符合土地利用总体规划、拟用地面积是否符合土地使用标准、拟用地是否符合供地政策等。预审应提出结论性意见，该意见是有关部门审批项目可行性研究报告、核准项目申请报告的必备文件。在土地利用总体规划确定的城镇建设用地范围内使用已批准的建设用地进行建设的项目，不涉及新增建设用地，可以不进行建设项目用地预审。此外，按照“多规合一、多审合一”改革，建设项目用地预审将与项目选址意见书合并。

相关规定

《中华人民共和国土地管理法实施条例》第二十二条、第二十三条。

第五十三条　**经批准的建设项目需要使用国有建设用地的，建设单位应当持法律、行政法规规定的有关文件，向有批准权的县级以上人民政府自然资源主管部门提出建设用地申请，经自然资源主管部门审查，报本级人民政府批准。**

条文主旨

本条是关于具体建设项目使用国有建设用地的申请和报批的规定。本次修法未作修改。

立法背景

国有建设用地包括三种情况：一是已有的国有建设用地，包括城市市区内土地、城市规划区外现有铁路、公路、机场、水利设施、军事设施、工矿企业使用的国有土地；国营农场内的建设用地等。二是经本法规定的农转用、征地程序转为国有建设用地的土地，即依法征收、转用的原属于农民集体所有的建设用地、农民集体所有的农用地、未利用地以及国有农用地。三是国有未利用地。

条文解读

土地管理法实施条例对具体项目建设用地审查以及与农转用、征收程序的衔接分别进行了规定。具体建设项目地均由建设单位提出，县级以上自然资源主管部门审查，报本级人民政府批准，其中涉及农转用、征收的，由县级以上自然资源主管部门在办理过程中按法定程序上报上级政府批准。上述程序完成后，由县级以上自然资源主管部门依法与用地人签订出让合同。“招拍挂”市场化出让取得国有土地的，不采取申请审批制，不适用本条规定。

相关规定

《中华人民共和国土地管理法实施条例》第二十二条、第二十三条。

第五十四条 建设单位使用国有土地，应当以出让等有偿使用方式取得；但是，下列建设用地，经县级以上人民政府依法批准，可以以划拨方式取得：

（一）国家机关用地和军事用地；

（二）城市基础设施用地和公益事业用地；

（三）国家重点扶持的能源、交通、水利等基础设施用地；

（四）法律、行政法规规定的其他用地。

条文主旨

本条是关于建设使用国有土地的取得方式的规定。本次修法未作修改。

立法背景

国有土地使用权取得的方式有划拨和有偿使用两种。其中，有偿出让是主要方式，只有在特殊的情形下，才可以以划拨的方式取得。

条文解读

一、国有土地有偿使用

国有土地有偿使用是指国家将一定时期内的土地使用权提供给单位和个人使用，而土地使用者一次或分年度向国家缴纳土地有偿使用费的行为。法律规定应当有偿使用的国有土地，必须有偿使用。目前，国有土地有偿使用的方式主要有三种：一是国有土地出让，方式包括招标、拍卖（挂牌）和协议出让等形式，在土地使用期限内，土地使用者可以按国家规定和合同约定的用途使用土地，也可以依法转让、出租和抵押。土地使用者在土地使用期限内需要改变土地用途的应当经原批准机关批准，并与自然资源主管部门重新签订土地使用权出让合同或土地使用权出让的补充合同。二是国有土地使用权租赁。即国家将一定时期内的土地使用权让与土地使用者使用，而土地使用者按年度向国家缴纳租金的行为。根据合同法的规定，租赁期限不得超过 20 年。三是国有土地使用权作价出资入股，即将一定时期的国有土地使用权出让金作价，作为国家的投资计作国家的股份。这种方式在目前的国有企业改制改组中采用较多，既解决了国有土地资产的流失问题，又为国有困难企业的改制改组创造了条件。

二、划拨

划拨方式取得国有土地使用权是指经县级以上人民政府

依法批准后，在土地使用者依法缴纳了土地补偿费、安置补偿费及其他费用后，国家将土地交付给土地使用者使用，或者国家将土地使用权无偿交付给土地使用者使用的行为。根据投融资体制、国有企事业单位、农垦等相关领域的改革要求，划拨用地范围正在逐步缩小，这一改革方向十分明确。划拨土地使用权具有以下特点：一是划拨土地使用权没有期限的规定；二是划拨土地使用权不得转让、出租、抵押，即不得流转。如果需要转让、出租、抵押等，应当办理土地出让手续或经政府批准。土地使用者不需要使用时，由政府无偿收回土地使用权；三是划拨土地使用权用途不得改变，改变用途要经批准，并重新签订合同。不再属于划拨范围的，要实行有偿使用；四是取得划拨土地使用权只需缴纳国家取得土地的成本和国家规定的税费，不需缴纳土地有偿使用费。

划拨土地使用权是一种特殊政策，因此，土地管理法对可以采取划拨土地使用权的范围作出了规定，包括国家机关用地、军事用地，城市基础设施用地、公益事业用地、国家重点扶持的能源、交通、水利等项目用地以及法律行政法规明确规定可以采用划拨方式供地的其他项目用地。《划拨用地目录》对划拨用地的具体范围和内容进行了规定。

相关规定

《中华人民共和国合同法》第二百一十四条；《划拨用地目录》。

第五十五条 以出让等有偿使用方式取得国有土地使用权的建设单位，按照国务院规定的标准和办法，缴纳土地使用权出让金等土地有偿使用费和其他费用后，方可使用土地。

自本法施行之日起，新增建设用地的土地有偿使用费，百分之三十上缴中央财政，百分之七十留给有关地方人民政府。具体使用管理办法由国务院财政部门会同有关部门制定，并报国务院批准。

条文主旨

本条是关于国有土地有偿使用费收缴及分配办法的规定。

立法背景

本次修法对第二款进行了修改，删去了“专门用于耕地开发”的内容，这主要是财政预算体制改革的要求，目的是优化财政资源配置，提高财政资金使用效益。

条文解读

一、国有土地有偿使用费的缴纳

土地出让金是指各级政府土地管理部门将土地使用权出让给土地使用者，按规定向受让人收取土地出让的全部价款。应当先支付土地出让金等有偿使用费，后使用土地。

土地出让金具体的付款方式和付款办法，应当由国有土地使用权有偿使用合同来约定。采用出让方式的，应当先支付土地出让金及其他费用，方可为其核发不动产权属证书，建设单位方可取得土地并依法使用。采用国有土地租赁方式的，应当一次性支付按国有土地租赁合同约定的需要支付的国有土地有偿使用费和其他费用。采用国有土地入股的，应当先办理国有土地股权持有的有关手续，签订合同或章程后，方可办理土地登记，并使用土地。未按合同的约定支付国有土地有偿使用费的，政府将按合同的规定不予提供土地使用权，建设单位不得使用土地。

二、新增建设用地土地有偿使用费的使用

新增建设用地土地有偿使用费是指国务院或省级人民政府在批准农用地转用、征收土地时，向取得出让等有偿使用方式的新增建设用地的县、市人民政府收取的平均土地纯收益。它与土地出让金既有区别又有联系。新增建设用地有偿使用费在报批阶段缴纳，土地出让金在用地阶段缴纳；前者是由县市级人民政府上交，具有预付性质，后者是由建设单位缴纳。土地出让金属于政府性基金收入，由地方政府支配。新增建设用地有偿使用费，30%上缴中央财政，70%留给有关地方人民政府。具体使用管理办法由国务院财政部门会同有关部门制定，并报国务院批准。

第五十六条 建设单位使用国有土地的，应当按照土地使用权出让等有偿使用合同的约定或者土地使用权划拨批准文件的规定使用土地；确需改变该幅土地建设用途的，应当经有关人民政府自然资源主管部门同意，报原批准用地的人民政府批准。其中，在城市规划区内改变土地用途的，在报批前，应当先经有关城市规划行政主管部门同意。

条文主旨

本条是关于建设单位按照规定使用国有土地的规定。本次修法未作修改。

条文解读

一、建设单位必须按照规定使用国有土地

建设单位应当按照土地有偿使用合同或土地使用权划拨批准文件的规定使用土地，主要是指按照规定的用途使用土地，不得擅自改变。

土地用途是土地出让合同的组成部分，按照城乡规划法、城市房地产管理法等规定，出让地块的位置、使用性质、开发强度等规划条件应当作为国有土地使用权出让合同的组成部分。违反合同的约定使用土地一方面涉及违约责任，应当依照合同的约定予以处置，另一方面违反规划管制要求，按照《中华人民共和国城镇国有土地使用权出

让和转让暂行条例》等，还应当给予行政处罚。

采用划拨方式提供土地使用权的，政府在批准用地文件中对建设用地的用途及使用要求也都有明确的规定，用地单位必须按照批准的用途使用，不得擅自改变批准的用途。

二、确需改变该幅土地用途的，应当履行审批程序

这里的审批程序与本法第五十三条规定的申请审批程序是一致的，这主要是考虑到土地用途是土地出让的重要内容，改变土地用途也需要按照原程序履行审查程序。需要说明的是，涉及划拨土地改变用途后，不再符合划拨条件的，法律、法规明确划拨土地改变用途应当收回土地使用权的，或者《国有土地划拨决定书》明确改变用途应当收回土地使用权的，应当由市、县人民政府收回划拨土地。可以继续使用该幅土地的，应当按国有土地有偿使用的有关规定办理有偿使用手续，签订土地有偿使用合同，补缴土地有偿使用费。

三、在城市规划区内改变土地用途的应当征得有关部门意见

在城市规划区内改变土地用途的，在报批前，应当先经有关城市规划行政主管部门同意。根据国务院机构改革方案，城市规划纳入国土空间规划，由自然资源主管部门统一监督实施，自然资源主管部门就是城市规划行政主管部门，无需另行征求意见。

相关规定

《中华人民共和国城乡规划法》第三十八条、第三十九条；《中华人民共和国城市房地产管理法》第二十六条；《城镇国有土地使用权出让和转让暂行条例》第十七条。

第五十七条 建设项目施工和地质勘查需要临时使用国有土地或者农民集体所有的土地的，由县级以上人民政府自然资源主管部门批准。其中，在城市规划区内的临时用地，在报批前，应当先经有关城市规划行政主管部门同意。土地使用者应当根据土地权属，与有关自然资源主管部门或者农村集体经济组织、村民委员会签订临时使用土地合同，并按照合同的约定支付临时使用土地补偿费。

临时使用土地的使用者应当按照临时使用土地合同约定的用途使用土地，并不得修建永久性建筑物。

临时使用土地期限一般不超过二年。

条文主旨

本条是关于建设项目临时用地的规定。

立法背景

建设项目施工和地质勘查需要临时使用国有土地或者

农民集体所有的土地的，必须符合规定的程序和要求。此次修法，除将“土地行政主管部门”改为“自然资源主管部门”外，未作其他修改。

条文解读

临时用地是指建设项目施工过程中或地质勘查过程中一些临时工程和设施临时使用土地的行为。主要有以下几个特点：

一、临时用地使用范围的特定性

临时用地包括两类：一类是工程建设施工临时用地，包括工程建设施工中设置的临时加工车间、材料堆场、取土弃土用地、运输道路等。另一类是地质勘查过程中的临时用地，包括厂址、坝址、铁路、公路选址等需要对工程地质、水文地质情况进行勘测，探矿、采矿需要对矿藏情况进行勘查勘探临时使用的土地等。

二、临时用地不改变土地用途的性质

临时使用土地者应当按照合同约定的用途使用土地，不得建永久性的建筑物及其他设施。使用结束后，将土地的临时建设的设施全部拆除，恢复土地的原貌，并交还给原土地所有权人或使用权人。即原土地的用途属建设用地的仍为建设用地，原来为农用地的仍为农用地。

三、临时用地不改变土地的权属

即原土地的所有权和使用权都无需改变。使用农民集体土地的不需要办理征用征收手续，使用国有土地的也不必办理划拨或有偿使用手续，只需签订临时使用土地合同，并对土地所有权人和原土地使用权人予以一定的补偿。

四、临时用地有期限性

临时用地的期限一般不超过二年。临时用地不超过二年的，使用的具体期限可以在临时使用土地合同中由双方约定。

第五十八条 有下列情形之一的，由有关人民政府自然资源主管部门报经原批准用地的人民政府或者有批准权的人民政府批准，可以收回国有土地使用权：

（一）为实施城市规划进行旧城区改建以及其他公共利益需要，确需使用土地的；

（二）土地出让等有偿使用合同约定的使用期限届满，土地使用者未申请续期或者申请续期未获批准的；

（三）因单位撤销、迁移等原因，停止使用原划拨的国有土地的；

（四）公路、铁路、机场、矿场等经核准报废的。

依照前款第（一）项的规定收回国有土地使用权的，对土地使用权人应当给予适当补偿。

条文主旨

本条是关于收回国有土地使用权的规定。

立法背景

本次修改将原第一款第一项“为公共利益需要使用土地的”和第二项“为实施城市规划进行旧城区改建，需要调整使用土地的”合并为“（一）为实施城市规划进行旧城区改建以及其他公共利益需要，确需使用土地的”。这一修改主要是完善有关表述，因为实施城市规划进行旧城区改建也属于“公共利益”的一种表现形式。

条文解读

一、特殊情况下，政府可以收回国有土地使用权

国家依法保障土地使用者的合法权利，对土地使用者依法取得的土地使用权，在出让合同约定的使用年限届满前不收回，特殊情况下，国家可以收回国有土地使用权。

二、为实施城市规划进行旧城区改建以及其他公共利益需要，确需使用土地的

旧城区改建需要收回国有土地使用权主要是为了集中规划和统一建设，改善市容市貌，改良居民生活环境，有利于集约节约利用土地，更好地实现公共利益。除此以外，其他公共利益需要使用土地的也可以收回国土土地使用权，包括城市基础设施、公益事业建设，国家重点扶持的能源、交通、水利、矿山、军事设施等建设项目需要使用土地的。对于属于这种情形需要收回国有土地使用权的，基于公平合理的原则，国家应当对国有土地使用权人合理补偿。

三、土地出让等有偿使用合同约定的使用期限届满，土地使用者未申请续期或者申请续期未获批准的

国有土地有偿出让有期限限制，申请续期或者申请续期未获批准的，就不再具有使用权人资格，国家作为所有权人有权无偿收回土地。《中华人民共和国城市房地产管理法》与该规定进行了衔接，规定："土地使用权出让合同约定的使用年限届满，土地使用者需要继续使用土地的，应当至迟于届满前一年申请续期，除根据社会公共利益需要收回该幅土地的，应当予以批准。"由于使用期限届满，原使用权人不再拥有土地使用权，使用权自然回归于国家这个所有权人，因此不存在对土地使用权补偿的问题。

四、因单位撤销、迁移等原因，停止使用原划拨的国有土地的

按照法律法规的规定，国有划拨土地不得擅自出租、转让等，如果单位撤销或迁移不再需要使用，应当收回该土地使用权。因划拨土地不是有偿使用的，土地也不予补偿。如果单位需要将土地和地上建筑物进行转让的，应当补办出让手续，对土地按有偿使用的办法处理。

五、公路、铁路、机场、矿场等经核准报废的

公路、铁路、机场、矿场等报废部分土地不再需要使用，国家应当将这部分土地收回。按规定这部分土地是采用划拨方式提供的，也将不给予补偿。

六、收回国有土地使用权的批准权限

因收回土地使用权涉及对用地单位权利的剥夺，必须经过一定的法律程序，并经有关人民政府批准。

相关规定

《中华人民共和国城市房地产管理法》第二十二条。

第五十九条　乡镇企业、乡（镇）村公共设施、公益事业、农村村民住宅等乡（镇）村建设，应当按照村庄和集镇规划，合理布局，综合开发，配套建设；建设用地，应当符合乡（镇）土地利用总体规划和土地利用年度计划，并依照本法第四十四条、第六十条、第六十一条、第六十二条的规定办理审批手续。

条文主旨

本条是关于乡镇企业、乡（镇）村公共设施和公益事业、农村村民建住宅使用农民集体所有土地的规定，本次修法未作修改。

立法背景

该条是原集体建设用地的规定，这一概念需要与“集体经营性建设用地”区分，主要在于：一是使用主体不同，本条集体建设用地的使用主体有特殊限制，使用主体是本集体所属乡镇企业和村民个人等，属于农村集体经济组织及其成员自行使用，而集体经营性建设用地的使用主体包括本集体组织之外所有自然人和法人；二是用途不同，本条所指集体建设用地只能用于乡镇企业，乡（镇）村公共设施和公益事业，村民建住宅三种情形，而集体经营性建设用地则可用于工业、商业等经营性用途。本次修改，未对原集体建设用地的内涵、使用主体和使用方式进行修改。

条文解读

乡镇企业、乡（镇）村公共设施、公益事业、农村村民住宅等乡（镇）村建设用地必须符合五项原则：一是应当符合乡（镇）土地利用总体规划确定的地块用途；二是符合土地利用年度计划，不能突破土地利用年度计划确定的控制指标；三是符合村庄和集镇规划，按照规划许可条件用地；四是坚持合理布局，综合开发，配套建设，节约集约利用土地，服务乡村振兴战略；五是涉及农用地的依法办理农用地转用和用地审批。

相关规定

《中华人民共和国城乡规划法》第十八条、第二十九条、第四十一条。

第六十条 农村集体经济组织使用乡（镇）土地利用总体规划确定的建设用地兴办企业或者与其他单位、个人以土地使用权入股、联营等形式共同举办企业的，应当持有关批准文件，向县级以上地方人民政府自然资源主管部门提出申请，按照省、自治区、直辖市规定的批准权限，由县级以上地方人民政府批准；其中，涉及占用农用地的，依照本法第四十四条的规定办理审批手续。

按照前款规定兴办企业的建设用地，必须严格控制。省、自治区、直辖市可以按照乡镇企业的不同行业和经营规模，分别规定用地标准。

条文主旨

本条是关于集体经济组织使用其土地兴办企业的审批规定。

立法背景

农村集体经济组织使用本集体所有的建设用地兴办企

业或者与其他单位、个人共同举办企业的，应当经过政府批准后进行，并严格控制。此次修法，对原有的规定未作修改。

条文解读

一、使用本集体所有土地兴办企业的形式

主要有两种：一是农村集体经济组织利用本集体所有的土地直接兴办企业；二是农村集体经济组织利用本集体所有的土地与其他单位、个人以土地使用权入股、联营等形式共同举办企业。

二、使用本集体所有土地兴办企业的审批

需要使用建设用地兴办企业的农村集体经济组织应当持有关批准文件，向县级以上地方人民政府土地行政主管部门提出申请，由县级以上地方人民政府批准；批准的权限由省、自治区、直辖市规定；涉及占用农用地的，与使用国有建设用地一样，也需要办理农用地转用审批。

三、兴办企业的集体建设用地，必须严格控制

集体经济组织兴办企业的建设用地必须严格控制。省、自治区、直辖市可以制定乡镇企业用地的标准，这主要是考虑到各地土地资源的条件不同，可以因地制宜地制定用地标准，以省级政府名义印发实施。

第六十一条 乡（镇）村公共设施、公益事业建设，需要使用土地的，经乡（镇）人民政府审核，向县级以上地方人民政府自然资源主管部门提出申请，按照省、自治区、直辖市规定的批准权限，由县级以上地方人民政府批准；其中，涉及占用农用地的，依照本法第四十四条的规定办理审批手续。

条文主旨

本条是关于乡（镇）村公共设施、公益事业建设使用土地审批的规定。

立法背景

乡（镇）村公共设施、公益事业建设，需要使用土地的，应当依法办理审批手续。此次修法对本条的内容未作修改。

条文解读

一、乡村公共设施和公益事业用地的审批

按本法规定，乡村公共设施、公益事业符合土地利用总体规划，经过批准可以使用农村集体的土地。乡（镇）村公共设施、公益事业建设需要用地，必须依法提出申请，并按规定的批准权限取得批准。乡村公共设施和公益事业主要指乡村行政办公、文化科学、医疗卫生、教育设施、

生产服务和公用事业等用地。乡村公共设施、公益事业使用农民集体所有土地的批准权限由省、自治区、直辖市规定，并由县级以上地方人民政府负责审批。

二、涉及占用农用地的还应当办理农地转用审批手续

乡村公共设施、公益事业使用农民集体所有土地，涉及占用农用地，应当按本法关于农用地转用的审批办法和批准权限办理农用地转用批准。

第六十二条 农村村民一户只能拥有一处宅基地，其宅基地的面积不得超过省、自治区、直辖市规定的标准。

人均土地少、不能保障一户拥有一处宅基地的地区，县级人民政府在充分尊重农村村民意愿的基础上，可以采取措施，按照省、自治区、直辖市规定的标准保障农村村民实现户有所居。

农村村民建住宅，应当符合乡（镇）土地利用总体规划、村庄规划，不得占用永久基本农田，并尽量使用原有的宅基地和村内空闲地。编制乡（镇）土地利用总体规划、村庄规划应当统筹并合理安排宅基地用地，改善农村村民居住环境和条件。

农村村民住宅用地，由乡（镇）人民政府审核批准；其中，涉及占用农用地的，依照本法第四十四条的规定办理审批手续。

农村村民出卖、出租、赠与住宅后，再申请宅基地的，不予批准。

国家允许进城落户的农村村民依法自愿有偿退出宅基地，鼓励农村集体经济组织及其成员盘活利用闲置宅基地和闲置住宅。

国务院农业农村主管部门负责全国农村宅基地改革和管理有关工作。

条文主旨

本条是关于农村宅基地管理的规定，主要根据党中央关于农村宅基地管理改革的有关精神进行了修改。

立法背景

2014年12月2日，中央全面深化改革领导小组第七次会议审议了《关于农村土地征收、集体经营性建设用地入市、宅基地制度改革试点工作的意见》，2015年1月，中共中央办公厅和国务院办公厅联合印发了该意见。该意见提出，改革完善农村宅基地制度。针对农户宅基地取得困难、利用粗放、退出不畅等问题，要完善宅基地权益保障和取得方式，探索农民住房保障在不同区域户有所居的多种实现形式；对因历史原因形成超标准占用宅基地和一户多宅等情况，探索实行有偿使用；探索进城落户农民在本集体经济组织内部自愿有偿退出或转让宅基地；改革宅基地审批制度，发挥村民自治组织的民主管理作用。2015 年 2 月 27 日，第十二届全国人民代表大会常务委员会第十三次会议通过《全国人民代表大会常务委员会关于授权国务院在北京市大兴区等三十三个试点县（市、区）行政区域暂时调整实施有关法律规定的决定》，开始进行农村土地改革试点。2018 年 12 月 23 日，第十三届全国人民代表大会常务委员会第七次会议审议了《国务院关于农村土地征收、集体经营性建设用地入市、宅基地制度改革试点情况的总结报告》。该报告提出，关于宅基地管理制度。一是健全宅基地权益保障方式，科学确定“一户一宅”的分配原则，改革农民住宅用地取得方式，探索不同区域户有所居的实现形式；二是完善宅基地审批制度，使用存量建设用地的，下放至乡级政府审批；使用新增建设用地的，下放至县级政府审批；三是探索宅基地有偿使用和自愿退出机制；四是探索宅基地所有权、资格权、使用权“三权分置”。从试点的情况看，有关方面对宅基地所有权、资格权、使用权的权利性质和边界认识还不一致。因此，此次修法结合前三个方面的改革情况对法律进行了修改，但对宅基地“三权分置”改革暂未涉及。

条文解读

随着土地资源的日趋紧张和城镇化的快速推进，土地资源供需矛盾日益明显。为促进节约集约利用土地资源，充分发挥宅基地在保障农民生活、促进乡村振兴中的重要作用，在试点基础上，新土地管理法对宅基地管理的有关规定进行了修改，共七款。除第一款没有变化外，第二款、第六款、第七款属于新增条款，第三款、第四款、第五款属于修改的条款。总体来看，主要有以下七大变化：

一、在原来农村宅基地“一户一宅”原则的基础上增加了“户有所居”的规定

主要涉及第一款和第二款的规定。这表明，国家鼓励各地探索农民住房在不同区域实现户有所居，健全宅基地权益保障方式。传统农区实行“一户一宅”。人均土地少、不能保障一户拥有一处宅基地的地区，县级人民政府在充分尊重农村村民意愿的基础上，可以采取措施，按照省、自治区、直辖市规定的标准保障农村村民实现户有所居。比如，在土地利用总体规划确定的城镇建设用地规模范围内，通过建设新型农村社区、农民公寓和新型住宅小区保障农民“一户一房”。这里“户”的组成人员中必须有集体经济组织成员。

二、明确农村村民建住宅不得占用永久基本农田

本条第三款规定，农村村民建住宅，不得占用永久基本农田。不同时期，我国对于农村宅基地建设限制占用耕地、农用地、永久基本农田等作了明确规定。总体来看，国家对农村宅基地占用农地作出越来越严格的限制。新土地管理法第三十五条规定，永久基本农田经依法划定后，任何单位和个人不得擅自占用或者改变其用途。国家能源、交通、水利、军事设施等重点建设项目选址确实难以避让永久基本农田，涉及农用地转用或者土地征收的，必须经国务院批准。禁止通过擅自调整县级土地利用总体规划、乡（镇）土地利用总体规划等方式规避永久基本农田农用地转用或者土地征收的审批。由此可见，在任何情况下，农村村民建住宅都不得占用永久基本农田。

三、农村村民建房除要符合土地利用总体规划外，还要符合村庄规划

主要涉及第三款的规定。《中华人民共和国城乡规划法》规定，村庄规划包括住宅的用地布局和建设要求。在乡、村庄规划区内建设农村村民住宅，由城市、县人民政府城乡规划主管部门核发乡村建设规划许可证。建设单位或者个人在取得乡村建设规划许可证后，方可办理用地审批手续。根据机构改革职能调整，城乡规划职责已合并至自然资源主管部门，村庄规划也相应由自然资源主管部门编制审批，将来也将纳入国土空间规划统筹。同时，新土地管理法还规定，编制乡（镇）土地利用总体规划、村庄规划应当统筹并合理安排宅基地用地，改善农村村民居住环境和条件。

四、将宅基地审批权限由县级人民政府下放至乡级人民政府

主要涉及第四款的规定。从这款来看，宅基地审批存在两种情况：一种情况是，农村村民住宅建设不涉及占用农用地的。这类宅基地由乡（镇）人民政府负责审核批准。另一种情况是，农村村民住宅建设涉及占用基本农田以外的农用地的，由省级人民政府或者授权的设区的市、自治州人民政府批准。宅基地审批制度这样设计，主要是考虑到农民建住宅应以盘活存量为主，且为确保耕地保护红线和促进节约集约用地，对新增建设用地的农转用审批尚不具备下放条件。

五、宅基地使用权流转方式由“出卖、出租”变为“出卖、出租、赠与”

主要涉及第五款的规定。关于“出卖”，可以在集体经济组织内部进行，但是必须符合一定的条件：一是转让人与受让人必须是同一集体经济组织内部的成员；二是受让人没有住房和宅基地，且符合宅基地使用权申请分配的条件；三是转让行为需征得本集体经济组织的同意。“赠与”是新土地管理法基于实践经验和需要新增加的一种方式，其法律效果和“出卖”基本相同。但是，农村村民出卖、出租、赠与住宅后，再申请宅基地的，不予批准。另外，需要说明的一点是，因房产继承等合法原因形成的多处住宅及宅基地，原则上不作处理，农村村民可以通过出卖等方式处理，也可以维护原状，但房屋不得翻建，房屋损坏后，多余的宅基地应当退出。

六、探索农村宅基地有偿使用和自愿有偿退出机制

主要涉及第六款的规定。关于自愿有偿退出宅基地、盘活利用闲置宅基地和闲置住宅的条件、方式、程序等，地方在宅基地“三权分置”改革试点中进行了多种有益探索，但由于理论研究和实践经验尚不丰富，还没有形成“可复制、能推广、利修法”的经验，新土地管理法没有进行详细规定，只作出倡导性的原则性规定。关于宅基地有偿退出，试点中，有的地方规定，集体经济组织成员自愿有偿退出原有宅基地但未承诺放弃宅基地使用权且未获得放弃宅基地使用权补偿的，保留有限宅基地资格权；有的地方规定，对于全部退出宅基地或放弃宅基地申请资格，现全家搬迁到城镇购房居住的，在规定的面积标准内，给予奖励和补偿等。慎重起见，新修改的土地管理法只规定了自愿有偿“退出”宅基地，没有对“转让”作出规定。关于宅基地有偿使用，因历史原因形成超标准占用宅基地和一户多宅的，以及非本集体经济组织成员通过继承房屋等占有的宅基地的，可以由农村集体经济组织主导，探索有偿使用。农村宅基地“三权分置”改革试点中，在出租、转让、抵押、作价入股等方面，地方开展了积极探索。

七、全国农村宅基地改革和管理的主管部门由自然资源主管部门变为农业农村主管部门

第七款明确规定由国务院农业农村主管部门负责全国农村宅基地改革和管理有关工作，并赋予了农业农村主管部门在宅基地监督管理和行政执法等方面的相应职责。2019 年 9 月 11 日，中央农村工作领导小组办公室、农业农村部印发的《关于进一步加强农村宅基地管理的通知》中明确，农村宅基地管理和改革是党和国家赋予农业农村部门的重要职责，具体承担指导宅基地分配、使用、流转、纠纷仲裁管理和宅基地合理布局、用地标准、违法用地查处，指导闲置宅基地和闲置农房利用等工作。

相关规定

《中华人民共和国城乡规划法》第十七条、第十八条、第四十二条；《关于农村土地征收、集体经营性建设用地入市、宅基地制度改革试点工作的意见》；《全国人民代表大会常务委员会关于授权国务院在北京市大兴区等三十三个试点县（市、区）行政区域暂时调整实施有关法律规定的决定》；《国务院关于农村土地征收、集体经营性建设用地入市、宅基地制度改革试点情况的总结报告》；《关于进一步加强农村宅基地管理的通知》。

第六十三条　土地利用总体规划、城乡规划确定为工业、商业等经营性用途，并经依法登记的集体经营性建设用地，土地所有权人可以通过出让、出租等方式交由单位或者个人使用，并应当签订书面合同，载明土地界址、面积、动工期限、使用期限、土地用途、规划条件和双方其他权利义务。

前款规定的集体经营性建设用地出让、出租等，

应当经本集体经济组织成员的村民会议三分之二以上成员或者三分之二以上村民代表的同意。

通过出让等方式取得的集体经营性建设用地使用权可以转让、互换、出资、赠与或者抵押，但法律、行政法规另有规定或者土地所有权人、土地使用权人签订的书面合同另有约定的除外。

集体经营性建设用地的出租，集体建设用地使用权的出让及其最高年限、转让、互换、出资、赠与、抵押等，参照同类用途的国有建设用地执行。具体办法由国务院制定。

条文主旨

本条是关于集体经营性建设用地入市流转的规定，是本次修法中的重点内容之一，取代了原集体土地不得流转的规定。

立法背景

《关于农村土地征收、集体经营性建设用地入市、宅基地制度改革试点工作的意见》提出，建立农村集体经营性建设用地入市制度。针对农村集体经营性建设用地权能不完整，不能同等入市、同权同价和交易规则亟待健全等问题，要完善农村集体经营性建设用地产权制度，赋予农村集体经营性建设用地出让、租赁、入股权能；明确农村集体经营性建设用地入市范围和途径；建立健全市场交易规则和服务监管制度。《国务院关于农村土地征收、集体经营性建设用地入市、宅基地制度改革试点情况的总结报告》提出，关于集体经营性建设用地入市。一是明确入市的条件和范围。建议：对土地利用总体规划等法定规划确定为工业、商业等经营性用途，并经依法登记的集体建设用地，允许土地所有权人通过出让、出租等方式交由单位或者个人使用。二是明确集体经营性建设用地入市规则和监管措施。建议：为维护土地管理秩序，明确要求集体建设用地使用权人严格按照土地利用总体规划等法定规划确定的用途使用土地；集体经营性建设用地使用权的最高年限、登记等，参照同类用途的国有建设用地执行。

条文解读

一、集体经营性建设用地入市主体

根据本法第十条，集体土地所有权人分为三种情况：一是农民集体所有的土地依法属于村农民集体所有的，由村集体经济组织或者村民委员会经营、管理；二是分别属于村内两个以上农村集体经济组织的农民集体所有的，由村内各相应农村集体经济组织或者村民小组经营、管理；三是已经属于乡（镇）农民集体所有的，由乡（镇）农村集体经济组织经营、管理。考虑到入市方案制定和实施过程具有一定专业性，在集体经营性建设用地入市过程中，集体经济组织可以自己直接实施，也可以委托其他主体代为实施。

关于集体经营性建设用地使用主体，并未设置准入门槛，单位和个人均可以适用。因此，我国境内外的自然人、法人，除法律、法规另有规定外，均可依法取得集体经营性建设用地使用权，进行土地开发、利用和经营。

二、集体经营性建设用地入市条件

集体经营性建设用地不是无条件入市，必须符合以下五个条件：一是符合土地利用总体规划和城乡规划。土地管理法第四条规定“国家实行土地用途管制制度”，确定了土地用途管制的总体原则。在这一总体原则下，本条规定集体经营性建设用地入市地块必须符合土地利用总体规划和城乡规划。二是符合规定的用途。入市的集体经营性建设用地用途十分明确，仅限于工业和商业等经营性用途，不属于经营用途的，不得入市流转。三是权属清晰。入市的集体经营性建设用地应当属于“经依法登记的”，必须是权属清晰、没有争议的，避免在流转过程中出现产权纠纷，影响当事人权利的实现。四是经过集体依法决策。集体经营性建设用地入市必须经土地所有权人的集体决策程序，应当经本集体经济组织成员的村民会议三分之二以上成员或者三分之二以上村民代表的同意。土地管理法对村民会议或者代表会议召集形式、参与范围和必要到会人数未单独作规定，应适用村民委员会组织法规定。五是签订流转合同。集体经营性建设用地入市应当签订合同，载明土地界址、面积、动工期限、使用期限、土地用途、规划条件和双方其他权利义务。除前述法定要素外，一般还应当包括提前收回的条件及补偿方式、使用期限届满是否续期及地上建筑物、其他附着物所有权处理方式，使用权转让、出租、抵押的条件，违约责任等。集体经营性建设用地入市后，对合同执行产生争议的，由交易双方协商处理，协商不成的，依照合同约定申请仲裁或向人民法院提起诉讼。

三、集体经营性建设用地流转方式

集体经营性建设用地入市流转的方式，即出让或者出租等进入一级市场方式以及转让、互换、出资、赠与等进入二级市场的方式，均应当参照同类用途的国有建设用地执行，并由国务院制定具体办法。通过这一规定，赋予集体经营性建设用地与国有建设用地同等权能，是实现“同地同权同价”的关键。集体经营性建设用地出让需要遵守关于国有建设用地出让的要求，主要包括：一是国有建设用地和集体建设用地的供地渠道和价格形成机制应当保持一致；二是出让方式应当保持一致，原则上采取招拍挂形式进行出让，防止暗箱操作引发腐败，侵犯农民权益；三是出让年限应当一致，参照《中华人民共和国城镇国有土地使用权出让和转让暂行条例》关于国有建设用地出让年限的规定执行。集体经营性建设用地出租也应当参照国有建设用地租赁的有关规定，包括协议、挂牌等，出租人与承租人签订租赁合同，约定双方权利义务。

此外，本条授权国务院制定集体经营性建设用地入市、流转方面的具体办法，该办法既可以通过修订土地管理法实施条例制定，也可以单独制定，总的原则是在坚持“同地同权”的基础上，对集体经营性建设用地的出让、出租和流转程序进行规定。在该办法制定前，应当参照有关法律、行政法规以及《国务院办公厅关于完善建设用地使用权转让、出租、抵押二级市场的指导意见》（国办发〔2019〕34号）等文件关于国有建设用地的规定执行。

相关规定

《中华人民共和国城乡规划法》第三十八条；《中华人民共和国村民委员会组织法》第二十四条、第二十八条；《中华人民共和国合同法》第二百一十四条；《中华人民共和国城镇国有土地使用权出让和转让暂行条例》第十二条；《关于农村土地征收、集体经营性建设用地入市、宅基地制度改革试点工作的意见》；《全国人民代表大会常务委员会关于授权国务院在北京市大兴区等三十三个试点县（市、区）行政区域暂时调整实施有关法律规定的决定》；《国务院关于农村土地征收、集体经营性建设用地入市、宅基地制度改革试点情况的总结报告》；《国务院办公厅关于完善建设用地使用权转让、出租、抵押二级市场的指导意见》。

第六十四条 集体建设用地的使用者应当严格按照土地利用总体规划、城乡规划确定的用途使用土地。

条文主旨

本条是关于使用集体经营性建设用地的规划管控的规定。

立法背景

本条是新增的条款，主要是与本法有关土地用途管制制度的要求相衔接，包括第四条、第五十九条和第六十三条等有关规定。

条文解读

一、使用土地的单位和个人必须严格按照土地利用总体规划确定的用途使用土地

集体建设用地是土地的一部分，其使用也必须符合土地用途管制的总体原则，本条规定重申了本法第四条第四款“使用土地的单位和个人必须严格按照土地利用总体规划确定的用途使用土地”的要求。

二、使用集体土地开展乡（镇）村必须符合规划要求

本法第五十九条规定，乡镇企业、乡（镇）村公共设施、公益事业、农村村民住宅等乡（镇）村建设，应当按

照村庄和集镇规划，合理布局，综合开发，配套建设；建设用地，应当符合乡（镇）土地利用总体规划和土地利用年度计划。即集体土地在使用环节需要符合规划的要求。

三、集体经营性建设用地出让、出租环节必须符合土地利用总体规划和城乡规划

根据本法第六十三条的规定，土地利用总体规划、城乡规划确定为工业、商业等经营性用途，并经依法登记的集体经营性建设用地，土地所有权人可以通过出让、出租等方式交由单位或者个人使用。即在集体经营性建设用地出让、出租环节必须符合土地利用总体规划和城乡规划的要求。

第六十五条　在土地利用总体规划制定前已建的不符合土地利用总体规划确定的用途的建筑物、构筑物，不得重建、扩建。

条文主旨

本条是关于对不符合土地利用总体规划的建筑物、构筑物的限制性规定。

立法背景

本条是原土地管理法的内容，本次修法未作修改。

条文解读

土地利用必须符合土地利用总体规划等空间规划。实施土地利用总体规划中必须处理好公民的财产权，注意保护公民的利益。根据“法不溯及既往”的原则，合法用地行为在先、规划制定在后的，不能因为规划确定的新用途管制要求而责令既有土地用途立即改变。但是，重建、扩建行为，必须按照新用途执行。

第六十六条 有下列情形之一的，农村集体经济组织报经原批准用地的人民政府批准，可以收回土地使用权：

（一）为乡（镇）村公共设施和公益事业建设，需要使用土地的；

（二）不按照批准的用途使用土地的；

（三）因撤销、迁移等原因而停止使用土地的。

依照前款第（一）项规定收回农民集体所有的土地的，对土地使用权人应当给予适当补偿。

收回集体经营性建设用地使用权，依照双方签订的书面合同办理，法律、行政法规另有规定的除外。

条文主旨

本条是关于农村集体经济组织收回集体土地使用权的规定。

立法背景

本条规定的前两款是原土地管理法对集体建设用地使用权回收作的规定，本次修法予以保留，第一款规定的是收回集体经营性建设用地使用权的三种情形，第二款规定的是收回农民集体所有的土地时对土地使用权人的补偿。第三款是新增加的内容，主要是强调不得随意收回集体经营性建设用地使用权，必须依照合同和有关法律法规来进行。

一、关于集体建设用地使用权收回

本次修法没有对原收回乡镇企业使用的集体建设用地的规定进行修改，可以收回的情形仍然包括原法规定的三种情形。第一种情形是主要考虑乡（镇）村公共设施和公益事业是为了农村村民的共同利益而建设的，是社会公共利益的需要，土地使用者的需要应当服从社会公众共同的需要。第二种情形是对违法使用土地的收回，带有惩罚性质。擅自改变土地用途属违法用地，应当收回。第三种情形是因撤销、迁移等原因而停止使用土地后，实际上已形成了闲置或荒芜的土地，需要收回后重新安排使用。因上述原因需要收回乡镇企业使用的集体建设用地，必须经原批准用地人民政府批准，这是因为收回土地使用权涉及农民的利益和公民的财产权，不能由土地所有权人任意行使，必须经原批准用地人民政府批准。没有原批准机关的，报县、市人民政府批准。考虑到公平原则，在第一种情形下，用地人的合法利益让渡于集体经济组织，因此集体经济组织收回土地使用权的，应当根据土地使用权人的损失情况予以补偿。由于上述规定没有修改，乡镇企业使用的集体建设用地收回仍按此办理，这与集体经营性建设用地的收回，在程序上有所区别。

二、关于集体经营性建设用地的收回

这是本次修法新增加的内容，关于集体经营性建设用地的收回，这是本次修法新增加的内容，可以从三个方面理解这一款的规定。其一，集体经营性建设用地使用权是物权的一种，受到法律严格保护，不得随意变更、收回，农村集体经济组织原则上不得按照本条第一款的规定收回；其二，建设用地使用权出让是基于民事合同的物权变动行为，其收回的条件应当是合同的重要内容。实践中，国有建设用地使用权出让合同都对收回条件作了规定。集体经营性建设用地使用权的出让合同也应当就收回条件作出规定。根据合同法的规定，双方当事人约定的收回条件，不得与法律法规相悖，也不得违反公序良俗，否则该部分无效。其三，该款在体现合同意思自治的基础上，作出了

"法律、行政法规另有规定的除外"的保留性规定，主要是，除发生双方合同约定的土地收回条件外，法律、行政法规强制性规定的条件发生时，所有权人也可以依此收回土地。

相关规定

《中华人民共和国物权法》第一百四十八条；《中华人民共和国合同法》第七条。

第六章　监督检查

第六十七条　县级以上人民政府自然资源主管部门对违反土地管理法律、法规的行为进行监督检查。

县级以上人民政府农业农村主管部门对违反农村宅基地管理法律、法规的行为进行监督检查的，适用本法关于自然资源主管部门监督检查的规定。

土地管理监督检查人员应当熟悉土地管理法律、法规，忠于职守、秉公执法。

条文主旨

本条是关于县级以上人民政府自然资源主管部门和农业农村主管部门的监督检查权及监督检查人员应当具备的条件的规定。

立法背景

本条第一款和第三款未对原法第六十六条进行实质性修改，只将原法第一款中的“土地行政”主管部门改为

“自然资源”主管部门，实质性修改是增加一款作为第二款，即农业农村主管部门对违反宅基地管理法律、法规的行为进行监督检查适用本法关于自然资源主管部门监督检查的规定。

条文解读

一、县级以上人民政府自然资源主管部门对违反土地管理法律、法规的行为进行监督检查

县级以上人民政府自然资源主管部门对违反土地管理法律、法规的行为进行监督检查，是法律赋予的职权。县级以上人民政府自然资源主管部门依法行使职权受法律保护，不受其他行政部门、社会组织和个人的干涉。根据本条规定，县级以上人民政府自然资源主管部门实施本条规定的职权，必须遵循下列原则：

1. 监督检查的主体要合法。根据本条规定，县级以上人民政府自然资源主管部门是土地管理监督检查的主体，包括自然资源部和省（自治区、直辖市），设区的市、自治州，不设区的市、县级人民政府自然资源主管部门。非县级以上人民政府自然资源主管部门，如乡（镇）人民政府及基层土地管理所，都不是土地管理监督检查主体，不得行使本法赋予县级以上人民政府自然资源主管部门的监督检查权。乡（镇）人民政府及基层土地管理所，发现违反土地管理法律、法规的行为时，应当及时向县级以上人民

政府自然资源主管部门报告，由县级以上人民政府自然资源主管部门依法核实并查处。

2. 监督检查的对象要合法。根据本条规定，监督检查的对象必须是县级以上人民政府自然资源主管部门在履行监督管理职责过程中发现的，或者被检举、控告有违反土地管理法律、法规行为的公民、法人和其他组织，各级政府及其有关部门、公务人员和自然资源主管部门自身的违法行为也包括在内。

3. 监督检查的内容要合法。根据本条规定，监督检查的内容必须是土地管理法律、法规规定，要求当事人遵守或者执行的规定，当事人采取作为或者不作为方式违反这些规范的行为。例如，关于土地登记管理规范，土地调查规范，土地评定等级规范，土地利用总体规划和年度计划编制、审批、执行规范，土地用途管制规范，农用地转用和征收审批规范，征收补偿安置规范，耕地保护规范，土地使用权出让、转让规范，等等。

4. 监督检查的程序要合法。如土地管理监督检查人员履行监督检查职责时，应当出示统一制发的土地管理监督检查证件，并且不得少于 2 人。不依法出示土地管理监督检查证件的，被检查单位和个人有权拒绝接受检查。

5. 监督检查采取的措施要合法，即只能采取土地管理法律、法规允许采取的措施，不得采取土地管理法律、法规未允许采取的措施。采取的措施超出土地管理法律、法规的范围，给当事人造成损失的，要依法赔偿；构成犯罪的，要依法追究刑事责任。

由于土地违法情况复杂，经常牵涉一些地方政府、政府部门的违法行为，查处难度较大。为保障土地管理法律、法规的有效实施，县级以上人民政府自然资源主管部门在依法行使监督检查职权的同时，一是要注意调动一切社会监督力量，及时发现和检举违反土地管理法律、法规的行为；二是要加强与公安、司法、监察等机关的联系和配合，加大查处和打击违反土地管理法律、法规行为的力度；三是要主动向有关人民政府和人大机关报告监督检查情况，争取得到有关人民政府和人大的支持，使土地管理法律、法规落到实处。

二、土地管理监督检查人员应当熟悉土地管理法律、法规，忠于职守、秉公执法

这里所说的土地管理监督检查人员，是县级以上人民政府自然资源主管部门依法任命的从事土地管理法律、法规执法监督检查任务的行政执法人员，代表国家对违反土地管理法律、法规的行为进行监督检查，责任重大。根据本条第三款的规定，土地监督检查人员应当具备以下两个条件：

1. 熟悉土地管理法律、法规，这是对土地管理监督检查人员应当具备的专业法律知识的要求。本条规定的土地管理法律、法规，不仅包括土地管理法、国务院制定的土地管理法实施条例和地方人大及其常委会制定的土地管理法实施办法，还包括与土地管理有关的法律，如物权法、森林法、草原法、城市房地产管理法、行政处罚法、行政许可法、监察法、刑法等法律，以及有立法权的地方人大及其常委会制定的地方法规中有关土地管理方面的地方性法规。土地管理监督检查人员不仅要熟知其中的规定，还要了解各规定之间的关系，并能掌握和运用这些规定正确处理监督检查中碰到的法律问题。土地管理监督检查工作专业性强，它有自己的特点和规律，有自成体系的业务工作。土地管理监督检查的对象也十分广泛，既有国家行政机关，还有单位和个人，作为一名合格的土地管理监督检查人员，只有熟悉土地管理法律、法规，全面提高业务素质，才能在土地管理监督检查工作中依法办事，及时、敏锐地发现土地违法行为，正确地对违法行为予以定性，提出符合法律、法规要求的处理意见，从而胜任土地监督检查工作。

2. 忠于职守、秉公执法，这是对土地管理监督检查人员职业道德和执法能力的要求。忠于职守，就是要忠于自己的职业岗位，遵守自己的职业本分。土地监督检查人员作为土地执法人员，要十分珍惜国家和人民赋予的职责，忠于自己的职业，热爱自己的本职工作，在土地管理监督检查工作中，要有高度的责任感、使命感和敬业精神。秉公执法，就是要秉持公正之心，严格执行法律。秉公执法的前提是要自己知法、懂法、守法、不违法；另外，就是要在履行监督检查职责过程中，大公无私，坚持原则，不为利所诱，不为情所动，更不为强权和暴力所慑，做到有法必依、执法必严、违法必究，在法律面前人人平等。

三、农村宅基地管理的监督检查

根据本条第二款的规定，县级以上人民政府农业农村主管部门对违反农村宅基地管理法律、法规的行为进行监督检查的，适用本法关于自然资源主管部门监督检查的规定。这是本次较为实质性的修改，是根据本届政府机构改革方案确定的农业农村主管部门负责全国农村宅基地改革和管理有关工作而新增加的规定。根据本条规定，县级以上人民政府农业农村主管部门是本法规定的对违反农村宅基地管理法律、法规的行为进行监督检查的主体；监督检查的内容是对违反农村宅基地管理法律、法规的行为进行监督检查。乡镇人民政府、基层农经站无权对违反农村宅基地管理法律、法规的行为行使监督检查权，发现有违反农村宅基地管理法律、法规的行为时，应当及时向县级人民政府农业农村主管部门报告，由县级以上人民政府农业农村主管部门核实并查处。

本条规定的“适用本法关于自然资源主管部门监督检查的规定”，是指本法关于自然资源主管部门监督检查的规定，同样适用于农业农村主管部门，但限定在对违反农村宅基地管理法律、法规的行为的监督检查。如农业农村主管部门在履行监督检查职责时，有权采取的措施适用本法对自然资源主管部门的规定；本法对土地管理监督检查人员应当具备的条件的规定同样适用宅基地监督检查人员；农业农村主管部门在履行监督检查职责时，同样应当出示监督检查证件等。

相关规定

《中华人民共和国行政处罚法》第八条、第三十六条、第三十七条。

第六十八条 县级以上人民政府自然资源主管部门履行监督检查职责时，有权采取下列措施：

（一）要求被检查的单位或者个人提供有关土地权利的文件和资料，进行查阅或者予以复制；

（二）要求被检查的单位或者个人就有关土地权利的问题作出说明；

（三）进入被检查单位或者个人非法占用的土地现场进行勘测；

（四）责令非法占用土地的单位或者个人停止违反土地管理法律、法规的行为。

条文主旨

本条是关于县级以上人民政府自然资源主管部门履行监督检查职责时有权采取的措施的规定。

立法背景

本条未对原法第六十七条进行实质性修改，只将原法中的“土地行政”主管部门改为“自然资源”主管部门。

条文解读

一、履行监督检查职责，纠正和查处违反土地管理法律、法规的行为，是法律赋予自然资源主管部门的职权和责任

为了加大对违反土地管理法律、法规行为的查处力度，提高查处工作效率，保证查处工作质量，有效打击违反土地管理法律、法规的行为，需要赋予县级以上人民政府自然资源主管部门必要的监督检查手段。为此，本条规定，县级以上人民政府自然资源主管部门在履行监督检查职责时，有权采取下列措施：

1. 要求被检查的单位或者个人提供有关土地权利的文件和资料，进行查阅或者予以复制。这是保证县级以上人民政府自然资源主管部门依法履行监督检查职责，查清违法事实，获取书证的重要手段。县级以上人民政府自然资源主管部门依法调查、查阅、复制文件和资料时，被检查的单位或者个人必须如实提供，不得拒绝、转移、销毁有关文件和资料，不得提供虚假的文件和资料。这里所说的被检查的单位或者个人是指与县级以上人民政府自然资源主管部门监督检查的事项有关的单位或者个人，包括土地所有权人和使用权人，土地用途转用审批机关及具体经办人，土地征收审批机关及具体经办人，以及其他与监督检查事项有关的单位或者个人。这里所说的有关土地权利的文件和资料，是指与被检查单位或者个人有关的土地权利的文件和资料，包括土地所有权或者使用权证明、土地用途转用批准文件、土地征收批准文件以及其他与土地权利有关的文件和资料。县级以上人民政府自然资源主管部门依法履行监督检查职责时，不得随意扩大检查范围和调取、查阅、复制文件和资料的范围。县级以上人民政府自然资源主管部门调取有关土地权利的文件和资料时，应当以原始凭证为据，调取原始凭证有困难的，可以复制，但复制件应当注明“经确认与原件无误”的字样，并由出具该文件、资料的单位或者个人签名或者盖章。

2. 要求被检查的单位或者个人就有关土地权利的问题作出说明。这是保证县级以上人民政府自然资源主管部门依法履行监督检查职责、查清违法事实、获取证人证言的重要手段。县级以上人民政府自然资源主管部门行使该询问权时，被检查单位或者个人必须如实说明情况，不得拒绝或者作与事实不符的虚假陈述。这里所说的被检查单位或者个人与前项措施中的规定相同。县级以上人民政府自然资源主管部门履行监督检查职责时，不得随意扩大被询问对象的范围。县级以上人民政府自然资源主管部门行使询问权时，应当按照法定程序进行。询问时，土地管理监督检查人员一般不得少于二人；询问证人应当个别进行，并告知被询问对象作虚假陈述应承担的法律后果。询问应当制作笔录，并经被询问人核对无误。询问人与被询问人都应当在询问笔录上签名或者盖章。被询问人拒绝签名、盖章的，应当在询问笔录上注明。

3. 进入被检查单位或者个人非法占用的土地现场进行勘测。这是保证县级以上人民政府自然资源主管部门依法履行监督检查职责，直接获取非法占用土地的勘测资料的重要手段。县级以上人民政府自然资源主管部门行使勘测权时，被检查的单位或者个人应当配合并提供便利条件，不得拒绝或者阻挠。县级以上人民政府自然资源主管部门行使勘测权时，应当按照法定程序进行。必要时，可以指派或者聘请有勘测专门知识的技术人员，在县级以上人民政府自然资源主管部门的主持下进行勘测。勘测结果应当制作勘测报告，由参加勘测的人员在勘测报告上签名或者盖章。

4. 责令非法占用土地的单位或者个人停止违反土地管理法律、法规的行为。这是保证县级以上人民政府自然资源主管部门有效实施监督检查权的重要手段，也是及时阻止违法行为，保证土地所有权人、使用权人及承包经营权人合法权益的有力措施。这里所说的非法占用土地，主要是指违反土地管理法律、法规的规定，未经合法批准占用土地的行为。非法占用土地严重破坏国家土地管理秩序，侵犯土地所有权人、使用权人及承包经营权人的合法权益，必须严厉查处。在查处过程中，为了尽可能减少被非法占用土地的单位或者个人的损失，由县级以上人民政府自然资源主管部门责令非法占用土地的单位或者个人停止违反土地管理法律、法规的行为是非常必要的。县级以上人民政府自然资源主管部门在作出责令停止违反土地管理法律、法规行为的决定时，要确实掌握被责令的单位或者个人非法占用土地的事实。

二、有关主管部门及其监督检查人员必须依法行使本条规定的监督检查权

本条赋予县级以上人民政府自然资源主管部门必要的监督检查手段，目的是保证自然资源主管部门及其土地管理监督检查人员对于土地违法行为监督检查工作的顺利进行，及时查清土地违法行为，避免土地权利人的权益遭受更大的损失，使土地违法行为得到及时纠正，使土地违法行为人得到应有的处理。为此，被检查的单位或者个人必须支持与配合自然资源主管部门和土地管理监督检查人员的工作，为其提供工作方便，不得拒绝与阻碍。本条规定的四项措施被检查的单位或者个人必须遵守。县级以上人民政府自然资源主管部门依法履行监督检查职责时，可以根据需要采取这些措施。县级以上人民政府自然资源主管部门及其土地管理监督检查人员，可以采用本条规定的其中一项监督检查措施，也可以同时采用。但是，县级以上人民政府自然资源主管部门及其土地管理监督检查人员，行使本条规定的监督检查权时，必须符合法律规定，不得随意扩大适用范围，不得超越法律赋予的权限，采用其他法律未允许采用的措施。

相关规定

《中华人民共和国行政处罚法》第八条、第三十六条、第三十七条。

第六十九条　土地管理监督检查人员履行职责，需要进入现场进行勘测、要求有关单位或者个人提供文件、资料和作出说明的，应当出示土地管理监督检查证件。

条文主旨

本条是关于土地管理监督检查人员履行职责应当出示土地管理监督检查证件的规定。

立法背景

本条未对原法第六十八条进行实质性修改，只将原法中的“土地行政”主管部门改为“自然资源”主管部门。为了规范国土资源执法监督行为，依法履行国土资源执法监督职责，切实保护国土资源，维护公民、法人和其他组织的合法权益，原国土资源部于2017年年底发布了《国土资源执法监督规定》（国土资源部令第79号），对国土资源执法证件作出了明确规定。本条规定的土地管理监督检查证件，目前就是指国土资源执法证件。

条文解读

一、土地管理监督检查人员履行职责应当出示国土资源执法证件

土地管理监督检查人员是县级以上人民政府自然资源主管部门依法任命的，代表国家对违反土地管理法律、法规的行为进行监督检查的行政执法人员；土地管理监督检查人员依法履行职责属于执行公务，受法律保护。土地管理监督检查人员依法履行职责时，与管理相对人的关系，是管理者与被管理者之间的行政管理关系，而不是平等的民事主体之间的关系。因此，出于对管理相对人合法权益的保护，土地管理监督检查人员履行职责，需要进入现场进行勘测、要求有关单位或者个人提供文件、资料和作出说明的，应当出示国土资源执法证件。不出示国土资源执法证件的，被检查单位或者个人有权拒绝接受检查，有权拒绝进行勘测、提供有关文件、资料和作出说明。

国土资源执法证件是自然资源主管部门依法统一制发的，证明土地管理监督检查人员身份和资格的证书，是国

家行政权力的一种象征。持有国土资源执法证件的人可以代表国家对违反土地管理法律、法规的行为进行监督检查，可以要求被检查的单位和个人提供有关土地权利的文件和资料进行查阅或者复制；可以要求被检查的单位或者个人就有关土地权利的问题作出说明；可以进入被检查单位或者个人非法占用的土地现场进行勘测；可以责令非法占用土地的单位或者个人停止违反土地管理法律、法规的行为。为了防止国家权力被滥用，土地管理监督检查人员履行监督检查职责，需要进入现场进行勘测、要求有关单位或者个人提供有关文件、资料和作出说明的，应当出示国土资源执法证件。

二、应当出示国土资源执法证件的三种情形

根据本条规定，在以下三种情况下，土地管理监督检查人员在履行监督检查职责时应当出示国土资源执法证件：

1. 需要进入现场进行勘测。土地管理监督检查人员为了调查土地违法行为的程度、规模、性质、范围等，需要进入被检查单位或者个人非法占用的土地现场进行勘测。在这种情况下，土地管理监督检查人员应当出示国土资源执法证件。

2. 要求有关单位或者个人提供文件、资料。土地管理监督检查人员在履行监督检查职权时，要求被检查单位或者个人提供有关土地权利的文件、资料及其他有关资料，以进行查阅或者复制。在这种情况下，土地管理监督检查人员应当出示国土资源执法证件。

3. 要求有关单位或者个人作出说明。土地管理监督检查人员履行监督检查职责时，要求被检查单位或者个人就有关土地权利的问题作出说明。在这种情况下，土地管理监督检查人员应当出示国土资源执法证件。

三、国土资源执法证件的管理

国土资源执法证件，不是任何人都可以持有的，只有依法经过严格培训、严格考核，符合法定任职条件的，方可取得国土资源执法证件。未经执法资格考试合格，不得授予执法资格，不得从事执法活动。根据《国土资源执法监督规定》，自然资源部负责省级以上自然资源主管部门执法证件的颁发工作。省级自然资源主管部门负责市、县自然资源主管部门执法证件的颁发工作。国土资源执法证件的样式，由自然资源部规定。单位名称、执法人员信息等发生变化的，应当申领新的执法证件。遗失执法证件的，应当及时向所在自然资源主管部门书面报告，有关自然资源主管部门在门户网站声明作废后，核发新的执法证件。省级自然资源主管部门应当在每年一月底前，通过自然资源执法综合监管平台将上年度执法人员基本信息、培训、发证以及变更、注销、撤销等情况报自然资源部备案。自然资源部和省级自然资源主管部门应当结合备案情况定期审验相关信息。

要求土地管理监督检查人员履行职责时，出示国土资源执法证件，对土地管理监督检查人员依法行政、公正执法，也是一种鞭策和监督。土地管理监督检查人员要珍惜手中的权力，正确运用手中的权力。县级以上人民政府自然资源主管部门要加强对土地管理监督检查人员的监督和管理，要教育土地管理监督检查人员持证上岗，依法行政。要加强对国土资源执法证件的管理。执法人员不得超越法定职权使用执法证件，不得将执法证件用于国土资源执法监督以外的活动。国土资源执法证件只限本人依法使用，不得涂改或者转借。因调离、辞职、退休或者其他情形不再履行国土资源执法监督职责的，有关自然资源主管部门应当收回其执法证件，由发证机关予以注销。国土资源执法人员依法履行执法监督职责时，应当主动出示执法证件，并且不得少于二人。

相关规定

《中华人民共和国行政处罚法》第八条、第三十六条、第三十七条；《国土资源执法监督规定》第十六条。

第七十条　有关单位和个人对县级以上人民政府自然资源主管部门就土地违法行为进行的监督检查应当支持与配合，并提供工作方便，不得拒绝与阻碍土地管理监督检查人员依法执行职务。

条文主旨

本条是关于土地管理监督检查人员在依法执行职务时，有关单位和个人应当支持配合，不得拒绝与阻碍的规定。

立法背景

本条未对原法第六十九条进行实质性修改，只将原法中的“土地行政”主管部门改为“自然资源”主管部门。

条文解读

一、有关单位和个人对土地监督检查行为应当支持与配合

1. 县级以上人民政府自然资源主管部门对违反土地管理法律、法规的行为进行监督检查，是法律赋予县级以上人民政府自然资源主管部门的职权，是代表国家行使法律赋予的土地管理监督检查职能。县级以上人民政府自然资源主管部门依法行使监督检查权，查处违反土地管理法律、法规的行为，维护的是国家土地管理秩序，保护的是土地所有权人和使用权人的合法权益。国家法律保障土地管理监督检查人员依法执行职务，有关单位和个人应当支持与配合，并提供工作方便，不得拒绝与阻碍。

2. 县级以上人民政府自然资源主管部门对违反土地管理法律、法规的行为进行监督检查，依法查处违反土地管理法律、法规的行为，有可能会遇到违法行为人的抵制，特别是当违法行为涉及地方政府、政府部门或有关领导人员时，其违法行为常被罩上一层“合法外衣”，还可能有利害关系人的包庇、纵容等，往往使监督检查工作受阻，从而加大查处违法行为难度。因此，本条规定有关单位和个人应当支持与配合，并提供工作方便，这是对有关单位和个人所作的义务性规定，即有关单位和个人有义务支持与配合，并提供工作方便，为自然资源主管部门维护国家的土地资源管理秩序从权利义务方面提供了保障。

3. 土地管理涉及方方面面、各行各业，单靠县级以上人民政府自然资源主管部门对违反土地管理法律、法规的行为进行监督检查是不够的，为了保障土地管理法律、法规的有效实施，加大对违法行为的查处力度，有关单位的个人对县级以上人民政府自然资源主管部门就土地违法行为进行监督检查应当支持与配合，并提供工作方便。

本条所讲的支持可以是政策上的支持、道义上的支持、舆论上的支持，也可以是人力、物力、财力上的支持。本条所讲的配合主要是指工作上的配合和执行上的配合，如检举、控告、提供查处线索、联合办案、协助执行等。本条所讲的提供工作方便，主要是指被检查的单位或者个人应当为土地管理监督检查人员依法执行职务，如查阅或者复制有关的文件和资料、询问当事人等提供便利条件。有关单位和个人可以根据自身的条件和可能，对县级以上人民政府自然资源主管部门就土地违法行为进行监督检查给予支持和配合，并提供工作方便。

二、被检查的单位和个人不得拒绝与阻碍土地监督检查人员依法执行职务

本条规定的有关单位和个人，包括各级人民政府、政府部门、司法机关、社会团体、企事业单位和任何人。只要有违反土地管理法律、法规的，就必须依法接受县级以上人民政府自然资源主管部门的监督检查，不得拒绝与阻碍土地管理监督检查人员依法执行职务。土地管理监督检查人员依法履行监督检查职责，需要查阅或者复制有关文件或资料时，被检查单位或者个人必须提供；需要了解土地占用情况时，被检查单位或者个人必须就有关情况作出说明；需要进行现场勘测时，被检查单位或者个人必须为土地管理监督检查人员进入非法占用的土地现场进行勘测提供工作方便；当自然资源主管部门责令停止违反土地管理法律、法规的行为时，被检查单位或者个人必须服从自然资源主管部门的决定，停止违反土地管理法律、法规的行为。对于土地管理监督检查人员的以上要求，被检查单位或者个人不得以任何借口予以拒绝或者阻碍。拒绝或者阻碍土地管理监督检查人员依法执行职务，构成犯罪的，依法追究刑事责任；尚不构成犯罪的，由公安机关依法给予处罚。

三、县级以上人民政府自然资源主管部门应当严格依法行政

土地管理涉及的问题较复杂，范围很广，领域很宽，但就土地管理的复杂性及监督检查的艰巨性来讲并非人人皆知。县级以上人民政府自然资源主管部门仅靠自己的力量要做到土地管理法律、法规的全面有效实施是很困难的。县级以上人民政府自然资源主管部门一方面要严格依法行政，做到有法必依、执法必严、违法必究、不徇私情、秉公执法。另一方面要主动向有关机关如各级政府、人大及其常委会汇报土地监督检查工作，争取有关领导机关的支持。经常向公安、司法、监察等机关通报监督检查情况，加强工作联系与配合，争取公安、司法、监察等机关的支持。同时就查处土地违法行为的情况适时向社会公布，争取社会舆论的支持，将违反土地管理法律、法规的行为置于全社会监督之下。

第七十一条 **县级以上人民政府自然资源主管部门在监督检查工作中发现国家工作人员的违法行为，依法应当给予处分的，应当依法予以处理；自己无权处理的，应当依法移送监察机关或者有关机关处理。**

条文主旨

本条是对国家工作人员的土地违法行为，依法应当如何给予处分的规定。

立法背景

这次修法一是将本条中的“行政处分”统一修改为“处分”，二是将“自己无权处理的应当向同级或者上级人民政府的行政监察机关提出行政处分建议书，有关行政监察机关应当依法予以处理”修改为“自己无权处理的，应当依法移送监察机关或者有关机关处理”。

条文解读

一、国家工作人员的范围

依据我国刑法的规定，国家工作人员，是指国家机关中从事公务的人员。国有公司、企业、事业单位、人民团体中从事公务的人员和国家机关、国有公司、企业、事业单位委派到非国有公司、企业、事业、社会团体从事公务的人员，以及其他依照法律从事公务的人员，以国家工作人员论。法律规定的国家工作人员的范围，任何单位和个人都不得随意扩大或者随意缩小。

二、依法应当给予处分的违法行为

县级以上人民政府自然资源主管部门在监督检查工作

中发现的国家工作人员的违法行为，依法应当给予处分的情况有以下两种：

1. 直接违反土地管理法律、法规的行为。根据本法第七十四条、第七十五条、第七十八条、第八十条、第八十一条、第八十五条的规定，有下列违法行为之一尚不构成犯罪的，对其直接负责的主管人员和其他直接责任人员，应当给予处分：(1) 买卖或者以其他形式非法转让土地的；(2) 未经批准或者采取欺骗手段骗取批准，非法占用土地的；(3) 超过批准的数量占用土地的；(4) 无权批准征收、使用土地的单位或者个人非法批准占用土地的；(5) 超越批准权限非法批准占用土地的；(6) 不按照土地利用总体规划确定的用途批准用地的；(7) 违反法律规定的程序批准占用、征收土地的；(8) 侵占、挪用被征收土地单位的征地补偿费用和其他有关费用的；(9) 自然资源主管部门及其工作人员玩忽职守、滥用职权、徇私舞弊的。

2. 以土地问题为起因引发的违反其他法律、法规的行为，如利用职权在审批土地或者办理土地权属登记等工作中索贿、受贿，尚不构成犯罪的等。这些违法行为虽未直接违反土地管理法律、法规，但是违反了公务员法等法律、法规的规定。

三、处分和处分决定机关

1. 处分。县级以上人民政府自然资源主管部门在监督检查工作中发现国家工作人员有上述违法行为之一的，应当依法给予处分。根据公务员法规定，处分分为警告、记过、记大过、降级、撤职、开除。具体应当给予哪一种处分，由有权作出处分决定的机关根据违法性质、情节及认错表现决定。对同一违纪违法行为，监察机关已经作出政务处分决定的，公务员所在机关不再给予处分。

2. 处分决定机关。处分是国家机关根据法律或者法规，对因违纪违法应当承担纪律责任的公职人员给予的一种制裁。在国家监察体制改革以前，由任免机关和原行政监察部门依据公务员法、行政机关公务员处分条例和行政监察法的规定，依据管理权限作出。国家监察体制改革后，根据监察法、新修订的公务员法和公职人员政务处分暂行规定，公务员因违纪违法应当承担纪律责任的，依照公务员法给予处分或者政务处分。任免机关、单位可以以履行主体责任，依照公务员法等规定，对公职人员给予处分。对同一公职人员的同一违法行为，监察机关已经给予政务处分的，任免机关、单位不再给予处分；任免机关、单位已经给予处分的，监察机关不再给予政务处分。所以，国家监察体制改革后，处分分为一般处分和政务处分两类。所以，本法中的“处分”应为广义上的处分，包括一般处分和政务处分。一般处分和政务处分的种类相同，都包括警告、记过、记大过、撤职和开除五种，但两者却属于两种不同类型的处分：从作出主体看，前者由违法人员所在单位或任免机关作出，后者由监察机关作出。从法律依据和程序看，前者依照公务员法、行政机关公务员处分条例等法律法规规定的程序作出。后者依照公务员法、监察法、公职人员政务处分暂行规定等法律法规规定的程序作出。此外，两种处分不重复适用，即以相关处分决定是否已经作出为标准择一适用，对同一公职人员的同一违法行为，监察机关已经给予政务处分的，任免机关、单位不再给予处分，反过来，任免机关、单位已经给予处分的，监察机关不再给予政务处分。本条为衔接性规定，县级以上自然资源主管部门在监督检查中发现国家工作人员的违法行为，依法应当给予处分的，应根据有关法律法规的规定，分别作出处理：违法的工作人员为本单位或者由其任免的工作人员的，可依照公务员法和行政机关公务员处分条例的有关规定作出处分；违法的工作人员为其他单位的工作人员的，应依照有关法律法规的规定，移送监察机关或者其他有关机关处理。

相关规定

《中华人民共和国公务员法》第五十七条、第五十九条、第六十一条、第六十二条；《中华人民共和国监察法》第十一条、第十五条、第四十五条；《行政机关公务员处分条例》第三十四条；《公职人员政务处分暂行规定》第十九条。

第七十二条 县级以上人民政府自然资源主管部门在监督检查工作中发现土地违法行为构成犯罪的，应当将案件移送有关机关，依法追究刑事责任；尚不构成犯罪的，应当依法给予行政处罚。

条文主旨

本条是对土地违法行为应当分别移送司法机关给予刑事处罚或者依法给予行政处罚的规定。

立法背景

行政处罚，是指行政机关对违反国家土地管理制度的违法行为人，依法给予的行政制裁。刑事处罚，是指司法机关对违反国家刑事法律的犯罪行为人，依法给予的刑事制裁。行政处罚与刑事处罚是我国法律责任制度的重要组成部分，二者之间有共性，也有区别。行政处罚与刑事处罚的共同点主要在于实施处罚的主体都是国家权力的代表者，代表国家对违法行为实施处罚；处罚所遵循的原则相同，包括“过罚相当”“惩罚与教育相结合”“公平、公正”“法律面前人人平等”。二者的主要区别是：

1. 处罚的执行机关不同。在我国，行政处罚属于行政权范畴，由行政机关执行；刑事处罚属于司法权范畴，由人民法院等司法机关执行。

2. 处罚的适用对象不同。行政处罚的适用对象是违反法律、法规，依法应当承担行政法律责任的非罪行为；刑事处罚的适用对象是违反法律、法规，依法应当承担刑事法律责任的犯罪行为。

3. 处罚的依据不同，行政处罚依据有关法律、行政法规、地方性法规的规定执行；刑事处罚依据全国人大及其常委会通过的刑法（包括刑法修正案）和刑法有关规定的解释。任何行政法规、地方性法规都无权规定刑罚。

4. 处罚的种类不同。依据我国刑法的规定，刑事处罚由主刑和附加刑两部分构成。主刑有管制、拘役、有期徒刑、无期徒刑和死刑。附加刑有罚金、剥夺政治权利和没收财产。附加刑可以单独适用。对犯罪的外国人可以独立适用或者附加适用驱逐出境。刑事处罚包括了人身罚和财产罚，但主体是人身罚。依据我国行政处罚法的规定，行政处罚包括警告、罚款、责令停产停业、暂扣或者吊销许可证、暂扣或者吊销执照、没收非法财物、没收违法所得、行政拘留等。从处罚的种类上说，行政处罚包括了人身罚、财产罚、申诫罚和行为罚，但人身罚只是其中一小部分，并且较之刑事处罚中的人身罚要轻得多。

5. 处罚惩戒的侧重点不同。行政处罚是对违反国家土地管理制度的违法行为人应承担的行政法律责任依法给予的行政制裁。其惩戒的侧重点在于纠正违法行为，处罚只是教育的一种方式，只要达到了纠正违法行为的目的，处罚的任务就完成了。刑事处罚是对违反国家刑事法律的犯罪行为人应承担的刑事法律责任，依法给予的刑事制裁。其惩戒的侧重点在于严厉打击严重危害社会的刑事犯罪。对犯罪行为不仅要予以制止和纠正，而且要使犯罪分子依法得到应有的制裁。

行政处罚与刑事处罚的共性，要求行政机关与司法机关相互支持，加强工作联系与配合。行政处罚与刑事处罚的区别，要求行政机关与司法机关忠于职守，严格依法办案。

条文解读

一、依法应当移送司法机关处理的土地违法案件

县级以上人民政府自然资源主管部门在监督检查中发现土地违法行为构成犯罪的，应当移送司法机关，依法追究刑事责任。土地违法行为是否构成犯罪取决于：一是行为人是否具有权利能力和行为能力；二是行为人在主观上是否有犯罪的故意；三是行为人是否实施了违反土地管理法律、法规的行为；四是行为人的违法行为是否侵犯了国家的土地管理制度，并且在情节和对社会造成的危害后果上达到了刑法规定的定罪标准。根据本法第七十四条、第七十五条、第七十七条、第七十九条、第八十条、第八十四条的规定，有下列违法行为之一，构成犯罪的，应当将案件移送司法机关，依法追究刑事责任：（1）买卖或者以其他形式非法转让土地的；（2）非法占用耕地建窑、建坟

或者擅自在耕地上建房、挖砂、采石、采矿、取土等，破坏种植条件的；（3）因开发土地造成土地荒漠化、盐渍化的；（4）未经批准或者采取欺骗手段骗取批准，非法占用土地的；（5）超过批准的数量占用土地的；（6）无权批准征收、使用土地的单位或者个人非法批准占用土地的；（7）超越批准权限非法批准占用土地的；（8）不按照土地利用总体规划确定的用途批准用地的；（9）违反法律规定的程序批准占用、征收土地的；（10）侵占、挪用被征收土地单位的征地补偿费用和其他有关费用的；（11）自然资源主管部门的工作人员玩忽职守、滥用职权、徇私舞弊的。

二、上述违法行为经查，不构成犯罪的，由县级以上人民政府自然资源主管部门依法给予行政处罚

主要的处罚有：（1）罚款；（2）没收违法所得；（3）没收在非法转让或者占用的土地上新建的建筑物和其他设施；（4）责令限期改正或者治理；（5）责令缴纳复垦费；（6）责令退还或者交还非法占用的土地；（7）责令限期拆除在非法占用的土地上新建的建筑物和其他设施等。

三、县级以上人民政府自然资源主管部门就土地违法行为进行监督检查，不得以罚代刑

所谓以罚代刑，是指依法应当移送司法机关处理的案件，不依法移送司法机关处理，以罚款代之。即用行政处罚代替刑事处罚。出现以罚代刑有两种情况：一是由于行政违法行为在构成要件上与刑事犯罪有相似之处，有的只是造成的危害程度不同，使一些业务素质较低的行政执法人员在执法过程中，不能准确把握罪与非罪的界限，出现以罚代刑。二是有的行政执法机关出于本部门利益的考虑，对依法应当移送司法机关处理的案件不移送，以罚款代之。

以罚代刑危害严重，不仅给犯罪分子逃避刑事制裁提供了方便，而且使法律的正确实施及威严大打折扣，更增添了社会的不安定因素。因此，必须对以罚代刑加以纠正和制止。根据我国法律制度，行政案件与刑事案件的管辖机关是不同的。应受行政处罚的行政违法案件，由行政机关管辖；应受刑事处罚的刑事案件，由司法机关管辖。我国行政处罚法规定，违法行为构成犯罪的，行政机关必须将案件移送司法机关，依法追究刑事责任，不得用行政处罚代替刑事处罚。县级以上人民政府自然资源主管部门就土地违法行为进行监督检查时，发现违法行为构成犯罪的，应当依法将该案件移送司法机关处理，不得以罚代刑。对依法应当移送司法机关追究刑事责任而不移送，情节严重，构成犯罪的，也要依法追究刑事责任。

相关规定

《中华人民共和国刑法》第二百二十八条、第三百四十二条、第三百八十四条、第三百九十七条、第四百一十条；《中华人民共和国行政处罚法》第八条。

第七十三条 依照本法规定应当给予行政处罚，而有关自然资源主管部门不给予行政处罚的，上级人民政府自然资源主管部门有权责令有关自然资源主管部门作出行政处罚决定或者直接给予行政处罚，并给予有关自然资源主管部门的负责人处分。

条文主旨

本条是对有关自然资源主管部门不履行法定职责的处置办法的规定。

立法背景

这次修改主要是将“土地行政主管部门”改为“自然资源主管部门”，同时将“行政处分”改为了“处分”。本条规定的宗旨在于加强和完善自然资源主管部门系统内部的监督制约机制，增强执法人员的法制观念，防止和纠正有关自然资源主管部门和有关土地管理监督检查人员可能发生的不法行为，保障土地管理法律、法规得到全面、正确和有效的实施。有关自然资源主管部门应当依法履行自己的职责，上级人民政府自然资源主管部门应当加强对有关自然资源主管部门的执法监督。

条文解读

一、依法查处土地违法行为是县级以上人民政府自然资源主管部门的职责

根据本法第六十七条的规定，县级以上人民政府自然资源主管部门对违反土地管理法律、法规的行为进行监督检查。土地管理监督检查人员应当熟悉土地管理法律、法规，忠于职守、秉公执法。另根据本法第七章法律责任第七十四条至第七十九条，第八十二条和第八十三条的规定，有下列土地违法行为之一，尚不构成犯罪的，由县级以上人民政府自然资源主管部门，依法给予行政处罚：(1) 买卖或者以其他形式非法转让土地的；(2) 非法占用耕地建窑、建坟或者擅自在耕地上建房、挖砂、采石、采矿、取土等，破坏种植条件的；(3) 因开发土地造成土地荒漠化、盐渍化的；(4) 违反本法规定，拒不履行土地复垦义务的；(5) 未经批准或者采取欺骗手段骗取批准，非法占用土地的；(6) 超过批准的数量或者规定的标准占用土地的；(7) 无权批准征收、使用土地的单位或者个人非法批准占用土地的；(8) 超越批准权限非法批准占用土地的；(9) 不按照土地利用总体规划确定的用途批准用地的；(10) 违反法律规定的程序批准占用、征收土地的；(11) 依法收回国有土地使用权当事人拒不交出土地的；(12) 临时使用土地期满拒不归还的；(13) 不按批准的用途使用国有土地的；(14) 擅自将农民集体所有的土地的使用权出让、转让或者出租用于非农业建设的；(15) 不依法办理土地变更登记的。

二、有关自然资源主管部门不履行法定职责应当依法受到追究

有关自然资源主管部门不履行法定职责，是指依照土地管理法律、法规的规定，应当给予行政处罚，而有关自然资源主管部门不给予行政处罚的事实。这里讲的依法应当给予行政处罚，而有关自然资源主管部门不给予行政处罚，是指在违法事实清楚、案件管辖明确的前提下，有处罚权的自然资源主管部门对依法应当给予行政处罚的行为，不给予行政处罚的做法。有关自然资源主管部门不依法行使行政处罚权的危害很大。一是放纵违法行为人继续违法，破坏国家土地管理秩序；二是使受害人的合法权益得不到法律保护并继续遭受损害；三是严重败坏行政执法机关形象和法律的尊严。对有关自然资源主管部门的这种渎职枉法行为，人民不允许、国家不允许、法律也不允许，必然要依法追究。

三、对有关自然资源主管部门不履行法定职责的处置

为了捍卫法律的尊严，维护国家土地管理秩序，依法查处土地违法行为，有效保护土地所有权人、使用权人及承包经营人的合法权益，本条对有关自然资源主管部门不履行法定职责的行为，规定了三项处置办法：

1. 对依法应当给予行政处罚，而有关自然资源主管部门不给予行政处罚的土地违法事项，由上级人民政府行政主管部门责令有关自然资源主管部门作出行政处罚决定。有关自然资源主管部门应当依法作出行政处罚决定。

2. 上级人民政府自然资源主管部门对依法应当给予行政处罚，而有关自然资源主管部门不给予行政处罚的土地违法行为，认为有必要自行处理的，可以直接给予行政处罚，及时制止违法行为继续发生。

3. 对依法应当给予行政处罚，而有关自然资源主管部门不给予行政处罚的，由上级人民政府自然资源主管部门，对该自然资源主管部门的负责人，依其应负的责任，给予警告、记过、记大过、降级、撤职或者开除的处分。

相关规定

《中华人民共和国行政处罚法》第六十二条；《中华人民共和国公务员法》第五十七条、第五十九条、第六十一条；《中华人民共和国监察法》第四十五条；《公职人员政务处分暂行规定》第六条、第十七条。

第七章 法律责任

第七十四条 买卖或者以其他形式非法转让土地的，由县级以上人民政府自然资源主管部门没收违法所得；对违反土地利用总体规划擅自将农用地改为建设用地的，限期拆除在非法转让的土地上新建的建筑物和其他设施，恢复土地原状，对符合土地利用总体规划的，没收在非法转让的土地上新建的建筑物和其他设施；可以并处罚款；对直接负责的主管人员和其他直接责任人员，依法给予处分；构成犯罪的，依法追究刑事责任。

条文主旨

本条是关于买卖或者以其他形式非法转让土地行为的法律责任的规定。

立法背景

本条是在原法第七十三条的基础上修改而来的，将行政处罚的执法部门由“县级以上人民政府土地行政主管部门”改为“县级以上人民政府自然资源主管部门”，这主要是根据深化党和国家机构改革方案的有关内容进行的修改。同时，将对买卖或者以其他形式非法转让土地的直接负责的主管人员和其他直接责任人员的“行政处分”改为“处分”，这主要是根据公务员法、监察法和公职人员政务处分暂行规定的有关内容进行的修改。

条文解读

一、买卖或者以其他形式非法转让土地的违法行为的主要表现

本条规定的买卖或者以其他形式非法转让土地的违法行为，依据其非法转让的土地权利内容的不同，概括起来，主要表现为以下三种情况：

1. 买卖、非法转让国有土地、农民集体所有土地所有权的行为。根据我国宪法和本法第二条的规定，国家实行土地的社会主义公有制，即全民所有制和劳动群众集体所有制；除土地使用权可以依法转让外，任何单位和个人不得侵占、买卖或者以其他形式非法转让土地。根据本法第二章关于土地的所有权和使用权的规定，我国的土地所有权依法由国家或农民集体所有。因此，任何单位或者个人，只能依法取得土地的使用权，而不得对其使用的土地进行买卖或者以其他形式转让土地所有权。

2. 非法转让国有土地使用权的行为。城市房地产管理法对国有土地使用权的转让作了具体的规定。转让土地使用权，是指土地使用者将土地使用权再转移的行为，包括出售、交换和赠与等。为了维护土地市场秩序和国家利益，城市房地产管理法、城镇国有土地使用权出让和转让暂行条例等法律、法规规定，以下情况土地使用权不得转让，违法转让的，即构成本法规定的非法转让土地使用权的行为。具体讲，以出让方式取得的土地使用权不得转让的情况包括：(1) 未按照出让合同的约定支付全部土地使用权出让金，并取得土地使用权证书的；(2) 司法机关和行政机关依法裁定、决定查封或者以其他形式限制房地产权利的；(3) 依法收回土地使用权的；(4) 共有房地产，未经其他共有人书面同意的；(5) 未按照土地使用权出让合同规定的期限和条件投资开发、利用土地的；(6) 土地权属有争议的；(7) 未依法登记，领取权属证书的；(8) 有关法律、行政法规规定的禁止转让的其他情形。以划拨方式取得的土地使用权不得转让的情况包括：(1) 转让房地产时，未按照国务院的规定报有批准权的人民政府批准的；(2) 有批准权的人民政府根据国务院的规定，决定可以不办理土地使用权出让手续，但转让方未按照国务院规定将转让房地产所获得的收益中的土地收益上缴国家或者作其他处理的。

3. 非法转让农民集体所有土地使用权的行为，指违反本法第六十三条的规定，转让农民集体所有土地的使用权用于非农业建设的行为。

二、对本条规定的违法行为的处罚措施

主要有以下几种：

1. 对违法行为人处以没收其违法所得的处罚。这里的违法所得，是指买卖或者非法转让土地时所获得的全部价款。但不包括土地本身，即不包含没收土地。根据本条规定，没收违法所得的处罚决定，由县级以上人民政府自然资源主管部门作出。该处罚的相对人，是在买卖或者非法转让土地的活动中，取得违法所得的当事人。对没有违法所得的，不适用该处罚措施。

2. 对违反土地利用总体规划擅自将农用地改为建设用地的，限期拆除在非法转让的土地上新建的建筑物和其他设施，恢复土地原状，对符合土地利用总体规划的，没收在非法转让的土地上新建的建筑物和其他设施。这是对在非法取得的土地上新建建筑物行为的处罚规定。这项处罚措施是针对非法转让的土地的受让方作出的，取得非法转让的土地，事因往往是从事某项建设活动，其建设活动根据本条的规定是违法的，但对其在非法转让的土地上新建设的建筑物或者其他设施，应当根据有关土地利用总体规划的要求区分情况处理：（1）对于违反土地利用总体规划新建的建筑物和其他设施，应当予以拆除。由有关自然资源主管部门对其作出限期拆除、恢复土地原状的处罚决定，即确定一定的期限，要求违法者在规定的期限内拆除违法建筑物和其他设施，并保证在该期限内将占用的土地恢复原状。要求违法者拆除违法建筑的目的，是要将违法占用的土地恢复到被占用前的状态；（2）符合土地利用总体规划要求的，可以不拆除，由自然资源主管部门予以没收。

3. 罚款。根据本条的规定，自然资源主管部门在对非法转让土地的双方当事人分别作出前述处罚决定的同时，可以作出并处罚款的决定。是否并处罚款，由自然资源主管部门根据具体案件的情节决定。例如，非法转让土地的行为没有违法所得时，为了达到对违法者的教育、惩戒作用，可以决定给予其罚款的处罚。或者当违法行为具体情节较为严重等，也可以作出并处罚款的决定。

4. 处分。此项处罚，是针对违法者为单位的情况作出的规定。对单位违法，在依据本条规定作出有关行政处罚的同时，还应当对该单位直接负责的主管人员和其他直接责任人员由其所在单位或者其任免机关，或者由监察机关依法给予处分。

5. 刑事处罚。本条规定，买卖或者以其他形式非法转让土地，构成犯罪的，应当依法追究刑事责任。我国刑法第二百二十八条规定，以牟利为目的，违反土地管理法规，非法转让、倒卖土地使用权，情节严重的，构成犯罪。根据这一规定，非法转让土地的违法行为构成犯罪，必须符合以下条件：

（1）主观方面是出于故意，并以牟利为目的，即以获取经济上的利益为目的。

（2）犯罪主体既可以是企业、事业单位，也可以是个人。

（3）客观上必须是实施了倒卖、非法转让土地使用权的行为。对于买卖、非法转让土地所有权的，刑法并未作出明确规定，由于使用权基于所有权而产生，从非法转让土地的实质上看，非法转让土地所有权，其使用权也随之转移，也应当构成本罪。

（4）行为的危害后果情节严重。根据刑法的有关规定，情节显著轻微的，不构成犯罪。所谓“情节严重的”，主要是指非法转让、倒卖土地面积、数量大；非法转让的所得巨大或者因非法转让使土地—尤其是耕地受到严重破坏，造成其他恶劣影响的等。根据刑法第二百二十八条的规定，对犯罪视情节分两档适用具体的刑罚：（1）情节严重的，处三年以下有期徒刑或者拘役，并处或者单处非法转让、倒卖土地使用权价额百分之五以上百分之二十以下罚金。罚金的数额，以非法转让土地使用权的价额为计算依据。（2）情节特别严重的，处三年以上七年以下有期徒刑，并处非法转让、倒卖土地使用权价额百分之五以上百分之二十以下罚金。对单位犯罪的，对单位判处罚金，并对单位的直接负责的主管人员和其他直接责任人员判处该条规定的刑罚。

相关规定

《中华人民共和国刑法》第二百二十八条；《中华人民共和国行政处罚法》第八条；《中华人民共和国公务员法》第五十九条、第六十一条；《中华人民共和国监察法》第十九条、第四十五条；《公职人员政务处分暂行规定》第六条、第十七条。

第七十五条　违反本法规定，占用耕地建窑、建坟或者擅自在耕地上建房、挖砂、采石、采矿、取土等，破坏种植条件的，或者因开发土地造成土地荒漠化、盐渍化的，由县级以上人民政府自然资源主管部门、农业农村主管部门等按照职责责令限期改正或者治理，可以并处罚款；构成犯罪的，依法追究刑事责任。

条文主旨

本条是关于破坏耕地种植条件或者造成土地荒漠化、盐渍化的法律责任的规定。

立法背景

本条是在原法第七十四条的基础上修改而来的，将行政处罚的执法部门由“县级以上人民政府土地行政主管部门”改为“县级以上人民政府自然资源主管部门、农业农村主管部门等”，这主要是根据深化党和国家机构改革方案和宅基地管理制度改革试点的有关精神进行的修改。

条文解读

一、破坏耕地种植条件的行为

破坏耕地种植条件的行为主要分两种情况：一是违法占用耕地的行为，主要包括违法占用耕地建窑、建坟或者建房等；二是违法破坏耕地的行为，主要包括擅自在耕地上挖砂、采石、采矿、取土等。这两种行为的直接后果就是使耕地失去了种植农作物的功能。具体来讲，在有的地方，为了一些局部的、眼前的利益，有的在耕地上违法建设砖窑、瓷窑、煤窑；有的违反宅基地管理的规定，在耕地上违法建设农村住房；还有的借土地流转搞非农建设，在流转来的耕地上违法建设旅馆、农家乐、别墅甚至私人会所等；有的把耕地上的土壤作为工业原料直接挖取，用于烧砖、烧陶器、烧瓷器，或者把耕地上的土壤作为商品进行出售；有的在耕地上进行挖砂、采石、采矿作业，上述违法占用耕地和破坏耕地的行为，对耕地耕作层的土壤条件、水利条件、光照条件等造成了较大影响，使得耕地失去了原有的种植条件，从而丧失了种植农作物的功能，也影响了粮食等农产品的生产和供应。为切实保护耕地这一宝贵的资源，本法第三十七条第二款明确规定，禁止占用耕地建窑、建坟或者擅自在耕地上建房、挖砂、采石、采矿、取土等。需要注意的是，该规定区分了两种情形，一种是完全禁止的，即只要实施了在耕地上建窑、建坟的行为，就构成了违法行为。另一种是以“擅自”为前提，即在耕地上建房、挖砂、采石、采矿、取土等行为，如果符合有关法律规定的条件，经过法定程序来实施，虽然客观上导致了占用耕地或者破坏耕地的后果，但并不构成违法行为。如根据防洪法第四十五条的规定，在紧急防汛期，防汛指挥机构根据防汛抗洪的需要，有权在其管辖范围内决定采取取土占地等必要的紧急措施；取土占地的，在汛期结束后依法向有关部门补办手续；有关地方人民政府对取土后的土地组织复垦。由于这些活动对耕地破坏较为严重，属于应当严格限制的行为，依据本法及其他有关法律的规定，这类活动必须依法经批准后才能进行；未经批准或者骗取批准，擅自从事这类活动，使耕地种植条件受到破坏的，即本条规定的擅自在耕地上建房、挖砂、采石、采矿、取土等违法行为。

二、因开发土地造成土地荒漠化、盐渍化的行为

我国是一个人多地少、土地资源分布不平衡、人均耕地资源不足的国家。为了满足农业生产以及各类开发建设的需要，必须在切实保护耕地、大力促进节约集约用地的基础上，科学合理地做好土地开发工作。因此，为推动未利用地的开发，更好地合理利用土地，本法第三十九条规定，国家鼓励单位和个人按照土地利用总体规划，在保护和改善生态环境、防止水土流失和土地荒漠化的前提下，开发未利用的土地；适宜开发为农用地的，应当优先开发成农用地；第四十条规定，开垦未利用的土地，必须经过科学论证和评估，在土地利用总体规划划定的可开垦的区域内，经依法批准后进行。禁止毁坏森林、草原开垦耕地，禁止围湖造田和侵占江河滩地。根据上述规定，以下几种开发土地的行为也属于本法规定的违法行为，即不符合土地利用总体规划，未在规划划定的可开垦区域内的；未经科学论证和评估的；未在保护和改善生态环境、防止水土流失和土地荒漠化的前提下开发的；未经依法批准后进行的；毁坏森林、草原开垦耕地的；围湖造田和侵占江河滩地的等。上述行为以及其他开发土地的行为如果造成了土地荒漠化、盐渍化的后果，就要承担本条规定的法律责任。此外，其他有关法律也对开发土地的行为作出了一些限制性规定，如根据水土保持法的规定，禁止在二十五度以上陡坡地开垦种植农作物；在禁止开垦坡度以下、五度以上的荒坡地开垦种植农作物，应当采取水土保持措施；同时，对上述行为规定了相应的法律责任。由此可见，土地开发活动应当依法进行，坚持科学、合理的方法，符合保护和改善生态环境的要求，避免造成土地荒漠化、盐渍化的后果，否则就要承担相应的法律责任。

三、破坏耕地种植条件或者造成土地荒漠化、盐渍化的行政法律责任

本条规定的行政法律责任包括以下两种：

1. 由县级以上人民政府自然资源主管部门、农业农村主管部门等按照职责责令限期改正或者治理。"责令"是常用的表示命令的用语，责令行为也被认为是典型的行政命令行为。行政命令是指行政主体依法要求行政相对人为或者不为一定行为（作为或者不作为）的意思表示，常用于带有强制性的行政决定。所谓限期改正，根据本条规定的违法行为的特点，是指责令违法者在确定的期限内，停止违法活动，包括清除砖窑、瓷窑、煤窑等违法建筑物，停止挖砂、采石、采矿、取土等活动，也包括停止开发、开垦土地的活动。限期治理，是指在清除砖窑、瓷窑、煤窑等违法建筑物，停止挖砂、采石、采矿、取土等活动的同时，对造成耕地破坏的，采取措施恢复土地原状，达到耕地相应的种植条件等。对开发、开垦造成土地荒漠化、盐渍化的，责令负责、组织开发的单位和个人采取补救措施或者其他必要措施，根据土地破坏的状态和自然条件进行整治，恢复土地原来状态，总之，通过治理，应当使土地达到某一可以利用的条件，宜农则农，宜林则林，宜牧则牧。

2. 罚款。有关执法部门在作出责令限期改正或者治理决定的同时，依据具体情节，可以作出并处罚款的决定。

罚款是一种财产罚，是指行政处罚机关依法强制违法行为人当场或在一定期限内缴纳一定数额货币的处罚行为。《中华人民共和国土地管理法实施条例》对依照本条的规定处以罚款的数额进行了细化规定，即“罚款额为耕地开垦费的2倍以下”。本条规定“可以”处以罚款，即授予了执法部门行政处罚的自由裁量权。执法部门根据违法行为的性质、情节、危害等多种因素，可以对违法行为人处以罚款，也可以不处以罚款。如果违法行为人及时、积极地采取了恢复土地原状或种植条件等补救措施，且恢复效果良好的，执法部门就可以不处或少处罚款。

四、破坏耕地种植条件或者造成土地荒漠化、盐渍化的执法主体

此次修法，将本条规定的行政处罚的执法部门由“县级以上人民政府土地行政主管部门”改为“县级以上人民政府自然资源主管部门、农业农村主管部门等”，这是因为根据中央有关党和国家机构改革的决策部署，农村宅基地的改革和管理有关工作由原来的自然资源主管部门负责改为农业农村主管部门负责。土地管理法第六十二条第七款规定：“国务院农业农村主管部门负责全国农村宅基地改革和管理有关工作。”目前，农业农村部门正在牵头探索建立各部门、县乡人民政府等相关主体参与的宅基地联合监管机制，擅自在耕地上建房的行为，如果涉及宅基地管理和执法，则由农业农村主管部门等相关执法部门追究责任。

五、破坏耕地种植条件或者造成土地荒漠化、盐渍化的刑事责任

根据本条规定，上述违法行为构成犯罪的，应当依法追究刑事责任。其中，对于非法占用耕地建窑、建坟或者擅自在耕地上建房、挖砂、采石、采矿、取土等，破坏种植条件的行为，情节严重，构成犯罪的，应当依照刑法第三百四十二条的规定处罚，即违反土地管理法规，非法占用耕地、林地等农用地，改变被占用土地用途，数量较大，造成耕地、林地等农用地大量毁坏的，处五年以下有期徒刑或者拘役，并处或者单处罚金。根据刑法这一条的规定，本条规定的违法行为构成犯罪，要具备以下两个要件：一是非法占用耕地，改变被占用土地用途；二是占用耕地数量较大，并造成耕地大量毁坏的。因此，对于本条规定中没有占用耕地的，以及占用耕地数量较小，对耕地未造成大量毁坏的，不构成刑法第三百四十二条规定的非法占用农用地罪。根据《最高人民法院关于审理破坏土地资源刑事案件具体应用法律若干问题的解释》（法释〔2000〕14号），非法占用耕地“数量较大”，是指非法占用基本农田五亩以上或者非法占用基本农田以外的耕地十亩以上；非法占用耕地“造成耕地大量毁坏”，是指行为人非法占用耕地建窑、建坟、建房、挖砂、采石、采矿、取土、堆放固体废弃物或者进行其他非农业建设，造成基本农田五亩以

上或者基本农田以外的耕地十亩以上种植条件严重毁坏或者严重污染。

关于本条规定的开发土地造成土地荒漠化、盐渍化的行为是否构成犯罪的问题，根据我国刑法规定的罪刑法定原则，开发、开垦的土地，多属未利用地，因此这类行为不会构成刑法第三百四十二条规定的犯罪。虽然我国刑法对开发、开垦土地造成土地破坏行为未作刑事处罚的规定，但是不等于这类违法行为与有关犯罪无关。根据刑法第三百九十七条的规定，国家机关工作人员滥用职权或者玩忽职守，致使公共财产、国家和人民利益遭受重大损失的，处三年以下有期徒刑或者拘役；情节特别严重的，处三年以上七年以下有期徒刑。因此，在开发土地活动中，有关负责的国家机关工作人员在决定、组织工作过程中，违反土地利用总体规划的要求，不进行必要的科学论证或者评估，盲目开发等，直接造成土地严重破坏的，有关工作人员对其渎职的行为负有不可推卸的责任。对其渎职行为，情节严重的，应当依法追究相应的刑事责任。

相关规定

《中华人民共和国刑法》第三百四十二条、第三百九十七条；《中华人民共和国行政处罚法》第八条。

第七十六条 违反本法规定，拒不履行土地复垦义务的，由县级以上人民政府自然资源主管部门责令限期改正；逾期不改正的，责令缴纳复垦费，专项用于土地复垦，可以处以罚款。

条文主旨

本条是关于不履行土地复垦义务的法律责任的规定。

立法背景

本条是在原法第七十五条的基础上修改而来的，将“县级以上人民政府土地行政主管部门”改为“县级以上人民政府自然资源主管部门”，这主要是根据深化党和国家机构改革方案的有关内容进行的修改。

条文解读

一、不履行土地复垦义务的行为

土地复垦义务，是指用地单位或者个人，对生产建设活动造成土地破坏的，应当按照“谁损毁，谁复垦”的原则，对破坏的土地采取整治措施，或者缴纳土地复垦费由有关部门代为组织复垦，使土地达到可供利用状态。本法第四十三条规定，因挖损、塌陷、压占等造成土地破坏，用地单位和个人应当按照国家有关规定负责复垦；没有条件复垦或者复垦不符合要求的，应当缴纳土地复垦费，专项用于土地复垦。复垦的土地应当优先用于农业。根据这一条的规定，负有土地复垦义务的人，指造成土地破坏的用地单位或者个人。任何单位或者个人依法取得土地使用权，从事生产经营活动，其合法权益受法律保护，同时也承担保护土地的义务。在生产经营活动中，特别是挖砂、采石、采矿等活动，可能造成土地塌陷等破坏性后果，使得部分或者全部土地处于不可利用的状态。根据本法及《土地复垦条例》的规定，土地复垦义务人履行土地复垦义务的方式主要有两种：一是有条件复垦的，由用地单位或者个人自行复垦，或者将复垦工作交由他人完成复垦；二是没有条件复垦或者复垦不符合要求的，用地单位或者个人应当缴纳土地复垦费，由政府有关部门代为组织复垦。因此，土地复垦义务人不履行复垦义务的违法行为主要有两种：一是有条件复垦而拒绝复垦的；二是没有条件复垦或者复垦不符合要求，又拒绝缴纳土地复垦费或者不及时足额缴纳土地复垦费的。此外，《土地复垦条例》还对具体的复垦工作提出了要求，包括制定土地复垦方案、建立土地复垦质量控制制度、遵守土地复垦标准和环境保护标准、保护土壤质量与生态环境、避免污染土壤和地下水等。违反上述具体要求的，依照《土地复垦条例》的规定承担责任。

二、不履行土地复垦义务的法律责任

1. 责令限期改正。拒不履行土地复垦义务的，由县级以上人民政府自然资源主管部门责令限期改正。土地复垦义务人必须依照主管部门规定的期限，按照《土地复垦条例》的要求，制定土地复垦方案、建立土地复垦质量控制制度，开展土地复垦工作，同时应当遵守有关土地复垦的国家标准和行业标准。只有按照规定的期限和要求完成土地复垦工作，并经有关主管部门验收合格，才算达到了限期改正的要求，否则还要承担其他的法律责任。

2. 责令缴纳复垦费。对拒不履行土地复垦义务，被责令限期改正后，逾期不改正的，由县级以上人民政府自然资源主管部门责令缴纳复垦费。土地复垦费是有关主管部门代为组织土地复垦工作的费用，其主要用途是完成土地复垦的任务，不是针对拒不履行土地复垦义务的罚款。土地复垦义务人缴纳的土地复垦费专项用于土地复垦。任何单位和个人不得截留、挤占、挪用。确定土地复垦费的数额，应当综合考虑损毁前的土地类型、实际损毁面积、损毁程度、复垦标准、复垦用途和完成复垦任务所需的工程量等因素。土地复垦费的具体征收使用管理办法，由国务院财政、价格主管部门商国务院有关部门制定。

3. 罚款。对拒不履行土地复垦义务，被责令限期改正后逾期不改正的，县级以上人民政府自然资源主管部门在责令其缴纳土地复垦费的同时，可以处以罚款。处以罚款和责令缴纳土地复垦费性质不同，在具体执法过程中必须予以区别，不能混为一谈。《中华人民共和国土地管理法实施条例》对依照本条的规定处以罚款的数额进行了细化规定，即“罚款额为耕地复垦费的2倍以下”。本条规定“可以”处以罚款，即授予了执法部门对该行政处罚的自由裁量权。根据违法行为的性质、情节、危害等多种因素，执法部门可以对违法行为人处以罚款，也可以不处以罚款。如果违法行为人及时、积极地采取了补救措施，且复垦效果良好的，执法部门可以不处或少处罚款。

相关规定

《中华人民共和国行政处罚法》第八条；《土地复垦条例》；《中华人民共和国土地管理法实施条例》第四十一条。

第七十七条 未经批准或者采取欺骗手段骗取批准，非法占用土地的，由县级以上人民政府自然资源主管部门责令退还非法占用的土地，对违反土地利用总体规划擅自将农用地改为建设用地的，限期拆除在非法占用的土地上新建的建筑物和其他设施，恢复土地原状，对符合土地利用总体规划的，没收在非法占用的土地上新建的建筑物和其他设施，可以并处罚款；对非法占用土地单位的直接负责的主管人员和其他直接责任人员，依法给予处分；构成犯罪的，依法追究刑事责任。

超过批准的数量占用土地，多占的土地以非法占用土地论处。

条文主旨

本条是关于未经批准或者采取欺骗手段骗取批准，或者超过批准的数量，非法占用土地的法律责任的规定。

立法背景

本条是在原法第七十六条的基础上修改而来的，将行政处罚的执法部门由“县级以上人民政府土地行政主管部门”改为“县级以上人民政府自然资源主管部门”。同时，将对非法占用土地单位的直接负责的主管人员和其他直接责任人员的“行政处分”改为“处分”。

条文解读

一、未经批准或者采取欺骗手段骗取批准，或者超过批准的数量，非法占用土地的行为

根据本法及有关法律规定，占用土地的，必须经具有相应审批权限的主管部门审批后实施。未经批准或者采取欺骗手段骗取批准，非法占用土地的，即为本条规定的违法行为，具体来讲，主要包括两个方面：一是未经审批或者采取欺骗手段骗取用地审批而占用土地的。主要包括以下情形：（1）建设单位或者个人未经用地审批或者采取欺骗手段骗取批准而占用土地的；（2）举办乡镇企业未经批准使用农民集体所有的土地的；（3）乡（镇）、村公共设施和公益事业建设未经批准或者采取欺骗手段骗取批准，占用农民集体所有的土地进行建设的；（4）建设项目施工和地质勘查未经批准或者采取欺骗手段骗取批准，临时使用国有土地或者农民集体所有的土地的；（5）其他未经用地审批占用土地的行为。二是占用土地涉及农用地改为建设用地，未取得农用地转用审批或者采取欺骗手段骗取农用地转用审批的。具体来讲，永久基本农田转为建设用地的，由国务院批准。在土地利用总体规划确定的城市和村庄、集镇建设用地规模范围内，为实施该规划而将永久基本农田以外的农用地转为建设用地的，按土地利用年度计划分批次按照国务院规定由原批准土地利用总体规划的机关或者其授权的机关批准。在已批准的农用地转用范围内，具体建设项目用地可以由市、县人民政府批准。在土地利用总体规划确定的城市和村庄、集镇建设用地规模范围外，将永久基本农田以外的农用地转为建设用地的，由国务院或者国务院授权的省、自治区、直辖市人民政府批准。

此外，根据本条第二款的规定，属于超过批准的数量占用土地的，多占的土地以非法占用土地论处。因而，建设单位或者个人的这种超占行为，也构成本条规定的违法行为。

二、未经批准或者采取欺骗手段骗取批准，或者超过批准的数量，非法占用土地的行为的行政法律责任

本条规定的行政法律责任包括以下两种：

1. 责令退还非法占用的土地。即由县级以上人民政府自然资源主管部门责令非法占用土地的单位或者个人将非法占用的土地返还给土地的合法所有者或者使用者。非法占用土地的单位或者个人应当及时解除对所占用土地的实际控制状态。

2. 对在非法占用的土地上新建的建筑物和其他设施，本法区分两种不同的情形规定了不同的处理方式。一是对违反土地利用总体规划擅自将农用地改为建设用地的，由县级以上人民政府自然资源主管部门责令非法占用土地的单位或者个人限期拆除在非法占用的土地上新建的建筑物和其他设施，恢复土地原状。二是对符合土地利用总体规划的，由县级以上人民政府自然资源主管部门没收在非法占用的土地上新建的建筑物和其他设施。这里的处罚措施与本法第七十四条关于对非法转让土地的违法行为处罚中的有关措施是一致的，只是适用的违法行为不同。

3. 罚款。有关自然资源主管部门在作出有关行政处罚决定的同时，依据具体情节，可以作出并处罚款的决定。本条规定“可以”处以罚款，即授予了执法部门行政处罚的自由裁量权。执法部门根据违法行为的性质、情节、危害等多种因素，可以对违法行为人处以罚款，也可以不处以罚款。如果违法行为人及时、积极地退还其违法占用的土地，配合有关方面办理有关手续，在执法部门规定的期限内拆除其在非法占用的土地上新建的建筑物和其他设施，能够恢复土地原状的，执法部门就可以不处或少处罚款。

4. 处分。适用于单位违法，即对非法占用土地单位的直接负责的主管人员和其他直接责任人员，由其所在单位或者任免机关或者监察机关，依法给予处分。

三、未经批准或者采取欺骗手段骗取批准，或者超过批准的数量，非法占用土地的行为的刑事责任

根据本条规定，未经批准或者采取欺骗手段骗取批准，或者超过批准的数量，非法占用土地，构成犯罪的，应当依照刑法第三百四十二条的规定处罚，即违反土地管理法规，非法占用耕地、林地等农用地，改变被占用土地用途，数量较大，造成耕地、林地等农用地大量毁坏的，处五年以下有期徒刑或者拘役，并处或者单处罚金。根据刑法这一条的规定，本条规定的违法行为构成非法占用农用地罪，要具备以下两个要件：一是非法占用耕地、林地等农用地，改变被占用土地用途；二是占用耕地、林地等农用地数量较大，并造成土地大量毁坏的。因此，对于本条规定中没有占用耕地、林地等农用地的，以及占用耕地、林地等农用地数量较小，未造成农用地大量毁坏的，不构成刑法第三百四十二条规定的非法占用农用地罪。

此外，有关单位非法占用土地的，其直接负责的主管人员和其他直接责任人员还可能构成根据刑法第三百九十七条规定的滥用职权罪或者玩忽职守罪，即国家机关工作人员滥用职权或者玩忽职守，致使公共财产、国家和人民利益遭受重大损失的，处三年以下有期徒刑或者拘役；情节特别严重的，处三年以上七年以下有期徒刑。

相关规定

《中华人民共和国刑法》第三百四十二条、第三百九十七条；《中华人民共和国行政处罚法》第八条；《中华人民共和国公务员法》第六十一条；《中华人民共和国监察法》第十九条、第四十五条；《公职人员政务处分暂行规定》第六条。

第七十八条　农村村民未经批准或者采取欺骗手段骗取批准，非法占用土地建住宅的，由县级以上人民政府农业农村主管部门责令退还非法占用的土地，限期拆除在非法占用的土地上新建的房屋。

超过省、自治区、直辖市规定的标准，多占的土地以非法占用土地论处。

条文主旨

本条是关于农村村民未经批准或者采取欺骗手段骗取批准，非法占用土地建住宅的法律责任的规定。

立法背景

本条是在原法第七十七条的基础上修改而来的，将行政处罚的执法部门由“县级以上人民政府土地行政主管部门”改为“县级以上人民政府农业农村主管部门”。

条文解读

本条是在原法第七十七条的基础上修改而来的，将行政处罚的执法部门由“县级以上人民政府土地行政主管部门”改为“县级以上人民政府农业农村主管部门”。

一、农村村民未经批准或者采取欺骗手段骗取批准，非法占用土地建住宅的行为

根据本法第六十二条的规定，农村村民一户只能拥有一处宅基地，其宅基地的面积不得超过省、自治区、直辖市规定的标准。农村村民建住宅，应当符合乡（镇）土地利用总体规划、村庄规划，不得占用永久基本农田，并尽量使用原有的宅基地和村内空闲地。农村村民住宅用地，由乡（镇）人民政府审核批准；其中，涉及占用农用地的，依照本法第四十四条的规定办理审批手续。农村村民出卖、出租、赠与住宅后，再申请宅基地的，不予批准。农村村民违反上述规定的，按照本条规定处罚。需要注意的是的，本条的违法主体仅限于农村村民，处罚的是违反农村宅基地管理方面的违法行为。对于非农村村民非法占用土地建住宅的，适用本法第七十七条非法占用土地的法律责任。

二、农村村民未经批准或者采取欺骗手段骗取批准，非法占用土地建住宅的行政法律责任

本条规定的行政法律责任包括以下两种：

1. 责令退还非法占用的土地。农村村民未经批准或者采取欺骗手段骗取批准，非法占用土地建住宅的，由县级以上人民政府农业农村主管部门责令退还非法占用的土地。违法建住宅的农村村民应当及时将非法占用的土地归还给该土地所有权人或者使用权人。根据本条第二款的规定，超过省、自治区、直辖市规定的标准占用的土地，应当将超占的部分退还。

2. 限期拆除在非法占用的土地上新建的房屋。农村村民未经批准或者采取欺骗手段骗取批准，非法占用土地建住宅的，应当在县级以上人民政府农业农村主管部门要求的期限内，将在非法占用的土地上新建的房屋拆除。

需要注意的是，农民合法的住房权利受法律保护，各级人民政府应当采取措施依法保障每一位农村村民实现户有所居。多年来，各地在宅基地管理方面进行了一些探索，积累了一些经验，但在管理方式和多年形成的风俗习惯上，东西部差异、南北部差异，以及城市近郊区和其他区域之间的差异仍然存在，还有许多地方存在历史遗留问题，因此，在宅基地管理特别是执法过程中必须严格依照法律法规的规定，充分尊重当地实际情况，不可操之过急。目前，各地正在开展宅基地管理体制的改革和探索，根据有关文件要求，农业农村主管部门要加强与自然资源主管部门、住房和城乡建设主管部门等有关方面的协调，乡镇政府要因地制宜探索宅基地统一管理机制，共同做好农村宅基地管理和执法工作。

相关规定

《中华人民共和国刑法》第三百四十二条；《中华人民共和国行政处罚法》第八条。

第七十九条 **无权批准征收、使用土地的单位或者个人非法批准占用土地的，超越批准权限非法批准占用土地的，不按照土地利用总体规划确定的用途批准用地的，或者违反法律规定的程序批准占用、征收土地的，其批准文件无效，对非法批准征收、使用土地的直接负责的主管人员和其他直接责任人员，依法给予处分；构成犯罪的，依法追究刑事责任。非法批准、使用的土地应当收回，有关当事人拒不归还的，以非法占用土地论处。**

非法批准征收、使用土地，对当事人造成损失的，依法应当承担赔偿责任。

条文主旨

本条是关于非法批准征收、使用土地的法律责任的规定。

立法背景

本条是在原法第七十八条的基础上修改而来的，将对非法批准征收、使用土地的直接负责的主管人员和其他直接责任人员，依法给予“行政处分”改为“处分”。

加强土地管理是本法第一条规定的主要立法目的之一。本法第三条规定，各级人民政府应当采取措施，全面规划，严格管理，保护、开发土地资源，制止非法占用土地的行为。本法第四条的规定，国家实行土地用途管制制度。因此，各级人民政府及其有关部门能否依法行使本法赋予的职权，很大程度上决定了本法的立法目的能否实现。行政机关依法行使职权，必须做到严格依照法定权限和程序履行职责，确保法律、行政法规有效执行，否则就应当承担相应的法律责任。

条文解读

一、非法批准征收、使用土地的行为

非法批准征收、使用土地的行为主要包括以下四种情况：

1. 无批准权而非法批准占用土地的行为。根据本法第四十四条的规定，建设占用土地，涉及农用地转为建设用地的，应当办理农用地转用审批手续。具体来讲，永久基本农田转为建设用地的，由国务院批准；在土地利用总体规划确定的城市和村庄、集镇建设用地规模范围内，为实施该规划而将永久基本农田以外的农用地转为建设用地的，按土地利用年度计划分批次按照国务院规定由原批准土地利用总体规划的机关或者其授权的机关批准。在已批准的农用地转用范围内，具体建设项目用地可以由市、县人民政府批准；在土地利用总体规划确定的城市和村庄、集镇建设用地规模范围外，将永久基本农田以外的农用地转为建设用地的，由国务院或者国务院授权的省、自治区、直辖市人民政府批准。违反上述规定，由其他有关各级政府批准用地的，即本条规定的无权批准而非法批准占用土地的行为。根据本法第四十六条的规定，征收永久基本农田的，由国务院批准。地方各级人民政府批准征收永久基本农田的，即本条规定的无权批准而非法批准征收土地的行为。根据本法第五十七条的规定，临时用地应当由县级以上人民政府自然资源主管部门批准。因此，没有该批准权的乡镇人民政府批准临时用地的，也是本条规定的无权批准而非法批准占用土地的行为。此外，本法未授予有关土地征收、使用审批权限的各级人民政府的其他部门或者单位，无权批准占用土地，如果批地，也属于无权批准而非法批地的行为。

2. 超越批准权限非法批地的行为。这是指下级地方人民政府越权批准应当依法由上一级人民政府或者国务院审批的占用土地的行为。例如，根据本法第四十六条的规定，省、自治区、直辖市人民政府批准征收永久基本农田以外的其他耕地超过三十五公顷的，或者征收其他土地超过七十公顷的，即为越权批准。

3. 依照本法规定，拥有有关土地批准权的各级人民政府不按照土地利用总体规划确定的土地用途批准用地的行为。例如，根据本法第四十四条的规定，市、县级人民政府批准的具体建设项目用地违反土地利用总体规划要求的用途的，即本条规定的不按照土地利用总体规划确定的土地用途批准用地的行为。

4. 违反法律规定的程序批准占用、征收土地的行为。例如，违反本法第四十六条的规定，未依法先行办理农用地转用审批手续而批准征收农用地的；违反本法第五十七条的规定，在城市规划区内的临时用地，未经有关城市规划行政主管部门同意而批准的。

二、非法批准征收、使用土地的行为的法律责任

非法批准征收、使用土地的，除其批准的文件无效外，还应当依法追究行政法律责任、刑事法律责任以及行政赔偿责任。主要包括：

1. 处分。对非法批准征收、使用土地的直接负责的主管人员和其他直接责任人员，由其所在单位或者任免机关或者监察机关，依法给予处分。处分的具体内容和程序参照本法第七十七条关于处分的有关规定。

2. 构成犯罪的，依法追究刑事责任。根据刑法第四百一十条的规定，国家机关工作人员徇私舞弊，违反土地管理法规，滥用职权，非法批准征收、占用土地，或者低价出让国有土地使用权，情节严重的，处三年以下有期徒刑或者拘役；致使国家或者集体利益遭受特别重大损失的，处三年以上七年以下有期徒刑。需要说明的是，刑法第三百九十七条规定了国家机关工作人员滥用职权或者玩忽职守，以及徇私舞弊的法律责任，同时规定，“本法另有规定的，依照规定”。刑法第四百一十条关于国家机关工作人员徇私舞弊，违反土地管理法规滥用职权，非法批准征收、占用土地的规定，即刑法关于徇私舞弊和滥用职权罪的特殊规定。

3. 行政赔偿责任。根据本条第二款的规定，对非法批地的，除依法给予行政处分和追究刑事责任外，对当事人造成损失的，还应当由非法批地的机关依法赔偿。这里的赔偿属于行政赔偿。所谓行政赔偿，是国家赔偿的一种，是指国家行政机关或者其工作人员违法行使行政职权，侵犯公民、法人或者其他组织的合法权益（包括人身权利和财产权利）并造成损害的，由国家给予赔偿的法律制度。国家赔偿法对这项法律制度作了具体的规定，目的在于保障公民、法人和其他组织享有依法取得国家赔偿的权利，促进国家机关及其工作人员依法行使职权。根据国家赔偿法的规定，构成行政赔偿责任，应当具备以下条件：（1）国家行政机关或者其工作人员违法行使行政职权，即侵权主体是国家行政机关，包括各级人民政府及其职能部门和公务员，并且，侵权主体实施了违法行使职权的行为，即未按照法律、行政法规规定的程序、方法等行使法定的权力，履行法定的职责。（2）造成公民、法人或者其他组织的合法权益的损害，并且该损害与侵权行为有因果关系。（3）法律规定由国家赔偿的情形下，国家予以赔偿。在具体案件中，一些地方政府或部门为追求经济利益，盲目招商引资，非法批准征收、使用土地，上马建设项目，当非法批地的违法行为被依法查处和纠正后，已投资从事建设的企业因土地被收回而受到财产损失。因非法批地而受到财产权利损害的当事人，有权请求国家对其进行经济赔偿。赔偿义务机关应当自收到申请之日起两个月内，作出是否赔偿的决定。逾期作出是否赔偿的决定，或者赔偿请求人对赔偿数额有异议的，赔偿请求人对赔偿的方式、项目、数额有异议的，或者赔偿义务机关作出不予赔偿决定的，赔偿请求人可以自赔偿义务机关作出赔偿或者不予赔偿决定之日起三个月内，向人民法院提起诉讼。国家赔偿法同时规定了行政追偿制度，即赔偿义务机关赔偿损失后，应当责令有故意或者重大过失的工作人员或者受委托的组织或者个人承担部分或者全部赔偿费用。

此外，根据本条的规定，非法批准、使用的土地应当收回，有关当事人拒不归还的。以非法占用土地论处，即依据本法第七十七条或者第七十八条的有关规定处罚。

相关规定

《中华人民共和国刑法》第三百九十七条；《中华人民共和国行政处罚法》第五十九条、第六十一条；《中华人民共和国监察法》第十九条；《公职人员政务处分暂行规定》第六条、第十七条。

第八十条　侵占、挪用被征收土地单位的征地补偿费用和其他有关费用，构成犯罪的，依法追究刑事责任；尚不构成犯罪的，依法给予处分。

条文主旨

本条是关于侵占、挪用被征用土地单位的征地补偿费用和其他有关费用的法律责任的规定。

条文解读

一、禁止侵占、挪用被征收土地单位的征地补偿费用和其他有关费用

征地补偿费用对被征地村集体和农民影响重大，应当依法分配给被征地村集体和农民，尤其是被征地农民失去了赖以生存的土地后，征地补偿费用是其未来生活的重要保障。实践中，有些单位和人员，依据职权将本应属于被征地村集体的征地补偿费用挪作他用或据为己有，严重影响村集体和农民的合法权益，影响社会稳定，对这种行为应当予以严惩。本法第四十九条第二款专门规定，禁止侵占、挪用被征收土地单位的征地补偿费用和其他有关费用，本条对违反这一禁止行为的法律责任作出规定。所谓侵占，是指侵吞、盗窃、骗取或者以其他非法手段将公共财物占为己有的行为。所谓挪用，是指将公共财物挪作他用的行为。本条所规定的侵占、挪用的对象为被征收土地单位的征地补偿费用和其他有关费用。征地补偿费用包括征收农用地的土地补偿费、安置补助费以及征收农用地以外的其他土地、地上附着物和青苗等的补偿费。其他有关费用是指与征收集体土地有关的其他费用，如征收农村村民住宅，对征收造成的搬迁、临时安置等给予的补偿费用。只有非法占为己有或者挪作他用的财产为公共财产，才能构成本条所称的侵占和挪用，既包括按照规定将来分配给被征地农民等个人的财产，也包括按照规定将来分配给村集体的财产。如果征地补偿费用和其他有关费用已发放至被征地农民手中，已确定为个人所有，即使被他人盗窃、骗取或者以其他非法手段占有或者挪作他用，也不构成本条所称的侵占和挪用，只能依据其他有关规定追究法律责任。

二、侵占、挪用被征收土地单位的征地补偿费用和其他有关费用的法律责任

（一）刑事责任

根据刑法的有关规定，侵占、挪用被征收土地单位的征地补偿费用和其他有关费用的行为，可能构成贪污罪、挪用公款罪、侵占罪及挪用公司、企业或者其他单位资金罪。

1. 贪污罪及其处罚。根据刑法第三百八十二条、第三百八十三条的规定和全国人大常委会的立法解释，国家工作人员利用职务上的便利，侵吞、窃取、骗取或者以其他手段非法占有公共财物的，是贪污罪。受国家机关、国有公司、企业、事业单位、人民团体委托管理、经营国有财产的人员，利用职务上的便利，侵吞、窃取、骗取或者以其他手段非法占有国有财物的，以贪污论。与上述人员勾结，伙同贪污的，以共犯论处。村民委员会等村基层组织人员协助人民政府从事土地征收、征用补偿费用的管理，利用职务上的便利，非法占有公共财物、挪用公款，构成犯罪的，适用刑法贪污罪、挪用公款罪的规定。

对犯贪污罪的，根据情节轻重，分别依照下列规定处罚：（1）贪污数额较大或者有其他较重情节的，处三年以下有期徒刑或者拘役，并处罚金。（2）贪污数额巨大或者有其他严重情节的，处三年以上十年以下有期徒刑，并处罚金或者没收财产。（3）贪污数额特别巨大或者有其他特

别严重情节的，处十年以上有期徒刑或者无期徒刑，并处罚金或者没收财产；数额特别巨大，并使国家和人民利益遭受特别重大损失的，处无期徒刑或者死刑，并处没收财产。对多次贪污未经处理的，按照累计贪污数额处罚。犯第一款罪，在提起公诉前如实供述自己罪行、真诚悔罪、积极退赃，避免、减少损害结果的发生，有第一项规定情形的，可以从轻、减轻或者免除处罚；有第二项、第三项规定情形的，可以从轻处罚。犯第一款罪，有第三项规定情形被判处死刑缓期执行的，人民法院根据犯罪情节等情况可以同时决定在其死刑缓期执行二年期满依法减为无期徒刑后，终身监禁，不得减刑、假释。

2. 挪用公款罪及其处罚。根据刑法第三百八十四条的规定和全国人大常委会的立法解释，国家工作人员利用职务上的便利，挪用公款归个人使用，进行非法活动的，或者挪用公款数额较大、进行营利活动的，或者挪用公款数额较大、超过三个月未还的，是挪用公款罪。“归个人使用”包括：(1) 将公款供本人、亲友或者其他自然人使用的；(2) 以个人名义将公款供其他单位使用的；(3) 个人决定以单位名义将公款供其他单位使用，谋取个人利益的。

对犯挪用公款罪的，处五年以下有期徒刑或者拘役；情节严重的，处五年以上有期徒刑。挪用公款数额巨大不退还的，处十年以上有期徒刑或者无期徒刑。挪用用于救灾、抢险、防汛、优抚、扶贫、移民、救济款物归个人使用的，从重处罚。

3. 侵占罪及其处罚。根据刑法第二百七十一条的规定，公司、企业或者其他单位的人员，利用职务上的便利，将本单位财物非法占为己有，数额较大的，构成侵占罪。如果农村集体经济组织和村民委员会中非从事公务的人员，利用职务上的便利，将本单位的征地补偿费用和其他有关费用非法占为己有，数额较大的，即构成侵占罪，应当根据刑法第二百七十一条的规定，处五年以下有期徒刑或者拘役；数额巨大的，处五年以上有期徒刑，可以并处没收财产。

4. 挪用公司、企业或者其他单位资金罪及其处罚。根据刑法第二百七十二条的规定，农村集体经济组织和村民委员会中非从事公务的人员，利用职务上的便利，挪用本单位的征地补偿费用和其他有关费用归个人使用或者借贷给他人，数额较大、超过三个月未还的，或者虽未超过三个月，但数额较大、进行营利活动的，或者进行非法活动的，处三年以下有期徒刑或者拘役；挪用本单位资金数额巨大的，或者数额较大不退还的，处三年以上十年以下有期徒刑。

（二）行政责任

侵占、挪用被征地单位的征地补偿费用和其他有关费用的行为，情节显著轻微，危害不大，按照刑法的有关规定，不构成犯罪的，应当依照有关法律、法规的规定，给予处分。所谓处分，是指有关国家机关根据法律或者法规，对违法违纪的公务人员给予的制裁。处分包括任免机关给予的处分和监察机关给予的政务处分。根据公务员法和监察法的规定，处分包括警告、记过、记大过、降级、撤职、开除等。

相关规定

《中华人民共和国刑法》第三百八十二条、第三百八十四条；《中华人民共和国公务员法》第五十九条、第六十一条；《中华人民共和国监察法》第十一条、第十五条、第十九条；《公职人员政务处分暂行规定》第六条。

第八十一条　依法收回国有土地使用权当事人拒不交出土地的，临时使用土地期满拒不归还的，或者不按照批准的用途使用国有土地的，由县级以上人民政府自然资源主管部门责令交还土地，处以罚款。

条文主旨

本条是关于当事人拒不交出、拒不归还土地，不按照批准用途使用国有土地行为的法律责任的规定。

一、当事人拒不交出、拒不归还土地，不按照批准用途使用国有土地行为的违法行为

1. 依法收回国有土地使用权当事人拒不交出土地。本法第五十八条对收回国有土地使用权的四种情形作了规定。第三十八条对已经办理审批手续的非农业建设占用耕地连

续二年未使用，规定由县级以上人民政府无偿收回用地单位土地使用权。对上述收回国有土地使用权的情形，当事人拒不交出该幅土地，可以依据本条规定予以处罚。

需要指出的是，收回土地使用权对土地使用权人及其他利害关系人影响重大，应当谨慎适用。一是政府应当按照信赖保护原则，不得随意违背土地出让合同的约定，只有在有明确法律依据并且确有必要的情况下才能收回土地使用权。二是在收回土地使用权之前，政府及其有关部门应当依法履行法律规定的义务，不能违法损害当事人的合法权益。例如，本法第五十八条第二款规定，为实施城市规划进行旧城区改建以及其他公共利益需要确需使用土地而收回国有土地使用权的，对土地使用权人应当给予适当补偿。

2. 临时使用土地期满拒不归还。本法第五十七条规定，建设项目施工和地质勘查临时使用国有土地或者农民集体所有的土地，应当与有关自然资源主管部门或者农村集体经济组织、村民委员会签订临时使用土地合同，并按照合同的约定支付临时使用土地补偿费，临时使用土地期限一般不超过二年。临时用地期满，用地人应当按照临时使用土地合同的规定，将土地交还该土地的所有权人或者管理人。

3. 不按照批准的用途使用国有土地。按照本法第十九条的规定，县级土地利用总体规划应当划分土地利用区，明确土地用途，乡（镇）土地利用总体规划应当确定每一块土地的用途。国有土地在确定给有关单位或者个人使用时，都应当依据土地利用总体规划的要求明确土地用途。例如，本法第五十六条规定，建设单位使用国有土地的，应当按照土地使用权出让等有偿使用合同的约定或者土地使用权划拨批准文件的规定使用土地；第五十七条规定，临时使用土地的使用者应当按照临时使用土地合同约定的用途使用土地。如果土地使用权人不按合同约定或者批准文件规定的用途使用土地，可以依据本条规定给予处罚。

二、上述违法行为的法律责任

1. 责令交还土地。由县级以上人民政府自然资源主管部门作出决定，要求当事人在一定期限内将土地使用权交土地所有者。为了减少土地使用权人不必要的损失，县级以上人民政府自然资源主管部门在责令土地使用权人交还土地时，应当为土地使用权人留出必要的时间。

2. 罚款。罚款由县级以上人民政府自然资源主管部门作出，本条未规定罚款的具体数额，主要是考虑我国幅员辽阔，各地经济社会发展水平有很大差异，上述三种行为在实践中情节严重程度、社会危害程度差别也很大，很难确定一个合适的处罚标准，因此未规定具体的处罚数额，由国务院和各省、自治区、直辖市人大制定具体规定。例如，土地管理法实施条例规定，违反本条规定处以罚款的，罚款额为非法占用土地每平方米10元以上30元以下。县级以上自然资源主管部门应当依据本法和相关法规的规定，根据违法行为的情节轻重、危害程度，确定罚款的具体数额。

相关规定

《中华人民共和国行政处罚法》第八条；《中华人民共和国土地管理法实施条例》第四十五条。

第八十二条　擅自将农民集体所有的土地通过出让、转让使用权或者出租等方式用于非农业建设，或者违反本法规定，将集体经营性建设用地通过出让、出租等方式交由单位或者个人使用的，由县级以上人民政府自然资源主管部门责令限期改正，没收违法所得，并处罚款。

条文主旨

本条是关于擅自将集体土地用于非农业建设和集体经营性建设用地违法入市的法律责任的规定。

条文解读

一、本条规定的违法行为

（一）擅自将农民集体所有的土地通过出让、转让使用权或者出租等方式用于非农业建设

是指没有法律依据或者未经法律规定的程序，通过出

让、转让或者出租等方式将集体土地用于非农业建设。十分珍惜、合理利用土地和切实保护耕地是我国的基本国策，国家对集体所有的土地进入市场流通是严格限制的，一般不得通过出让、转让、出租方式进入市场流通。但同时，农村经济社会发展需要在一定程度上使土地流通使用，以促进乡村振兴和城乡融合发展。本法相关条款对农民集体所有的土地的使用权出让、转让或者出租等作了规定，主要有以下几种情形：

1. 根据本法第六十条的规定，农村集体经济组织使用乡（镇）土地利用总体规划确定的建设用地兴办企业或者与其他单位、个人以土地使用权入股、联营等形式共同举办企业的，由县级以上地方人民政府批准后取得建设用地使用权；其中，涉及占用农用地的，依照本法第四十四条的规定办理审批手续。

2. 根据本法第六十一条的规定，乡（镇）村公共设施、公益事业建设需要使用土地的，按照省、自治区、直辖市规定的批准权限，由县级以上地方人民政府批准取得建设用地使用权；其中，涉及占用农用地的，依照本法第四十四条的规定办理审批手续。

3. 根据本法第六十二条的规定，农村村民建设住宅使用本集体所有的土地，依据该条的规定办理相关审批手续后，取得建设用地使用权。

4. 依法取得建设用地的企业，因破产、兼并等情形致使土地使用权依法发生转移的。依照本法第六十条、第六十一条的规定，依法使用农村建设用地的农村集体经济组织、企业发生破产、兼并，建设用地使用权依法发生转移的。

违反上述规定，未办理相关手续即将集体土地交给他人用于非农业建设的，对转让方给予本条规定的处罚。

（二）违法将集体经营性建设用地通过出让、出租等方式交由单位或者个人使用

本法此次修改增加了农村集体经营性建设用地入市制度，但并非农村集体经营性建设用地都可以入市，而是需要符合一定的条件才能入市，如果违反这些条件入市则是违法的，应当承担本条规定的法律责任。集体经营性建设用地违法入市的行为主要有以下几种：

1. 不符合土地利用总体规划、城乡规划规定的土地用途。根据本法第六十三条的规定，只有土地利用总体规划、城乡规划确定为工业、商业等经营性用途的土地才可以入市，农村其他土地，如农用地、宅基地、公益性用地等土地利用总体规划、城乡规划确定的非经营性建设用地，则不能入市。根据国家有关规定，允许村集体在农民自愿前提下依法把有偿收回的闲置宅基地、废弃的集体公益性建设用地转变为集体经营性建设用地入市，推动城中村、城边村、村级工业园等可连片开发区域土地依法合规整治入市。这些农村集体土地如果要入市，也需要先转为集体经

营性建设用地才可以依据本法规定入市。

2. 未经依法登记。根据本法第六十三条的规定，只有经过依法登记的集体经营性建设用地才可以入市。集体经营性建设用地使用权属于物权，根据物权法的规定，不动产物权的设立、变更、转让和消灭，经依法登记，发生效力；未经登记，不发生效力，但法律另有规定的除外。集体经营性建设用地应当依照不动产登记暂行条例的规定进行登记后才能入市。

3. 入市主体不符合法律规定。根据本法第六十三条的规定，集体经营性建设用地入市的主体只能是土地所有权人。根据本法第十一条的规定，农民集体所有的土地依法属于村农民集体所有的，由村集体经济组织或者村民委员会经营、管理；已经分别属于村内两个以上农村集体经济组织的农民集体所有的，由村内各该农村集体经济组织或者村民小组经营、管理；已经属于乡（镇）农民集体所有的，由乡（镇）农村集体经济组织经营、管理。只有符合上述规定的集体经营性建设用地的所有权人才能作为入市主体，土地所有权人也可以依法授权或委托第三方进行土地使用权入市。

4. 未签订书面合同明确权利义务。根据本法第六十三条的规定，集体经营性建设用地入市应当签订书面合同，载明土地界址、面积、动工期限、使用期限、土地用途、规划条件和双方其他权利义务。入市双方应当按照上述规定签订书面合同，并对双方的权利义务作出明确规定。

5. 未经村集体民主决策。根据本法第六十三条的规定，集体经营性建设用地入市，应当经本集体经济组织成员的村民会议三分之二以上成员或者三分之二以上村民代表的同意，以保障本集体经济组织成员的合法权益。集体经营性建设用地入市应当按照上述规定由村集体民主决策才能入市。

6. 不符合土地利用年度计划。本法第二十三条规定，土地利用年度计划应当对本法第六十三条规定的集体经营性建设用地作出合理安排。根据这一规定，集体经营性建设用地只有符合土地利用年度计划才能入市，不符合土地利用年度计划的不能入市。

二、上述违法行为的法律责任

1. 责令限期改正。对于上述违法行为，应当由县级以上人民政府自然资源主管部门责令限期改正，将违法行为恢复到合法状态，给其他主体造成损失的，应由有过错的一方依法承担民事责任。

2. 没收违法所得和罚款。根据本条的规定，没收违法所得和罚款的处罚必须同时适用。本条未对罚款的数额和幅度作出规定，应当根据相关法规的规定确定罚款数额。例如，土地管理法实施条例规定，罚款额为非法所得的5%以上20%以下。县级以上人民政府自然资源主管部门可以根据违法行为的情节轻重、危害程度等，在法规规定的罚款幅度范围内确定罚款的具体数额。

相关规定

《中华人民共和国行政处罚法》第八条。

第八十三条 依照本法规定，责令限期拆除在非法占用的土地上新建的建筑物和其他设施的，建设单位或者个人必须立即停止施工，自行拆除；对继续施工的，作出处罚决定的机关有权制止。建设单位或者个人对责令限期拆除的行政处罚决定不服的，可以在接到责令限期拆除决定之日起十五日内，向人民法院起诉；期满不起诉又不自行拆除的，由作出处罚决定的机关依法申请人民法院强制执行，费用由违法者承担。

条文主旨

本条是关于责令限期拆除如何执行的规定。

条文解读

一、责令限期拆除的适用情形

1. 本法第七十四条规定，买卖或者以其他形式非法转让土地的，由县级以上人民政府自然资源主管部门没收违法所得；对违反土地利用总体规划擅自将农用地改为建设用地的，限期拆除在非法转让的土地上新建的建筑物和其他设施，恢复土地原状。

2. 本法第七十七条规定，未经批准或者采取欺骗手段骗取批准，非法占用土地的，由县级以上人民政府自然资源主管部门责令退还非法占用的土地，对违反土地利用总体规划擅自将农用地改为建设用地的，限期拆除在非法占用的土地上新建的建筑物和其他设施，恢复土地原状。

3. 本法第七十八条规定，农村村民未经批准或者采取欺骗手段骗取批准，非法占用土地建住宅的，由县级以上人民政府农业农村主管部门责令退还非法占用的土地，限期拆除在非法占用的土地上新建的房屋。

二、责令限期拆除的执行

1. 当事人自行拆除违法建筑。当事人在接到责令限期拆除的处罚决定后，应当立即停止施工，自行拆除建筑物和其他设施。如果当事人不服该行政处罚决定，在停止施工的同时，可以向作出处罚决定的机关说明情况，要求其撤销处罚决定，也可以依法向上一级行政机关申请行政复议，或者在规定的期限内向人民法院提起行政诉讼。

2. 行政机关制止违法建设行为。对当事人继续施工的，作出处罚决定的行政机关有权制止。这里所说的制止是指作出处罚决定的机关以口头命令、书面通知、查封用以继续施工的设备、建筑材料等方式促使有关单位或者个人停止继续施工，以减轻以后强制执行的难度，减少有关当事人可能受到的损失。

3. 当事人依法提起行政诉讼。被处罚的建设单位或者个人对责令限期拆除的行政处罚决定不服的，可以在接到处罚决定之日起十五日内，向人民法院提起行政诉讼。责令限期拆除的行政处罚是行政机关的具体行政行为，当事人对该决定不服，可以依法向人民法院提起行政诉讼。本条规定的提起行政诉讼的期间为接到责令限期拆除决定之日起十五日内，是特殊的提起行政诉讼的期间，而不是行政诉讼法规定的从当事人知道行政机关作出具体行政行为之日起的六个月。超过上述期限提起行政诉讼的，人民法院可以不予受理。

4. 行政机关申请人民法院强制执行。本法未赋予行政机关强制执行的权力，如果当事人拒不执行其行政处罚决定，作出行政处罚的机关可以向人民法院提出申请，由人民法院强制执行。根据本条的规定，强制执行的费用由违法者承担。行政机关责令限期拆除的行政处罚决定对当事人具有拘束力，当事人拒不履行该处罚决定，由此产生的后果应当由当事人承担。行政机关依法强制拆除违法建筑，旨在将违法行为造成的损害恢复到原来的状态，因此执行费用应当由违法者承担。

相关规定

《中华人民共和国行政处罚法》第六条、第八条；《中华人民共和国土地管理法实施条例》第三十五条、第三十六条。

第八十四条　自然资源主管部门、农业农村主管部门的工作人员玩忽职守、滥用职权、徇私舞弊，构成犯罪的，依法追究刑事责任；尚不构成犯罪的，依法给予处分。

条文主旨

本条是关于自然资源主管部门、农业农村主管部门工作人员法律责任的规定。

条文解读

一、自然资源主管部门、农业农村主管部门工作人员的违法行为

根据本法第五条、第六十二条、第六十七条等的规定，自然资源主管部门负有对土地进行管理和监督的职责，对违反土地管理法律、法规的行为负有监督检查的职责；农业农村主管部门负责农村宅基地管理的职责，对违反农村宅基地管理法律、法规的行为负有监督检查的职责。本法明确规定，土地管理监督检查人员应当熟悉土地管理法律、法规，忠于职守、秉公执法。但是，也有可能出现有些工作人员不履行、不正当履行职责或者超越职权等行为，致使公共财产、国家和人民利益遭受不同程度的损失，这些违法行为的表现形式多种多样，本条将其概括为三种，即玩忽职守、滥用职权、徇私舞弊。所谓玩忽职守，是指自然资源主管部门、农业农村主管部门的工作人员不履行、不正确履行或者放弃履行职责的行为。所谓滥用职权，是指自然资源主管部门、农业农村主管部门的工作人员违反法律规定的权限和程序，滥用职权或者超越职权的行为。所谓徇私舞弊，是指自然资源主管部门、农业农村主管部门的工作人员为徇个人私利或者亲友私情而玩忽职守、滥用职权的行为。对于自然资源主管部门、农业农村主管部门工作人员的上述违法行为，任何单位和个人都有权检举和控告，有关部门应当严肃查处，并依法追究其法律责任。

二、自然资源主管部门、农业农村主管部门的工作人员违法行为的法律责任

（一）刑事责任

1. 根据刑法第三百九十七条的规定，国家机关工作人员滥用职权或者玩忽职守，致使公共财产、国家和人民利益遭受重大损失的，处三年以下有期徒刑或者拘役；情节特别严重的，处三年以上七年以下有期徒刑。国家机关工作人员徇私舞弊，犯前款罪的，处五年以下有期徒刑或者拘役；情节特别严重的，处五年以上十年以下有期徒刑。

2. 根据刑法的有关规定，刑法对国家机关工作人员的一些渎职犯罪有特别规定的，适用其规定，而不按照刑法第三百九十七条对渎职犯罪的一般规定进行处罚。刑法第四百一十条规定，国家机关工作人员徇私舞弊，违反土地管理法规，滥用职权，非法批准征收、征用、占用土地，或者非法低价出让国有土地使用权，情节严重的，处三年以下有期徒刑或者拘役；致使国家或者集体利益遭受特别重大损失的，处三年以上七年以下有期徒刑。根据全国人大常委会的立法解释，刑法第四百一十条规定的“违反土地管理法规”，是指违反土地管理法、森林法、草原法等法律以及有关行政法规中关于土地管理的规定；“非法批准征收、征用、占用土地”，是指非法批准征收、征用、占用耕地、林地等农用地以及其他土地。

（二）行政责任

自然资源主管部门、农业农村主管部门工作人员虽有玩忽职守、滥用职权、徇私舞弊的行为，但情节显著轻微，危害性不大，按照刑法的有关规定，不构成犯罪的，应当依照有关法律、法规的规定，给予处分。处分是指国家机关根据法律或者法规，按行政隶属关系，对犯有轻微违法失职行为或者违反内部纪律的人员给予的一种制裁，包括任免机关给予的处分和监察机关给予的政务处分。根据公务员法和监察法的规定，处分包括警告、记过、记大过、降级、撤职、开除等。

相关规定

《中华人民共和国刑法》第三百九十七条；《中华人民共和国行政处罚法》第八条；《中华人民共和国公务员法》第五十九条、第六十一条；《中华人民共和国监察法》第十一条、第十九条、第四十五条；《公职人员政务处分暂行规定》第六条。

第八章　附　　则

第八十五条　外商投资企业使用土地的，适用本法；法律另有规定的，从其规定。

条文主旨

本条是关于外商投资企业使用土地适用法律的规定。

立法背景

此次修改将中外合资经营企业、中外合作经营企业、外资企业修改为外商投资企业，主要是因为 2019 年 3 月 15 日第十三届全国人民代表大会第二次会议通过的外商投资法的适用范围已涵盖了中外合资经营企业、中外合作经营企业、外资企业，外商投资法于 2020 年 1 月 1 日施行后，中外合资经营企业法、外资企业法、中外合作经营企业法同时废止。

条文解读

本条的这一修改，不影响中外合资经营企业、中外合作经营企业、外资企业此前已经依法取得的土地使用权等相关权益。根据外商投资法的规定，对外商投资实行准入前国民待遇加负面清单管理制度，对负面清单之外的外商投资，给予国民待遇，明确按照内外资一致的原则对外商投资实施监督管理。本条规定外商投资企业使用土地适用本法，即外商投资企业在准入后享受国民待遇，在土地管理制度中与内资企业适用相同的法律制度，本法规定的土地管理制度平等适用于外商投资企业，与内资企业没有差别，这也是坚持内外资一致原则的体现。但是，本条还规定，法律另有规定的从其规定，有关法律可以根据经济社会发展需要，对外资企业在土地管理方面的法律适用问题作出特别规定。

相关规定

《中华人民共和国外商投资法》。

第八十六条　在根据本法第十八条的规定编制国土空间规划前，经依法批准的土地利用总体规划和城乡规划继续执行。

条文主旨

本条是关于土地利用总体规划和城乡规划与国土空间规划在过渡期间适用问题的规定。

立法背景

编制国土空间规划，推动实现“多规合一”是党中央提出的明确要求。《中共中央 国务院关于建立国土空间规划体系并监督实施的若干意见》明确提出，将主体功能区规划、土地利用规划、城乡规划等空间规划融合为统一的国土空间规划，实现“多规合一”，强化国土空间规划对各专项规划的指导约束作用；并提出，到2020年，基本建立国土空间规划体系，逐步建立“多规合一”的规划编制审批体系、实施监督体系、法规政策体系和技术标准体系；基本完成市、县以上各级国土空间总体规划编制，初步形成全国国土空间开发保护“一张图”。落实党中央要求，各地区和有关部门需要加快推进国土空间规划编制工作。

条文解读

本法第十八条对国土空间规划编制要求作出规定，明确了国土空间规划的法律地位，并规定已经编制国土空间规划的，不再编制土地利用总体规划和城乡规划。这一规定为下一步开展国土空间规划编制和实施提供了法律保障。但目前，中央层面和大部分地方都尚未开展国土空间规划编制工作，仅个别地方在前期开展了“多规合一”试点，探索编制国土空间规划，积累了一定的经验。在国土空间规划编制和实施前，土地利用总体规划和城乡规划应当继续执行，依然是土地管理的重要依据，有关行政审批、监督检查等工作应当严格按照土地利用总体规划和城乡规划的要求进行。各地方和有关部门在土地管理工作中，要切实做好土地利用总体规划和城乡规划与国土空间规划在过渡期间的衔接，防止出现执法空白。

相关规定

《中共中央 国务院关于建立国土空间规划体系并监督实施的若干意见》。

第八十七条　本法自 1999 年 1 月 1 日起施行。

条文主旨

本条是关于本法生效日期的规定。

立法背景

法律生效日期的问题，是任何一部法律都要涉及的问题。一部法律通过以后，就产生了从什么时候开始起生效、在什么地域范围内生效、对什么人有效的问题，这些问题就是法律的效力范围问题。法律效力范围包括时间效力、空间效力和对人的效力三个方面。法律的生效日期是法律的时间效力问题的规定。本次修改采取修正形式，只对现行土地管理法的部分条文进行修改，修改内容有限，全国人大常委会的修改决定中也仅涉及修改的内容，修改后的条文根据全国人大常委会的修改决定自2020年1月1日起施行。其他在此次修改中未修改的条文仍然自1999年1月1日起施行，不受此次修改决定的影响。

条文解读

考虑到全国人大常委会作出的关于授权国务院在北京市大兴区等三十三个试点县（市、区）开展农村土地征收、集体经营性建设用地入市、宅基地管理制度改革试点的授权决定将于今年年底到期，为做好本法与该授权决定的衔接，并为有关部门和地方开展法律宣传、制定完善配套规定等留出一定的时间，做好本法的实施相关工作，全国人大常委会的修改决定自2020年1月1日起施行。

相关规定

《全国人民代表大会常务委员会关于授权国务院在北京市大兴区等三十三个试点县（市、区）行政区域暂时调整实施有关法律规定的决定》。

附录一：法律原文

全国人民代表大会常务委员会关于修改《中华人民共和国土地管理法》、《中华人民共和国城市房地产管理法》的决定

（2019年8月26日第十三届全国人民代表大会常务委员会第十二次会议通过）

第十三届全国人民代表大会常务委员会第十二次会议决定：

一、对《中华人民共和国土地管理法》作出修改

（一）增加一条，作为第六条："国务院授权的机构对省、自治区、直辖市人民政府以及国务院确定的城市人民政府土地利用和土地管理情况进行督察。"

（二）将第十一条、第十二条、第十三条合并，作为第十二条，修改为："土地的所有权和使用权的登记，依照有关不动产登记的法律、行政法规执行。

"依法登记的土地的所有权和使用权受法律保护，任何单位和个人不得侵犯。"

（三）将第十四条、第十五条合并，作为第十三条，修改为："农民集体所有和国家所有依法由农民集体使用的耕地、林地、草地，以及其他依法用于农业的土地，采取农村集体经济组

织内部的家庭承包方式承包，不宜采取家庭承包方式的荒山、荒沟、荒丘、荒滩等，可以采取招标、拍卖、公开协商等方式承包，从事种植业、林业、畜牧业、渔业生产。家庭承包的耕地的承包期为三十年，草地的承包期为三十年至五十年，林地的承包期为三十年至七十年；耕地承包期届满后再延长三十年，草地、林地承包期届满后依法相应延长。

“国家所有依法用于农业的土地可以由单位或者个人承包经营，从事种植业、林业、畜牧业、渔业生产。

“发包方和承包方应当依法订立承包合同，约定双方的权利和义务。承包经营土地的单位和个人，有保护和按照承包合同约定的用途合理利用土地的义务。”

（四）将第十九条改为第十七条，修改为：“土地利用总体规划按照下列原则编制：

“（一）落实国土空间开发保护要求，严格土地用途管制；

“（二）严格保护永久基本农田，严格控制非农业建设占用农用地；

“（三）提高土地节约集约利用水平；

“（四）统筹安排城乡生产、生活、生态用地，满足乡村产业和基础设施用地合理需求，促进城乡融合发展；

“（五）保护和改善生态环境，保障土地的可持续利用；

“（六）占用耕地与开发复垦耕地数量平衡、质量相当。”

（五）增加一条，作为第十八条：“国家建立国土空间规划体系。编制国土空间规划应当坚持生态优先，绿色、可持续发展，科学有序统筹安排生态、农业、城镇等功能空间，优化国土空间结构和布局，提升国土空间开发、保护的质量和效率。

“经依法批准的国土空间规划是各类开发、保护、建设活动的基本依据。已经编制国土空间规划的，不再编制土地利用总体规划和城乡规划。”

（六）将第二十四条改为第二十三条，第二款修改为：“土地利用年度计划，根据国民经济和社会发展计划、国家产业政策、土地利用总体规划以及建设用地和土地利用的实际状况编制。土地利用年度计划应当对本法第六十三条规定的集体经营性建设用地作出合理安排。土地利用年度计划的编制审批程序与土地利用总体规划的编制审批程序相同，一经审批下达，必须严格执行。”

（七）将第二十九条改为第二十八条，第二款、第三款修改为：“县级以上人民政府统计机构和自然资源主管部门依法进行土地统计调查，定期发布土地统计资料。土地所有者或者使用者应当提供有关资料，不得拒报、迟报，不得提供不真实、不完整的资料。

“统计机构和自然资源主管部门共同发布的土地面积统计资料是各级人民政府编制土地利用总体规划的依据。”

（八）将第三十三条改为第三十二条，修改为：“省、自治区、直辖市人民政府应当严格执行土地利用总体规划和土地利用年度计划，采取措施，确保本行政区域内耕地总量不减少、质量不降低。耕地总量减少的，由国务院责令在规定期限内组织开垦与所减少耕地的数量与质量相当的耕地；耕地质量降低的，由国务院责令在规定期限内组织整治。新开垦和整治的耕地由国务院自然资源主管部门会同农业农村主管部门验收。

“个别省、直辖市确因土地后备资源匮乏，新增建设用地后，新开垦耕地的数量不足以补偿所占用耕地的数量的，必须报经国务院批准减免本行政区域内开垦耕地的数量，易地开垦数量和质量相当的耕地。”

（九）将第三十四条第一款、第二款改为第三十三条，修改为：“国家实行永久基本农田保护制度。下列耕地应当根据土地利用总体规划划为永久基本农田，实行严格保护：

“（一）经国务院农业农村主管部门或者县级以上地方人民政府批准确定的粮、棉、油、糖等重要农产品生产基地内的耕地；

“（二）有良好的水利与水土保持设施的耕地，正在实施改造计划以及可以改造的中、低产田和已建成的高标准农田；

“（三）蔬菜生产基地；

“（四）农业科研、教学试验田；

“（五）国务院规定应当划为永久基本农田的其他耕地。

“各省、自治区、直辖市划定的永久基本农田一般应当占本行政区域内耕地的百分之八十以上，具体比例由国务院根据各省、自治区、直辖市耕地实际情况规定。”

（十）将第三十四条第三款改为第三十四条，修改为：“永久基本农田划定以乡（镇）为单位进行，由县级人民政府自然资源主管部门会同同级农业农村主管部门组织实施。永久基本农田应当落实到地块，纳入国家永久基本农田数据库严格管理。

“乡（镇）人民政府应当将永久基本农田的位置、范围向社会公告，并设立保护标志。”

（十一）增加一条，作为第三十五条：“永久基本农田经依法划定后，任何单位和个人不得擅自占用或者改变其用途。国家能源、交通、水利、军事设施等重点建设项目选址确实难以避让永久基本农田，涉及农用地转用或者土地征收的，必须经国务院批准。

“禁止通过擅自调整县级土地利用总体规划、乡（镇）土地利用总体规划等方式规避永久基本农田农用地转用或者土地征收的审批。”

（十二）将第三十五条改为第三十六条，修改为：“各级人民政府应当采取措施，引导因地制宜轮作休耕，改良土壤，提高地力，维护排灌工程设施，防止土地荒漠化、盐渍化、水土流失和土壤污染。”

（十三）将第三十七条改为第三十八条，删去第三款。

（十四）删去第四十三条。

（十五）将第四十四条第二款、第三款、第四款修改为：“永久基本农田转为建设用地的，由国务院批准。

“在土地利用总体规划确定的城市和村庄、集镇建设用地规模范围内，为实施该规划而将永久基本农田以外的农用地转为建设用地的，按土地利用年度计划分批次按照国务院规定由原批准土地利用总体规划的机关或者其授权的机关批准。在已批准的农用地转用范围内，具体建设项目用地可以由市、县人民政府批准。

“在土地利用总体规划确定的城市和村庄、集镇建设用地规模范围外，将永久基本农田以外的农用地转为建设用地的，由国务院或者国务院授权的省、自治区、直辖市人民政府批准。”

（十六）增加一条，作为第四十五条：“为了公共利益的需要，有下列情形之一，确需征收农民集体所有的土地的，可以依法实施征收：

“（一）军事和外交需要用地的；

“（二）由政府组织实施的能源、交通、水利、通信、邮政等基础设施建设需要用地的；

“（三）由政府组织实施的科技、教育、文化、卫生、体育、生态环境和资源保护、防灾减灾、文物保护、社区综合服务、社会福利、市政公用、优抚安置、英烈保护等公共事业需要用地的；

“（四）由政府组织实施的扶贫搬迁、保障性安居工程建设需要用地的；

“（五）在土地利用总体规划确定的城镇建设用地范围内，经省级以上人民政府批准由县级以上地方人民政府组织实施的成片开发建设需要用地的；

“（六）法律规定为公共利益需要可以征收农民集体所有的土地的其他情形。

“前款规定的建设活动，应当符合国民经济和社会发展规划、土地利用总体规划、城乡规划和专项规划；第（四）项、第（五）项规定的建设活动，还应当纳入国民经济和社会发展年度计划；第（五）项规定的成片开发并应当符合国务院自然资源主管部门规定的标准。”

（十七）将第四十五条改为第四十六条，删去第二款中的“并报国务院备案”。

（十八）将第四十六条、第四十八条合并，作为第四十七条，修改为：“国家征收土地的，依照法定程序批准后，由县级以上地方人民政府予以公告并组织实施。

“县级以上地方人民政府拟申请征收土地的，应当开展拟征收土地现状调查和社会稳定风险评估，并将征收范围、土地现状、征收目的、补偿标准、安置方式和社会保障等在拟征收土地所在的乡（镇）和村、村民小组范围内公告至少三十日，听取被征地的农村集体经济组织及其成员、村民委员会和其他利害关系人的意见。

“多数被征地的农村集体经济组织成员认为征地补偿安置方案不符合法律、法规规定的，县级以上地方人民政府应当组织召开听证会，并根据法律、法规的规定和听证会情况修改方案。

“拟征收土地的所有权人、使用权人应当在公告规定期限内，持不动产权属证明材料办理补偿登记。县级以上地方人民政府应当组织有关部门测算并落实有关费用，保证足额到位，与拟征收土地的所有权人、使用权人就补偿、安置等签订协议；个别确实难以达成协议的，应当在申请征收土地时如实说明。

“相关前期工作完成后，县级以上地方人民政府方可申请征收土地。”

（十九）将第四十七条改为第四十八条，修改为：“征收土地应当给予公平、合理的补偿，保障被征地农民原有生活水平不降低、长远生计有保障。

“征收土地应当依法及时足额支付土地补偿费、安置补助费以及农村村民住宅、其他地上附着物和青苗等的补偿费用，并安排被征地农民的社会保障费用。

“征收农用地的土地补偿费、安置补助费标准由省、自治区、直辖市通过制定公布区片综合地价确定。制定区片综合地价应当综合考虑土地原用途、土地资源条件、土地产值、土地区位、土地供求关系、人口以及经济社会发展水平等因素，并至少每三年调整或者重新公布一次。

“征收农用地以外的其他土地、地上附着物和青苗等的补偿标准，由省、自治区、直辖市制定。对其中的农村村民住宅，应当按照先补偿后搬迁、居住条件有改善的原则，尊重农村村民意愿，采取重新安排宅基地建房、提供安置房或者货币补偿等方式给予公平、合理的补偿，并对因征收造成的搬迁、临时安置等费用予以补偿，保障农村村民居住的权利和合法的住房财产权益。

“县级以上地方人民政府应当将被征地农民纳入相应的养老等社会保障体系。被征地农民的社会保障费用主要用于符合条件的被征地农民的养老保险等社会保险缴费补贴。被征地农民社会保障费用的筹集、管理和使用办法，由省、自治区、直辖市制定。”

（二十）将第五十五条第二款修改为：“自本法施行之日起，新增建设用地的土地有偿使用费，百分之三十上缴中央财政，百分之七十留给有关地方人民政府。具体使用管理办法由国务院财政部门会同有关部门制定，并报国务院批准。”

（二十一）将第五十八条修改为：“有下列情形之一的，由有关人民政府自然资源主管部门报经原批准用地的人民政府或者有批准权的人民政府批准，可以收回国有土地使用权：

“（一）为实施城市规划进行旧城区改建以及其他公共利益需要，确需使用土地的；

“（二）土地出让等有偿使用合同约定的使用期限届满，土地使用者未申请续期或者申请续期未获批准的；

“（三）因单位撤销、迁移等原因，停止使用原划拨的国有土地的；

“（四）公路、铁路、机场、矿场等经核准报废的。

“依照前款第（一）项的规定收回国有土地使用权的，对土地使用权人应当给予适当补偿。”

（二十二）将第六十二条第二款、第三款、第四款修改为：“人均土地少、不能保障一户拥有一处宅基地的地区，县级人民政府在充分尊重农村村民意愿的基础上，可以采取措施，按照省、自治区、直辖市规定的标准保障农村村民实现户有所居。

“农村村民建住宅，应当符合乡（镇）土地利用总体规划、村庄规划，不得占用永久基本农田，并尽量使用原有的宅基地和村内空闲地。编制乡（镇）土地利用总体规划、村庄规划应当统筹并合理安排宅基地用地，改善农村村民居住环境和条件。

“农村村民住宅用地，由乡（镇）人民政府审核批准；其中，涉及占用农用地的，依照本法第四十四条的规定办理审批手续。

“农村村民出卖、出租、赠与住宅后，再申请宅基地的，不予批准。

“国家允许进城落户的农村村民依法自愿有偿退出宅基地，鼓励农村集体经济组织及其成员盘活利用闲置宅基地和闲置住宅。

“国务院农业农村主管部门负责全国农村宅基地改革和管理有关工作。”

（二十三）将第六十三条修改为：“土地利用总体规划、城乡规划确定为工业、商业等经营性用途，并经依法登记的集体经营性建设用地，土地所有权人可以通过出让、出租等方式交由单位或者个人使用，并应当签订书面合同，载明土地界址、面积、动工期限、使用期限、土地用途、规划条件和双方其他权利义务。

“前款规定的集体经营性建设用地出让、出租等，应当经本集体经济组织成员的村民会议三分之二以上成员或者三分之二以上村民代表的同意。

“通过出让等方式取得的集体经营性建设用地使用权可以转让、互换、出资、赠与或者抵押，但法律、行政法规另有规定或者土地所有权人、土地使用权人签订的书面合同另有约定的除外。

“集体经营性建设用地的出租，集体建设用地使用权的出让及其最高年限、转让、互换、出资、赠与、抵押等，参照同类用途的国有建设用地执行。具体办法由国务院制定。”

（二十四）增加一条，作为第六十四条：“集体建设用地的使用者应当严格按照土地利用总体规划、城乡规划确定的用途使用土地。”

（二十五）将第六十五条改为第六十六条，增加一款，作为第三款：“收回集体经营性建设用地使用权，依照双方签订的书面合同办理，法律、行政法规另有规定的除外。”

（二十六）将第六十六条改为第六十七条，增加一款，作为第二款：“县级以上人民政府农业农村主管部门对违反农村宅基地管理法律、法规的行为进行监督检查的，适用本法关于自然资源主管部门监督检查的规定。”

（二十七）将第七十条改为第七十一条，修改为：“县级以上人民政府自然资源主管部门在监督检查工作中发现国家工作人员的违法行为，依法应当给予处分的，应当依法予以处理；自己无权处理的，应当依法移送监察机关或者有关机关处理。”

（二十八）将第七十四条改为第七十五条，其中的“土地行政主管部门”修改为“自然资源主管部门、农业农村主管部门等按照职责”。

（二十九）将第七十七条改为第七十八条，其中的“土地行政主管部门”修改为“农业农村主管部门”。

（三十）将第八十一条改为第八十二条，修改为：“擅自将农民集体所有的土地通过出让、转让使用权或者出租等方式用于非农业建设，或者违反本法规定，将集体经营性建设用地通过出让、出租等方式交由单位或者个人使用的，由县级以上人民政府自然资源主管部门责令限期改正，没收违法所得，并处罚款。”

（三十一）删去第八十二条。

（三十二）将第八十四条中的“土地行政主管部门”修改为“自然资源主管部门、农业农村主管部门”。

（三十三）将第八十五条修改为：“外商投资企业使用土地的，适用本法；法律另有规定的，从其规定。”

（三十四）增加一条，作为第八十六条：“在根据本法第十八条的规定编制国土空间规划前，经依法批准的土地利用总体规划和城乡规划继续执行。”

（三十五）将有关条款中的“土地行政主管部门”修改为“自然资源主管部门”，“基本农田”修改为“永久基本农田”，“行政处分”修改为“处分”。

二、对《中华人民共和国城市房地产管理法》作出修改

将第九条修改为：“城市规划区内的集体所有的土地，经依法征收转为国有土地后，该幅国有土地的使用权方可有偿出让，但法律另有规定的除外。”

三、修改土地管理法、城市房地产管理法，依法保障农村土地征收、集体经营性建设用地入市、宅基地管理制度等改革在全国范围内实行，对促进乡村振兴和城乡融合发展具有重大意义。国务院及其有关部门和各省、自治区、直辖市应当坚持土地公有制性质不改变、耕地红线不突破、农民利益不受损，加强组织领导，做好法律宣传，制定、完善配套法规、规章，确保法律制度正确、有效实施。

本决定自2020年1月1日起施行。

《中华人民共和国土地管理法》、《中华人民共和国城市房地产管理法》根据本决定作相应修改，重新公布。

中华人民共和国土地管理法

（1986年6月25日第六届全国人民代表大会常务委员会第十六次会议通过　根据1988年12月29日第七届全国人民代表大会常务委员会第五次会议《关于修改〈中华人民共和国土地管理法〉的决定》第一次修正　1998年8月29日第九届全国人民代表大会常务委员会第四次会议修订　根据2004年8月28日第十届全国人民代表大会常务委员会第十一次会议《关于修改〈中华人民共和国土地管理法〉的决定》第二次修正　根据2019年8月26日第十三届全国人民代表大会常务委员会第十二次会议《关于修改〈中华人民共和国土地管理法〉、〈中华人民共和国城市房地产管理法〉的决定》第三次修正）

目　　录

第一章　总　　则

第一条　为了加强土地管理，维护土地的社会主义公有制，保护、开发土地资源，合理利用土地，切实保护耕地，促进社会经济的可持续发展，根据宪法，制定本法。

第二条　中华人民共和国实行土地的社会主义公有制，即全民所有制和劳动群众集体所有制。

全民所有，即国家所有土地的所有权由国务院代表国家行使。

任何单位和个人不得侵占、买卖或者以其他形式非法转让土地。土地使用权可以依法转让。

国家为了公共利益的需要，可以依法对土地实行征收或者征用并给予补偿。

国家依法实行国有土地有偿使用制度。但是，国家在法律规定的范围内划拨国有土地使用权的除外。

第三条　十分珍惜、合理利用土地和切实保护耕地是我国的基本国策。各级人民政府应当采取措施，全面规划，严格管理，保护、开发土地资源，制止非法占用土地的行为。

第四条　国家实行土地用途管制制度。

国家编制土地利用总体规划，规定土地用途，将土地分为农用地、建设用地和未利用地。严格限制农用地转为建设用地，控制建设用地总量，对耕地实行特殊保护。

前款所称农用地是指直接用于农业生产的土地，包括耕地、林地、草地、农田水利用地、养殖水面等；建设用地是指建造建筑物、构筑物的土地，包括城乡住宅和公共设施用地、工矿用地、交通水利设施用地、旅游用地、军事设施用地等；未利用地是指农用地和建设用地以外的土地。

使用土地的单位和个人必须严格按照土地利用总体规划确定的用途使用土地。

第五条 国务院自然资源主管部门统一负责全国土地的管理和监督工作。

县级以上地方人民政府自然资源主管部门的设置及其职责，由省、自治区、直辖市人民政府根据国务院有关规定确定。

第六条 国务院授权的机构对省、自治区、直辖市人民政府以及国务院确定的城市人民政府土地利用和土地管理情况进行督察。

第七条 任何单位和个人都有遵守土地管理法律、法规的义务，并有权对违反土地管理法律、法规的行为提出检举和控告。

第八条 在保护和开发土地资源、合理利用土地以及进行有关的科学研究等方面成绩显著的单位和个人，由人民政府给予奖励。

第二章 土地的所有权和使用权

第九条 城市市区的土地属于国家所有。

农村和城市郊区的土地，除由法律规定属于国家所有的以外，属于农民集体所有；宅基地和自留地、自留山，属于农民集体所有。

第十条 国有土地和农民集体所有的土地，可以依法确定给单位或者个人使用。使用土地的单位和个人，有保护、管理和合理利用土地的义务。

第十一条 农民集体所有的土地依法属于村农民集体所有

的，由村集体经济组织或者村民委员会经营、管理；已经分别属于村内两个以上农村集体经济组织的农民集体所有的，由村内各该农村集体经济组织或者村民小组经营、管理；已经属于乡（镇）农民集体所有的，由乡（镇）农村集体经济组织经营、管理。

第十二条 土地的所有权和使用权的登记，依照有关不动产登记的法律、行政法规执行。

依法登记的土地的所有权和使用权受法律保护，任何单位和个人不得侵犯。

第十三条 农民集体所有和国家所有依法由农民集体使用的耕地、林地、草地，以及其他依法用于农业的土地，采取农村集体经济组织内部的家庭承包方式承包，不宜采取家庭承包方式的荒山、荒沟、荒丘、荒滩等，可以采取招标、拍卖、公开协商等方式承包，从事种植业、林业、畜牧业、渔业生产。家庭承包的耕地的承包期为三十年，草地的承包期为三十年至五十年，林地的承包期为三十年至七十年；耕地承包期届满后再延长三十年，草地、林地承包期届满后依法相应延长。

国家所有依法用于农业的土地可以由单位或者个人承包经营，从事种植业、林业、畜牧业、渔业生产。

发包方和承包方应当依法订立承包合同，约定双方的权利和义务。承包经营土地的单位和个人，有保护和按照承包合同约定的用途合理利用土地的义务。

第十四条 土地所有权和使用权争议，由当事人协商解决；协商不成的，由人民政府处理。

单位之间的争议，由县级以上人民政府处理；个人之间、个人与单位之间的争议，由乡级人民政府或者县级以上人民政府处理。

当事人对有关人民政府的处理决定不服的，可以自接到处理决定通知之日起三十日内，向人民法院起诉。

在土地所有权和使用权争议解决前，任何一方不得改变土地利用现状。

第三章　土地利用总体规划

第十五条　各级人民政府应当依据国民经济和社会发展规划、国土整治和资源环境保护的要求、土地供给能力以及各项建设对土地的需求，组织编制土地利用总体规划。

土地利用总体规划的规划期限由国务院规定。

第十六条　下级土地利用总体规划应当依据上一级土地利用总体规划编制。

地方各级人民政府编制的土地利用总体规划中的建设用地总量不得超过上一级土地利用总体规划确定的控制指标，耕地保有量不得低于上一级土地利用总体规划确定的控制指标。

省、自治区、直辖市人民政府编制的土地利用总体规划，应当确保本行政区域内耕地总量不减少。

第十七条　土地利用总体规划按照下列原则编制：

（一）落实国土空间开发保护要求，严格土地用途管制；

（二）严格保护永久基本农田，严格控制非农业建设占用农用地；

（三）提高土地节约集约利用水平；

（四）统筹安排城乡生产、生活、生态用地，满足乡村产业和基础设施用地合理需求，促进城乡融合发展；

（五）保护和改善生态环境，保障土地的可持续利用；

（六）占用耕地与开发复垦耕地数量平衡、质量相当。

第十八条 国家建立国土空间规划体系。编制国土空间规划应当坚持生态优先，绿色、可持续发展，科学有序统筹安排生态、农业、城镇等功能空间，优化国土空间结构和布局，提升国土空间开发、保护的质量和效率。

经依法批准的国土空间规划是各类开发、保护、建设活动的基本依据。已经编制国土空间规划的，不再编制土地利用总体规划和城乡规划。

第十九条 县级土地利用总体规划应当划分土地利用区，明确土地用途。

乡（镇）土地利用总体规划应当划分土地利用区，根据土地使用条件，确定每一块土地的用途，并予以公告。

第二十条 土地利用总体规划实行分级审批。

省、自治区、直辖市的土地利用总体规划，报国务院批准。

省、自治区人民政府所在地的市、人口在一百万以上的城市以及国务院指定的城市的土地利用总体规划，经省、自治区人民政府审查同意后，报国务院批准。

本条第二款、第三款规定以外的土地利用总体规划，逐级上报省、自治区、直辖市人民政府批准；其中，乡（镇）土地利用总体规划可以由省级人民政府授权的设区的市、自治州人民政府批准。

土地利用总体规划一经批准，必须严格执行。

第二十一条 城市建设用地规模应当符合国家规定的标准，充分利用现有建设用地，不占或者尽量少占农用地。

城市总体规划、村庄和集镇规划，应当与土地利用总体规划相衔接，城市总体规划、村庄和集镇规划中建设用地规模不得超过土地利用总体规划确定的城市和村庄、集镇建设用地规模。

在城市规划区内、村庄和集镇规划区内，城市和村庄、集镇建设用地应当符合城市规划、村庄和集镇规划。

第二十二条 江河、湖泊综合治理和开发利用规划，应当与土地利用总体规划相衔接。在江河、湖泊、水库的管理和保护范围以及蓄洪滞洪区内，土地利用应当符合江河、湖泊综合治理和开发利用规划，符合河道、湖泊行洪、蓄洪和输水的要求。

第二十三条 各级人民政府应当加强土地利用计划管理，实行建设用地总量控制。

土地利用年度计划，根据国民经济和社会发展计划、国家产业政策、土地利用总体规划以及建设用地和土地利用的实际状况编制。土地利用年度计划应当对本法第六十三条规定的集体经营性建设用地作出合理安排。土地利用年度计划的编制审批程序与土地利用总体规划的编制审批程序相同，一经审批下达，必须严格执行。

第二十四条 省、自治区、直辖市人民政府应当将土地利用年度计划的执行情况列为国民经济和社会发展计划执行情况的内容，向同级人民代表大会报告。

第二十五条 经批准的土地利用总体规划的修改，须经原批准机关批准；未经批准，不得改变土地利用总体规划确定的土地用途。

经国务院批准的大型能源、交通、水利等基础设施建设用地，需要改变土地利用总体规划的，根据国务院的批准文件修改土地利用总体规划。

经省、自治区、直辖市人民政府批准的能源、交通、水利等基础设施建设用地，需要改变土地利用总体规划的，属于省级人民政府土地利用总体规划批准权限内的，根据省级人民政府的批准文件修改土地利用总体规划。

第二十六条 国家建立土地调查制度。

县级以上人民政府自然资源主管部门会同同级有关部门进行土地调查。土地所有者或者使用者应当配合调查，并提供有关资料。

第二十七条 县级以上人民政府自然资源主管部门会同同级有关部门根据土地调查成果、规划土地用途和国家制定的统一标准，评定土地等级。

第二十八条 国家建立土地统计制度。

县级以上人民政府统计机构和自然资源主管部门依法进行土地统计调查，定期发布土地统计资料。土地所有者或者使用者应当提供有关资料，不得拒报、迟报，不得提供不真实、不完整的资料。

统计机构和自然资源主管部门共同发布的土地面积统计资料是各级人民政府编制土地利用总体规划的依据。

第二十九条 国家建立全国土地管理信息系统，对土地利用状况进行动态监测。

第四章 耕地保护

第三十条 国家保护耕地，严格控制耕地转为非耕地。

国家实行占用耕地补偿制度。非农业建设经批准占用耕地的，按照“占多少，垦多少”的原则，由占用耕地的单位负责开垦与所占用耕地的数量和质量相当的耕地；没有条件开垦或者开垦的耕地不符合要求的，应当按照省、自治区、直辖市的规定缴纳耕地开垦费，专款用于开垦新的耕地。

省、自治区、直辖市人民政府应当制定开垦耕地计划，监督占用耕地的单位按照计划开垦耕地或者按照计划组织开垦耕地，并进行验收。

第三十一条 县级以上地方人民政府可以要求占用耕地的单位将所占用耕地耕作层的土壤用于新开垦耕地、劣质地或者其他耕地的土壤改良。

第三十二条 省、自治区、直辖市人民政府应当严格执行土地利用总体规划和土地利用年度计划，采取措施，确保本行政区域内耕地总量不减少、质量不降低。耕地总量减少的，由国务院责令在规定期限内组织开垦与所减少耕地的数量与质量相当的耕地；耕地质量降低的，由国务院责令在规定期限内组织整治。新开垦和整治的耕地由国务院自然资源主管部门会同农业农村主管部门验收。

个别省、直辖市确因土地后备资源匮乏，新增建设用地后，新开垦耕地的数量不足以补偿所占用耕地的数量的，必须报经国务院批准减免本行政区域内开垦耕地的数量，易地开垦数量和质量相当的耕地。

第三十三条 国家实行永久基本农田保护制度。下列耕地应当根据土地利用总体规划划为永久基本农田，实行严格保护：

（一）经国务院农业农村主管部门或者县级以上地方人民政府批准确定的粮、棉、油、糖等重要农产品生产基地内的耕地；

（二）有良好的水利与水土保持设施的耕地，正在实施改造计划以及可以改造的中、低产田和已建成的高标准农田；

（三）蔬菜生产基地；

（四）农业科研、教学试验田；

（五）国务院规定应当划为永久基本农田的其他耕地。

各省、自治区、直辖市划定的永久基本农田一般应当占本行政区域内耕地的百分之八十以上，具体比例由国务院根据各省、自治区、直辖市耕地实际情况规定。

第三十四条 永久基本农田划定以乡（镇）为单位进行，由县级人民政府自然资源主管部门会同同级农业农村主管部门组织实施。永久基本农田应当落实到地块，纳入国家永久基本农田数据库严格管理。

乡（镇）人民政府应当将永久基本农田的位置、范围向社会公告，并设立保护标志。

第三十五条 永久基本农田经依法划定后，任何单位和个人不得擅自占用或者改变其用途。国家能源、交通、水利、军事设施等重点建设项目选址确实难以避让永久基本农田，涉及农用地转用或者土地征收的，必须经国务院批准。

禁止通过擅自调整县级土地利用总体规划、乡（镇）土地利用总体规划等方式规避永久基本农田农用地转用或者土地征收的审批。

第三十六条 各级人民政府应当采取措施，引导因地制宜轮作休耕，改良土壤，提高地力，维护排灌工程设施，防止土地荒漠化、盐渍化、水土流失和土壤污染。

第三十七条 非农业建设必须节约使用土地，可以利用荒地的，不得占用耕地；可以利用劣地的，不得占用好地。

禁止占用耕地建窑、建坟或者擅自在耕地上建房、挖砂、采石、采矿、取土等。

禁止占用永久基本农田发展林果业和挖塘养鱼。

第三十八条 禁止任何单位和个人闲置、荒芜耕地。已经办理审批手续的非农业建设占用耕地，一年内不用而又可以耕种并收获的，应当由原耕种该幅耕地的集体或者个人恢复耕种，也可以由用地单位组织耕种；一年以上未动工建设的，应当按照省、自治区、直辖市的规定缴纳闲置费；连续二年未使用的，经原批准机关批准，由县级以上人民政府无偿收回用地单位的土地使用权；该幅土地原为农民集体所有的，应当交由原农村集体经济组织恢复耕种。

在城市规划区范围内，以出让方式取得土地使用权进行房地产开发的闲置土地，依照《中华人民共和国城市房地产管理法》的有关规定办理。

第三十九条 国家鼓励单位和个人按照土地利用总体规划，在保护和改善生态环境、防止水土流失和土地荒漠化的前提下，开发未利用的土地；适宜开发为农用地的，应当优先开发成农用地。

国家依法保护开发者的合法权益。

第四十条 开垦未利用的土地，必须经过科学论证和评估，在土地利用总体规划划定的可开垦的区域内，经依法批准后进行。禁止毁坏森林、草原开垦耕地，禁止围湖造田和侵占江河滩地。

根据土地利用总体规划，对破坏生态环境开垦、围垦的土地，有计划有步骤地退耕还林、还牧、还湖。

第四十一条 开发未确定使用权的国有荒山、荒地、荒滩从事种植业、林业、畜牧业、渔业生产的，经县级以上人民政府依法批准，可以确定给开发单位或者个人长期使用。

第四十二条 国家鼓励土地整理。县、乡（镇）人民政府应当组织农村集体经济组织，按照土地利用总体规划，对田、水、路、林、村综合整治，提高耕地质量，增加有效耕地面积，改善农业生产条件和生态环境。

地方各级人民政府应当采取措施，改造中、低产田，整治闲散地和废弃地。

第四十三条 因挖损、塌陷、压占等造成土地破坏，用地单位和个人应当按照国家有关规定负责复垦；没有条件复垦或者复垦不符合要求的，应当缴纳土地复垦费，专项用于土地复垦。复垦的土地应当优先用于农业。

第五章 建设用地

第四十四条 建设占用土地，涉及农用地转为建设用地的，应当办理农用地转用审批手续。

永久基本农田转为建设用地的，由国务院批准。

在土地利用总体规划确定的城市和村庄、集镇建设用地规模范围内，为实施该规划而将永久基本农田以外的农用地转为建设用地的，按土地利用年度计划分批次按照国务院规定由原批准土地利用总体规划的机关或者其授权的机关批准。在已批准的农用地转用范围内，具体建设项目用地可以由市、县人民政府批准。

在土地利用总体规划确定的城市和村庄、集镇建设用地规模范围外，将永久基本农田以外的农用地转为建设用地的，由国务院或者国务院授权的省、自治区、直辖市人民政府批准。

第四十五条 为了公共利益的需要，有下列情形之一，确需征收农民集体所有的土地的，可以依法实施征收：

（一）军事和外交需要用地的；

（二）由政府组织实施的能源、交通、水利、通信、邮政等基础设施建设需要用地的；

（三）由政府组织实施的科技、教育、文化、卫生、体育、生态环境和资源保护、防灾减灾、文物保护、社区综合服务、社会福利、市政公用、优抚安置、英烈保护等公共事业需要用地的；

（四）由政府组织实施的扶贫搬迁、保障性安居工程建设需要用地的；

（五）在土地利用总体规划确定的城镇建设用地范围内，经省级以上人民政府批准由县级以上地方人民政府组织实施的成片开发建设需要用地的；

（六）法律规定为公共利益需要可以征收农民集体所有的土地的其他情形。

前款规定的建设活动，应当符合国民经济和社会发展规划、土地利用总体规划、城乡规划和专项规划；第（四）项、第（五）项规定的建设活动，还应当纳入国民经济和社会发展年度计划；第（五）项规定的成片开发并应当符合国务院自然资源主管部门规定的标准。

第四十六条 征收下列土地的，由国务院批准：

（一）永久基本农田；

（二）永久基本农田以外的耕地超过三十五公顷的；

（三）其他土地超过七十公顷的。

征收前款规定以外的土地的，由省、自治区、直辖市人民政府批准。

征收农用地的，应当依照本法第四十四条的规定先行办理农用地转用审批。其中，经国务院批准农用地转用的，同时办理征地审批手续，不再另行办理征地审批；经省、自治区、直辖市人民政府在征地批准权限内批准农用地转用的，同时办理征地审批手续，不再另行办理征地审批，超过征地批准权限的，应当依照本条第一款的规定另行办理征地审批。

第四十七条 国家征收土地的，依照法定程序批准后，由县级以上地方人民政府予以公告并组织实施。

县级以上地方人民政府拟申请征收土地的，应当开展拟征收土地现状调查和社会稳定风险评估，并将征收范围、土地现状、征收目的、补偿标准、安置方式和社会保障等在拟征收土地所在的乡（镇）和村、村民小组范围内公告至少三十日，听取被征地的农村集体经济组织及其成员、村民委员会和其他利害关系人的意见。

多数被征地的农村集体经济组织成员认为征地补偿安置方案不符合法律、法规规定的，县级以上地方人民政府应当组织召开听证会，并根据法律、法规的规定和听证会情况修改方案。

拟征收土地的所有权人、使用权人应当在公告规定期限内，持不动产权属证明材料办理补偿登记。县级以上地方人民政府应当组织有关部门测算并落实有关费用，保证足额到位，与拟征收土地的所有权人、使用权人就补偿、安置等签订协议；个别确实难以达成协议的，应当在申请征收土地时如实说明。

相关前期工作完成后，县级以上地方人民政府方可申请征收土地。

第四十八条 征收土地应当给予公平、合理的补偿，保障被征地农民原有生活水平不降低、长远生计有保障。

征收土地应当依法及时足额支付土地补偿费、安置补助费以及农村村民住宅、其他地上附着物和青苗等的补偿费用，并安排被征地农民的社会保障费用。

征收农用地的土地补偿费、安置补助费标准由省、自治区、直辖市通过制定公布区片综合地价确定。制定区片综合地价应当综合考虑土地原用途、土地资源条件、土地产值、土地区位、土地供求关系、人口以及经济社会发展水平等因素，并至少每三年调整或者重新公布一次。

征收农用地以外的其他土地、地上附着物和青苗等的补偿标准，由省、自治区、直辖市制定。对其中的农村村民住宅，应当按照先补偿后搬迁、居住条件有改善的原则，尊重农村村民意愿，采取重新安排宅基地建房、提供安置房或者货币补偿等方式给予公平、合理的补偿，并对因征收造成的搬迁、临时安置等费用予以补偿，保障农村村民居住的权利和合法的住房财产权益。

县级以上地方人民政府应当将被征地农民纳入相应的养老等社会保障体系。被征地农民的社会保障费用主要用于符合条件的被征地农民的养老保险等社会保险缴费补贴。被征地农民社会保障费用的筹集、管理和使用办法，由省、自治区、直辖市制定。

第四十九条 被征地的农村集体经济组织应当将征收土地的补偿费用的收支状况向本集体经济组织的成员公布，接受监督。

禁止侵占、挪用被征收土地单位的征地补偿费用和其他有关费用。

第五十条 地方各级人民政府应当支持被征地的农村集体经济组织和农民从事开发经营，兴办企业。

第五十一条 大中型水利、水电工程建设征收土地的补偿费标准和移民安置办法，由国务院另行规定。

第五十二条 建设项目可行性研究论证时，自然资源主管部门可以根据土地利用总体规划、土地利用年度计划和建设用地标准，对建设用地有关事项进行审查，并提出意见。

第五十三条 经批准的建设项目需要使用国有建设用地的，建设单位应当持法律、行政法规规定的有关文件，向有批准权的县级以上人民政府自然资源主管部门提出建设用地申请，经自然资源主管部门审查，报本级人民政府批准。

第五十四条 建设单位使用国有土地，应当以出让等有偿使用方式取得；但是，下列建设用地，经县级以上人民政府依法批准，可以以划拨方式取得：

（一）国家机关用地和军事用地；

（二）城市基础设施用地和公益事业用地；

（三）国家重点扶持的能源、交通、水利等基础设施用地；

（四）法律、行政法规规定的其他用地。

第五十五条 以出让等有偿使用方式取得国有土地使用权的建设单位，按照国务院规定的标准和办法，缴纳土地使用权出让金等土地有偿使用费和其他费用后，方可使用土地。

自本法施行之日起，新增建设用地的土地有偿使用费，百分之三十上缴中央财政，百分之七十留给有关地方人民政府。具体使用管理办法由国务院财政部门会同有关部门制定，并报国务院批准。

第五十六条 建设单位使用国有土地的，应当按照土地使用权出让等有偿使用合同的约定或者土地使用权划拨批准文件的规定使用土地；确需改变该幅土地建设用途的，应当经有关人民政府自然资源主管部门同意，报原批准用地的人民政府批准。其中，在城市规划区内改变土地用途的，在报批前，应当先经有关城市规划行政主管部门同意。

第五十七条 建设项目施工和地质勘查需要临时使用国有土地或者农民集体所有的土地的，由县级以上人民政府自然资源主管部门批准。其中，在城市规划区内的临时用地，在报批前，应当先经有关城市规划行政主管部门同意。土地使用者应当根据土地权属，与有关自然资源主管部门或者农村集体经济组织、村民委员会签订临时使用土地合同，并按照合同的约定支付临时使用土地补偿费。

临时使用土地的使用者应当按照临时使用土地合同约定的用途使用土地，并不得修建永久性建筑物。

临时使用土地期限一般不超过二年。

第五十八条 有下列情形之一的，由有关人民政府自然资源主管部门报经原批准用地的人民政府或者有批准权的人民政府批准，可以收回国有土地使用权：

（一）为实施城市规划进行旧城区改建以及其他公共利益需要，确需使用土地的；

（二）土地出让等有偿使用合同约定的使用期限届满，土地使用者未申请续期或者申请续期未获批准的；

（三）因单位撤销、迁移等原因，停止使用原划拨的国有土地的；

（四）公路、铁路、机场、矿场等经核准报废的。

依照前款第（一）项的规定收回国有土地使用权的，对土地使用权人应当给予适当补偿。

第五十九条 乡镇企业、乡（镇）村公共设施、公益事业、农村村民住宅等乡（镇）村建设，应当按照村庄和集镇规划，合理布局，综合开发，配套建设；建设用地，应当符合乡（镇）土地利用总体规划和土地利用年度计划，并依照本法第四十四条、第六十条、第六十一条、第六十二条的规定办理审批手续。

第六十条 农村集体经济组织使用乡（镇）土地利用总体规划确定的建设用地兴办企业或者与其他单位、个人以土地使用权入股、联营等形式共同举办企业的，应当持有关批准文件，向县级以上地方人民政府自然资源主管部门提出申请，按照省、自治区、直辖市规定的批准权限，由县级以上地方人民政府批准；其中，涉及占用农用地的，依照本法第四十四条的规定办理审批手续。

按照前款规定兴办企业的建设用地，必须严格控制。省、自治区、直辖市可以按照乡镇企业的不同行业和经营规模，分别规定用地标准。

第六十一条 乡（镇）村公共设施、公益事业建设，需要使用土地的，经乡（镇）人民政府审核，向县级以上地方人民政府自然资源主管部门提出申请，按照省、自治区、直辖市规定的批准权限，由县级以上地方人民政府批准；其中，涉及占用农用地的，依照本法第四十四条的规定办理审批手续。

第六十二条 农村村民一户只能拥有一处宅基地，其宅基地的面积不得超过省、自治区、直辖市规定的标准。

人均土地少、不能保障一户拥有一处宅基地的地区，县级人民政府在充分尊重农村村民意愿的基础上，可以采取措施，按照省、自治区、直辖市规定的标准保障农村村民实现户有所居。

农村村民建住宅，应当符合乡（镇）土地利用总体规划、村庄规划，不得占用永久基本农田，并尽量使用原有的宅基地和村内空闲地。编制乡（镇）土地利用总体规划、村庄规划应当统筹并合理安排宅基地用地，改善农村村民居住环境和条件。

农村村民住宅用地，由乡（镇）人民政府审核批准；其中，涉及占用农用地的，依照本法第四十四条的规定办理审批手续。

农村村民出卖、出租、赠与住宅后，再申请宅基地的，不予批准。

国家允许进城落户的农村村民依法自愿有偿退出宅基地，鼓励农村集体经济组织及其成员盘活利用闲置宅基地和闲置住宅。

国务院农业农村主管部门负责全国农村宅基地改革和管理有关工作。

第六十三条 土地利用总体规划、城乡规划确定为工业、商业等经营性用途，并经依法登记的集体经营性建设用地，土地所有权人可以通过出让、出租等方式交由单位或者个人使用，并应当签订书面合同，载明土地界址、面积、动工期限、使用期限、土地用途、规划条件和双方其他权利义务。

前款规定的集体经营性建设用地出让、出租等，应当经本集体经济组织成员的村民会议三分之二以上成员或者三分之二以上村民代表的同意。

通过出让等方式取得的集体经营性建设用地使用权可以转让、互换、出资、赠与或者抵押，但法律、行政法规另有规定或者土地所有权人、土地使用权人签订的书面合同另有约定的除外。

集体经营性建设用地的出租，集体建设用地使用权的出让及其最高年限、转让、互换、出资、赠与、抵押等，参照同类用途的国有建设用地执行。具体办法由国务院制定。

第六十四条 集体建设用地的使用者应当严格按照土地利用总体规划、城乡规划确定的用途使用土地。

第六十五条 在土地利用总体规划制定前已建的不符合土地利用总体规划确定的用途的建筑物、构筑物，不得重建、扩建。

第六十六条 有下列情形之一的，农村集体经济组织报经原批准用地的人民政府批准，可以收回土地使用权：

（一）为乡（镇）村公共设施和公益事业建设，需要使用土地的；

（二）不按照批准的用途使用土地的；

（三）因撤销、迁移等原因而停止使用土地的。

依照前款第（一）项规定收回农民集体所有的土地的，对土地使用权人应当给予适当补偿。

收回集体经营性建设用地使用权，依照双方签订的书面合同办理，法律、行政法规另有规定的除外。

第六章 监督检查

第六十七条 县级以上人民政府自然资源主管部门对违反土地管理法律、法规的行为进行监督检查。

县级以上人民政府农业农村主管部门对违反农村宅基地管理法律、法规的行为进行监督检查的，适用本法关于自然资源主管部门监督检查的规定。

土地管理监督检查人员应当熟悉土地管理法律、法规，忠于职守、秉公执法。

第六十八条 县级以上人民政府自然资源主管部门履行监督检查职责时，有权采取下列措施：

（一）要求被检查的单位或者个人提供有关土地权利的文件和资料，进行查阅或者予以复制；

（二）要求被检查的单位或者个人就有关土地权利的问题作出说明；

（三）进入被检查单位或者个人非法占用的土地现场进行勘测；

（四）责令非法占用土地的单位或者个人停止违反土地管理法律、法规的行为。

第六十九条 土地管理监督检查人员履行职责，需要进入现场进行勘测、要求有关单位或者个人提供文件、资料和作出说明的，应当出示土地管理监督检查证件。

第七十条 有关单位和个人对县级以上人民政府自然资源主

管部门就土地违法行为进行的监督检查应当支持与配合，并提供工作方便，不得拒绝与阻碍土地管理监督检查人员依法执行职务。

第七十一条 县级以上人民政府自然资源主管部门在监督检查工作中发现国家工作人员的违法行为，依法应当给予处分的，应当依法予以处理；自己无权处理的，应当依法移送监察机关或者有关机关处理。

第七十二条 县级以上人民政府自然资源主管部门在监督检查工作中发现土地违法行为构成犯罪的，应当将案件移送有关机关，依法追究刑事责任；尚不构成犯罪的，应当依法给予行政处罚。

第七十三条 依照本法规定应当给予行政处罚，而有关自然资源主管部门不给予行政处罚的，上级人民政府自然资源主管部门有权责令有关自然资源主管部门作出行政处罚决定或者直接给予行政处罚，并给予有关自然资源主管部门的负责人处分。

第七章 法律责任

第七十四条 买卖或者以其他形式非法转让土地的，由县级以上人民政府自然资源主管部门没收违法所得；对违反土地利用总体规划擅自将农用地改为建设用地的，限期拆除在非法转让的土地上新建的建筑物和其他设施，恢复土地原状，对符合土地利用总体规划的，没收在非法转让的土地上新建的建筑物和其他设施；可以并处罚款；对直接负责的主管人员和其他直接责任人员，依法给予处分；构成犯罪的，依法追究刑事责任。

第七十五条 违反本法规定，占用耕地建窑、建坟或者擅自在耕地上建房、挖砂、采石、采矿、取土等，破坏种植条件的，或者因开发土地造成土地荒漠化、盐渍化的，由县级以上人民政府府自然资源主管部门、农业农村主管部门等按照职责责令限期改正或者治理，可以并处罚款；构成犯罪的，依法追究刑事责任。

第七十六条 违反本法规定，拒不履行土地复垦义务的，由县级以上人民政府自然资源主管部门责令限期改正；逾期不改正的，责令缴纳复垦费，专项用于土地复垦，可以处以罚款。

第七十七条 未经批准或者采取欺骗手段骗取批准，非法占用土地的，由县级以上人民政府自然资源主管部门责令退还非法占用的土地，对违反土地利用总体规划擅自将农用地改为建设用地的，限期拆除在非法占用的土地上新建的建筑物和其他设施，恢复土地原状，对符合土地利用总体规划的，没收在非法占用的土地上新建的建筑物和其他设施，可以并处罚款；对非法占用土地单位的直接负责的主管人员和其他直接责任人员，依法给予处分；构成犯罪的，依法追究刑事责任。

超过批准的数量占用土地，多占的土地以非法占用土地论处。

第七十八条 农村村民未经批准或者采取欺骗手段骗取批准，非法占用土地建住宅的，由县级以上人民政府农业农村主管部门责令退还非法占用的土地，限期拆除在非法占用的土地上新建的房屋。

超过省、自治区、直辖市规定的标准，多占的土地以非法占用土地论处。

第七十九条 无权批准征收、使用土地的单位或者个人非法批准占用土地的，超越批准权限非法批准占用土地的，不按照土地利用总体规划确定的用途批准用地的，或者违反法律规定的程序批准占用、征收土地的，其批准文件无效，对非法批准征收、使用土地的直接负责的主管人员和其他直接责任人员，依法给予处分；构成犯罪的，依法追究刑事责任。非法批准、使用的土地应当收回，有关当事人拒不归还的，以非法占用土地论处。

非法批准征收、使用土地，对当事人造成损失的，依法应当承担赔偿责任。

第八十条 侵占、挪用被征收土地单位的征地补偿费用和其他有关费用，构成犯罪的，依法追究刑事责任；尚不构成犯罪的，依法给予处分。

第八十一条 依法收回国有土地使用权当事人拒不交出土地的，临时使用土地期满拒不归还的，或者不按照批准的用途使用国有土地的，由县级以上人民政府自然资源主管部门责令交还土地，处以罚款。

第八十二条 擅自将农民集体所有的土地通过出让、转让使用权或者出租等方式用于非农业建设，或者违反本法规定，将集体经营性建设用地通过出让、出租等方式交由单位或者个人使用的，由县级以上人民政府自然资源主管部门责令限期改正，没收违法所得，并处罚款。

第八十三条 依照本法规定，责令限期拆除在非法占用的土地上新建的建筑物和其他设施的，建设单位或者个人必须立即停止施工，自行拆除；对继续施工的，作出处罚决定的机关有权制止。建设单位或者个人对责令限期拆除的行政处罚决定不服的，可以在接到责令限期拆除决定之日起十五日内，向人民法院起诉；期满不起诉又不自行拆除的，由作出处罚决定的机关依法申请人民法院强制执行，费用由违法者承担。

第八十四条 自然资源主管部门、农业农村主管部门的工作人员玩忽职守、滥用职权、徇私舞弊，构成犯罪的，依法追究刑事责任；尚不构成犯罪的，依法给予处分。

第八章 附 则

第八十五条 外商投资企业使用土地的，适用本法；法律另有规定的，从其规定。

第八十六条 在根据本法第十八条的规定编制国土空间规划前，经依法批准的土地利用总体规划和城乡规划继续执行。

第八十七条 本法自1999年1月1日起施行。

中华人民共和国城市房地产管理法

（1994年7月5日第八届全国人民代表大会常务委员会第八次会议通过 根据2007年8月30日第十届全国人民代表大会常务委员会第二十九次会议《关于修改〈中华人民共和国城市房地产管理法〉的决定》第一次修正 根据2009年8月27日第十一届全国人民代表大会常务委员会第十次会议《关于修改部分法律的决定》第二次修正 根据2019年8月26日第十三届全国人民代表大会常务委员会第十二次会议《关于修改〈中华人民共和国土地管理法〉、〈中华人民共和国城市房地产管理法〉的决定》第三次修正）

目 录

第一章　总　　则

第一条　为了加强对城市房地产的管理，维护房地产市场秩序，保障房地产权利人的合法权益，促进房地产业的健康发展，制定本法。

第二条　在中华人民共和国城市规划区国有土地（以下简称国有土地）范围内取得房地产开发用地的土地使用权，从事房地产开发、房地产交易，实施房地产管理，应当遵守本法。

本法所称房屋，是指土地上的房屋等建筑物及构筑物。

本法所称房地产开发，是指在依据本法取得国有土地使用权的土地上进行基础设施、房屋建设的行为。

本法所称房地产交易，包括房地产转让、房地产抵押和房屋租赁。

第三条 国家依法实行国有土地有偿、有限期使用制度。但是，国家在本法规定的范围内划拨国有土地使用权的除外。

第四条 国家根据社会、经济发展水平，扶持发展居民住宅建设，逐步改善居民的居住条件。

第五条 房地产权利人应当遵守法律和行政法规，依法纳税。房地产权利人的合法权益受法律保护，任何单位和个人不得侵犯。

第六条 为了公共利益的需要，国家可以征收国有土地上单位和个人的房屋，并依法给予拆迁补偿，维护被征收人的合法权益；征收个人住宅的，还应当保障被征收人的居住条件。具体办法由国务院规定。

第七条 国务院建设行政主管部门、土地管理部门依照国务院规定的职权划分，各司其职，密切配合，管理全国房地产工作。

县级以上地方人民政府房产管理、土地管理部门的机构设置及其职权由省、自治区、直辖市人民政府确定。

第二章　房地产开发用地

第一节　土地使用权出让

第八条 土地使用权出让，是指国家将国有土地使用权（以下简称土地使用权）在一定年限内出让给土地使用者，由土地使用者向国家支付土地使用权出让金的行为。

第九条 城市规划区内的集体所有的土地，经依法征收转为国有土地后，该幅国有土地的使用权方可有偿出让，但法律另有规定的除外。

第十条　土地使用权出让，必须符合土地利用总体规划、城市规划和年度建设用地计划。

第十一条　县级以上地方人民政府出让土地使用权用于房地产开发的，须根据省级以上人民政府下达的控制指标拟订年度出让土地使用权总面积方案，按照国务院规定，报国务院或者省级人民政府批准。

第十二条　土地使用权出让，由市、县人民政府有计划、有步骤地进行。出让的每幅地块、用途、年限和其他条件，由市、县人民政府土地管理部门会同城市规划、建设、房产管理部门共同拟定方案，按照国务院规定，报经有批准权的人民政府批准后，由市、县人民政府土地管理部门实施。

直辖市的县人民政府及其有关部门行使前款规定的权限，由直辖市人民政府规定。

第十三条　土地使用权出让，可以采取拍卖、招标或者双方协议的方式。

商业、旅游、娱乐和豪华住宅用地，有条件的，必须采取拍卖、招标方式；没有条件，不能采取拍卖、招标方式的，可以采取双方协议的方式。

采取双方协议方式出让土地使用权的出让金不得低于按国家规定所确定的最低价。

第十四条　土地使用权出让最高年限由国务院规定。

第十五条　土地使用权出让，应当签订书面出让合同。

土地使用权出让合同由市、县人民政府土地管理部门与土地使用者签订。

第十六条　土地使用者必须按照出让合同约定，支付土地使用权出让金；未按照出让合同约定支付土地使用权出让金的，土地管理部门有权解除合同，并可以请求违约赔偿。

第十七条 土地使用者按照出让合同约定支付土地使用权出让金的，市、县人民政府土地管理部门必须按照出让合同约定，提供出让的土地；未按照出让合同约定提供出让的土地的，土地使用者有权解除合同，由土地管理部门返还土地使用权出让金，土地使用者并可以请求违约赔偿。

第十八条 土地使用者需要改变土地使用权出让合同约定的土地用途的，必须取得出让方和市、县人民政府城市规划行政主管部门的同意，签订土地使用权出让合同变更协议或者重新签订土地使用权出让合同，相应调整土地使用权出让金。

第十九条 土地使用权出让金应当全部上缴财政，列入预算，用于城市基础设施建设和土地开发。土地使用权出让金上缴和使用的具体办法由国务院规定。

第二十条 国家对土地使用者依法取得的土地使用权，在出让合同约定的使用年限届满前不收回；在特殊情况下，根据社会公共利益的需要，可以依照法律程序提前收回，并根据土地使用者使用土地的实际年限和开发土地的实际情况给予相应的补偿。

第二十一条 土地使用权因土地灭失而终止。

第二十二条 土地使用权出让合同约定的使用年限届满，土地使用者需要继续使用土地的，应当至迟于届满前一年申请续期，除根据社会公共利益需要收回该幅土地的，应当予以批准。经批准准予续期的，应当重新签订土地使用权出让合同，依照规定支付土地使用权出让金。

土地使用权出让合同约定的使用年限届满，土地使用者未申请续期或者虽申请续期但依照前款规定未获批准的，土地使用权由国家无偿收回。

第二节　土地使用权划拨

第二十三条　土地使用权划拨，是指县级以上人民政府依法批准，在土地使用者缴纳补偿、安置等费用后将该幅土地交付其使用，或者将土地使用权无偿交付给土地使用者使用的行为。

依照本法规定以划拨方式取得土地使用权的，除法律、行政法规另有规定外，没有使用期限的限制。

第二十四条　下列建设用地的土地使用权，确属必需的，可以由县级以上人民政府依法批准划拨：

（一）国家机关用地和军事用地；

（二）城市基础设施用地和公益事业用地；

（三）国家重点扶持的能源、交通、水利等项目用地；

（四）法律、行政法规规定的其他用地。

第三章　房地产开发

第二十五条　房地产开发必须严格执行城市规划，按照经济效益、社会效益、环境效益相统一的原则，实行全面规划、合理布局、综合开发、配套建设。

第二十六条　以出让方式取得土地使用权进行房地产开发的，必须按照土地使用权出让合同约定的土地用途、动工开发期限开发土地。超过出让合同约定的动工开发日期满一年未动工开发的，可以征收相当于土地使用权出让金百分之二十以下的土地闲置费；满二年未动工开发的，可以无偿收回土地使用权；但是，因不可抗力或者政府、政府有关部门的行为或者动工开发必需的前期工作造成动工开发迟延的除外。

第二十七条 房地产开发项目的设计、施工，必须符合国家的有关标准和规范。

房地产开发项目竣工，经验收合格后，方可交付使用。

第二十八条 依法取得的土地使用权，可以依照本法和有关法律、行政法规的规定，作价入股，合资、合作开发经营房地产。

第二十九条 国家采取税收等方面的优惠措施鼓励和扶持房地产开发企业开发建设居民住宅。

第三十条 房地产开发企业是以营利为目的，从事房地产开发和经营的企业。设立房地产开发企业，应当具备下列条件：

（一）有自己的名称和组织机构；

（二）有固定的经营场所；

（三）有符合国务院规定的注册资本；

（四）有足够的专业技术人员；

（五）法律、行政法规规定的其他条件。

设立房地产开发企业，应当向工商行政管理部门申请设立登记。工商行政管理部门对符合本法规定条件的，应当予以登记，发给营业执照；对不符合本法规定条件的，不予登记。

设立有限责任公司、股份有限公司，从事房地产开发经营的，还应当执行公司法的有关规定。

房地产开发企业在领取营业执照后的一个月内，应当到登记机关所在地的县级以上地方人民政府规定的部门备案。

第三十一条 房地产开发企业的注册资本与投资总额的比例应当符合国家有关规定。

房地产开发企业分期开发房地产的，分期投资额应当与项目规模相适应，并按照土地使用权出让合同的约定，按期投入资金，用于项目建设。

第四章　房地产交易

第一节　一般规定

第三十二条　房地产转让、抵押时，房屋的所有权和该房屋占用范围内的土地使用权同时转让、抵押。

第三十三条　基准地价、标定地价和各类房屋的重置价格应当定期确定并公布。具体办法由国务院规定。

第三十四条　国家实行房地产价格评估制度。

房地产价格评估，应当遵循公正、公平、公开的原则，按照国家规定的技术标准和评估程序，以基准地价、标定地价和各类房屋的重置价格为基础，参照当地的市场价格进行评估。

第三十五条　国家实行房地产成交价格申报制度。

房地产权利人转让房地产，应当向县级以上地方人民政府规定的部门如实申报成交价，不得瞒报或者作不实的申报。

第三十六条　房地产转让、抵押，当事人应当依照本法第五章的规定办理权属登记。

第二节　房地产转让

第三十七条　房地产转让，是指房地产权利人通过买卖、赠与或者其他合法方式将其房地产转移给他人的行为。

第三十八条　下列房地产，不得转让：

（一）以出让方式取得土地使用权的，不符合本法第三十九条规定的条件的；

（二）司法机关和行政机关依法裁定、决定查封或者以其他形式限制房地产权利的；

（三）依法收回土地使用权的；

（四）共有房地产，未经其他共有人书面同意的；

（五）权属有争议的；

（六）未依法登记领取权属证书的；

（七）法律、行政法规规定禁止转让的其他情形。

第三十九条 以出让方式取得土地使用权的，转让房地产时，应当符合下列条件：

（一）按照出让合同约定已经支付全部土地使用权出让金，并取得土地使用权证书；

（二）按照出让合同约定进行投资开发，属于房屋建设工程的，完成开发投资总额的百分之二十五以上，属于成片开发土地的，形成工业用地或者其他建设用地条件。

转让房地产时房屋已经建成的，还应当持有房屋所有权证书。

第四十条 以划拨方式取得土地使用权的，转让房地产时，应当按照国务院规定，报有批准权的人民政府审批。有批准权的人民政府准予转让的，应当由受让方办理土地使用权出让手续，并依照国家有关规定缴纳土地使用权出让金。

以划拨方式取得土地使用权的，转让房地产报批时，有批准权的人民政府按照国务院规定决定可以不办理土地使用权出让手续的，转让方应当按照国务院规定将转让房地产所获收益中的土地收益上缴国家或者作其他处理。

第四十一条 房地产转让，应当签订书面转让合同，合同中应当载明土地使用权取得的方式。

第四十二条 房地产转让时，土地使用权出让合同载明的权利、义务随之转移。

第四十三条 以出让方式取得土地使用权的，转让房地产后，其土地使用权的使用年限为原土地使用权出让合同约定的使用年限减去原土地使用者已经使用年限后的剩余年限。

第四十四条 以出让方式取得土地使用权的，转让房地产后，受让人改变原土地使用权出让合同约定的土地用途的，必须取得原出让方和市、县人民政府城市规划行政主管部门的同意，签订土地使用权出让合同变更协议或者重新签订土地使用权出让合同，相应调整土地使用权出让金。

第四十五条 商品房预售，应当符合下列条件：

（一）已交付全部土地使用权出让金，取得土地使用权证书；

（二）持有建设工程规划许可证；

（三）按提供预售的商品房计算，投入开发建设的资金达到工程建设总投资的百分之二十五以上，并已经确定施工进度和竣工交付日期；

（四）向县级以上人民政府房产管理部门办理预售登记，取得商品房预售许可证明。

商品房预售人应当按照国家有关规定将预售合同报县级以上人民政府房产管理部门和土地管理部门登记备案。

商品房预售所得款项，必须用于有关的工程建设。

第四十六条 商品房预售的，商品房预购人将购买的未竣工的预售商品房再行转让的问题，由国务院规定。

第三节 房地产抵押

第四十七条 房地产抵押，是指抵押人以其合法的房地产以不转移占有的方式向抵押权人提供债务履行担保的行为。债务人不履行债务时，抵押权人有权依法以抵押的房地产拍卖所得的价款优先受偿。

第四十八条 依法取得的房屋所有权连同该房屋占用范围内的土地使用权，可以设定抵押权。

以出让方式取得的土地使用权，可以设定抵押权。

第四十九条 房地产抵押，应当凭土地使用权证书、房屋所有权证书办理。

第五十条 房地产抵押，抵押人和抵押权人应当签订书面抵押合同。

第五十一条 设定房地产抵押权的土地使用权是以划拨方式取得的，依法拍卖该房地产后，应当从拍卖所得的价款中缴纳相当于应缴纳的土地使用权出让金的款额后，抵押权人方可优先受偿。

第五十二条 房地产抵押合同签订后，土地上新增的房屋不属于抵押财产。需要拍卖该抵押的房地产时，可以依法将土地上新增的房屋与抵押财产一同拍卖，但对拍卖新增房屋所得，抵押权人无权优先受偿。

第四节 房屋租赁

第五十三条 房屋租赁，是指房屋所有权人作为出租人将其房屋出租给承租人使用，由承租人向出租人支付租金的行为。

第五十四条 房屋租赁，出租人和承租人应当签订书面租赁合同，约定租赁期限、租赁用途、租赁价格、修缮责任等条款，以及双方的其他权利和义务，并向房产管理部门登记备案。

第五十五条 住宅用房的租赁，应当执行国家和房屋所在城市人民政府规定的租赁政策。租用房屋从事生产、经营活动的，由租赁双方协商议定租金和其他租赁条款。

第五十六条 以营利为目的，房屋所有权人将以划拨方式取得使用权的国有土地上建成的房屋出租的，应当将租金中所含土地收益上缴国家。具体办法由国务院规定。

第五节 中介服务机构

第五十七条 房地产中介服务机构包括房地产咨询机构、房地产价格评估机构、房地产经纪机构等。

第五十八条 房地产中介服务机构应当具备下列条件：

（一）有自己的名称和组织机构；

（二）有固定的服务场所；

（三）有必要的财产和经费；

（四）有足够数量的专业人员；

（五）法律、行政法规规定的其他条件。

设立房地产中介服务机构，应当向工商行政管理部门申请设立登记，领取营业执照后，方可开业。

第五十九条 国家实行房地产价格评估人员资格认证制度。

第五章 房地产权属登记管理

第六十条 国家实行土地使用权和房屋所有权登记发证制度。

第六十一条 以出让或者划拨方式取得土地使用权，应当向县级以上地方人民政府土地管理部门申请登记，经县级以上地方人民政府土地管理部门核实，由同级人民政府颁发土地使用权证书。

在依法取得的房地产开发用地上建成房屋的，应当凭土地使用权证书向县级以上地方人民政府房产管理部门申请登记，由县级以上地方人民政府房产管理部门核实并颁发房屋所有权证书。

房地产转让或者变更时，应当向县级以上地方人民政府房产管理部门申请房产变更登记，并凭变更后的房屋所有权证书向同级人民政府土地管理部门申请土地使用权变更登记，经同级人民政府土地管理部门核实，由同级人民政府更换或者更改土地使用权证书。

法律另有规定的，依照有关法律的规定办理。

第六十二条 房地产抵押时，应当向县级以上地方人民政府规定的部门办理抵押登记。

因处分抵押房地产而取得土地使用权和房屋所有权的，应当依照本章规定办理过户登记。

第六十三条 经省、自治区、直辖市人民政府确定，县级以上地方人民政府由一个部门统一负责房产管理和土地管理工作的，可以制作、颁发统一的房地产权证书，依照本法第六十一条的规定，将房屋的所有权和该房屋占用范围内的土地使用权的确认和变更，分别载入房地产权证书。

第六章 法律责任

第六十四条 违反本法第十一条、第十二条的规定，擅自批准出让或者擅自出让土地使用权用于房地产开发的，由上级机关或者所在单位给予有关责任人员行政处分。

第六十五条 违反本法第三十条的规定，未取得营业执照擅自从事房地产开发业务的，由县级以上人民政府工商行政管理部门责令停止房地产开发业务活动，没收违法所得，可以并处罚款。

第六十六条 违反本法第三十九条第一款的规定转让土地使用权的，由县级以上人民政府土地管理部门没收违法所得，可以并处罚款。

第六十七条 违反本法第四十条第一款的规定转让房地产的，由县级以上人民政府土地管理部门责令缴纳土地使用权出让金，没收违法所得，可以并处罚款。

第六十八条 违反本法第四十五条第一款的规定预售商品房的，由县级以上人民政府房产管理部门责令停止预售活动，没收违法所得，可以并处罚款。

第六十九条 违反本法第五十八条的规定，未取得营业执照擅自从事房地产中介服务业务的，由县级以上人民政府工商行政管理部门责令停止房地产中介服务业务活动，没收违法所得，可以并处罚款。

第七十条 没有法律、法规的依据，向房地产开发企业收费的，上级机关应当责令退回所收取的钱款；情节严重的，由上级机关或者所在单位给予直接责任人员行政处分。

第七十一条 房产管理部门、土地管理部门工作人员玩忽职守、滥用职权，构成犯罪的，依法追究刑事责任；不构成犯罪的，给予行政处分。

房产管理部门、土地管理部门工作人员利用职务上的便利，索取他人财物，或者非法收受他人财物为他人谋取利益，构成犯罪的，依法追究刑事责任；不构成犯罪的，给予行政处分。

第七章　附　　则

第七十二条　在城市规划区外的国有土地范围内取得房地产开发用地的土地使用权，从事房地产开发、交易活动以及实施房地产管理，参照本法执行。

第七十三条　本法自1995年1月1日起施行。

附录二：相关立法资料

《中华人民共和国土地管理法》、《中华人民共和国城市房地产管理法》修正案（草案）

一、中华人民共和国土地管理法修正案（草案）

（一）增加一条，作为第六条："国务院授权的机构对省、自治区、直辖市人民政府以及国务院确定的城市人民政府土地利用和土地管理情况进行督察。"

（二）将第十一条、第十二条合并，作为第十二条，修改为："土地所有权和使用权的登记，依照有关不动产登记的法律、行政法规执行。"

（三）将第十四条、第十五条合并，作为第十四条，修改为："农民集体所有的土地由本集体经济组织的成员承包经营，从事种植业、林业、畜牧业、渔业生产。耕地的承包期为三十年。草地的承包期为三十年至五十年。林地的承包期为三十年至七十年。耕地承包期届满后再延长三十年，草地、林地承包期届满后依法相应延长。发包方和承包方应当依法订立承包合同，约定双方的权利和义务。承包经营土地的农民有保护和按照承包合同约定的用途合理利用土地的义务。农民的土地承包经营权受法律保护。

"国有土地可以由单位或者个人承包经营，从事种植业、林业、畜牧业、渔业生产。农民集体所有的土地，可以由本集体经济组织以外的单位或者个人承包经营，从事种植业、林业、畜牧业、渔业生产。发包方和承包方应当依法订立承包合同，约定双方的权利和义务。土地承包经营的期限由承包合同约定。承包经营土地的单位和个人，有保护和按照承包合同约定的用途合理利用土地的义务。”

（四）将第十九条改为第十八条，修改为：“土地利用总体规划按照下列原则编制：

“（一）落实国土空间开发保护要求，严格土地用途管制；

“（二）严格保护永久基本农田，控制非农业建设占用农用地；

“（三）提高土地节约集约利用水平；

“（四）统筹安排城乡生产、生活、生态用地；

“（五）保护和改善生态环境，保障土地的可持续利用；

“（六）占用耕地与开发复垦耕地数量平衡、质量相当。

“经依法批准的国土空间规划是各类开发建设活动的基本依据。已经编制国土空间规划的，不再编制土地利用总体规划和城市总体规划。”

（五）将第二十九条改为第二十八条，第二款修改为：“县级以上人民政府统计机构和自然资源主管部门依法进行土地统计调查，定期发布土地统计资料。土地所有者或者使用者应当提供有关资料，不得提供不真实、不完整统计资料，不得拒报、迟报统计资料。”

（六）将第三十一条改为第三十条，删去第二款中的“专款用于开垦新的耕地”。

（七）将第三十三条改为第三十二条，修改为：“省、自治区、直辖市人民政府应当严格执行土地利用总体规划和土地利用年度计划，采取措施，确保本行政区域内耕地总量不减少、质量不降低；耕地总量减少的，由国务院责令在规定期限内组织开垦与所减少耕地的数量与质量相当的耕地，耕地质量降低的，由国务院责令在规定期限内组织整改，并由国务院自然资源主管部门会同农业农村主管部门验收。个别省、直辖市确因土地后备资源匮乏，新增建设用地后，新开垦耕地的数量不足以补偿所占用耕地的数量的，必须报经国务院批准减免本行政区域内开垦耕地的数量，进行易地开垦。”

（八）将第三十四条改为第三十三条，修改为：“国家实行永久基本农田保护制度。下列耕地应当根据土地利用总体规划划为永久基本农田，实行严格保护：

“（一）经国务院农业农村主管部门或者县级以上地方人民政府批准确定的粮、棉、油、糖等重要农产品生产基地内的耕地；

“（二）有良好的水利与水土保持设施的耕地，正在实施改造计划以及可以改造的中、低产田；

“（三）蔬菜生产基地；

“（四）农业科研、教学试验田；

“（五）国务院规定应当划为永久基本农田的其他耕地。

“各省、自治区、直辖市划定的永久基本农田一般应当占本行政区域内耕地的百分之八十以上，具体比例由国务院根据各省、自治区、直辖市耕地实际情况另行规定。”

（九）增加一条，作为第三十四条：“永久基本农田划定以乡（镇）为单位进行，由县级人民政府自然资源主管部门会同同级农业农村主管部门组织实施。

“永久基本农田应当落实到地块，设立保护标志，纳入国家永久基本农田数据库严格管理，并由乡（镇）人民政府将其位置、范围向社会公告。”

（十）增加一条，作为第三十五条：“永久基本农田经依法划定后，任何单位和个人不得擅自占用或者改变其用途。国家能源、交通、水利、军事设施等重点建设项目选址确实难以避让永久基本农田，涉及农用地转用或者土地征收的，必须经国务院批准。

“禁止通过擅自调整县级土地利用总体规划、乡（镇）土地利用总体规划的方式规避永久基本农田农用地转用或者土地征收的审批。”

（十一）将第三十七条改为第三十八条，删去该条第三款。

（十二）删去第四十三条。

（十三）将第四十四条第二款、第三款修改为：“永久基本农田转为建设用地的，由国务院批准。省、自治区、直辖市人民政府批准的道路、管线工程和大型基础设施建设项目、国务院批准的建设项目占用土地，涉及农用地转为建设用地的，由国务院或者国务院授权的省、自治区、直辖市人民政府批准。

“在土地利用总体规划确定的城市和村庄、集镇建设用地规模范围内，为实施该规划而将农用地转为建设用地的，按土地利用年度计划分批次按照国务院规定由原批准土地利用总体规划的机关或者其授权的机关批准。在已批准的农用地转用范围内，具体建设项目用地可以由市、县人民政府批准。”

（十四）增加一条，作为第四十五条：“有下列情形之一，确需征收农民集体所有土地的，可以依法实施征收：

“（一）军事和外交需要用地的；

“（二）由政府组织实施的能源、交通、水利、通信、邮政等基础设施建设需要用地的；

“（三）由政府组织实施的科技、教育、文化、卫生、体育、生态环境和资源保护、防灾减灾、文物保护、社区综合服务设施建设、社会福利、市政公用、优抚安置、英烈褒扬等公共事业需要用地的；

“（四）由政府组织实施的保障性安居工程建设需要用地的；

“（五）由政府在土地利用总体规划确定的城镇建设用地范围内组织实施成片开发建设需要用地的；

“（六）法律规定可以征收农民集体所有土地的其他情形。

“前款第五项规定的成片开发应当符合国务院自然资源主管部门规定的标准。”

（十五）将第四十五条改为第四十六条，删去第二款中的“并报国务院备案”。

（十六）将第四十六条、第四十八条合并，作为第四十七条，修改为：“市、县人民政府拟申请征收土地的，应当开展拟征收土地现状调查和社会稳定风险评估，并将征收范围、土地现状、征收目的、补偿标准、安置方式和社会保障等在拟征收土地所在的乡（镇）和村、村民小组范围内进行公告，听取被征地的农村集体经济组织及其成员、村民委员会和其他利害关系人的意见。

“拟征收土地的所有权人、使用权人应当在公告规定期限内，持不动产权属证书办理补偿登记。市、县人民政府应当组织有关部门与拟征收土地的所有权人、使用权人就补偿安置等签订协议，测算并落实有关费用，保证足额到位；个别确实难以达成协议的，应当在申请征收土地时如实说明。

“相关前期工作完成后，市、县人民政府方可申请征收土地。

“国家征收土地的，依照法定程序批准后，由县级以上地方人民政府予以公告并组织实施。”

（十七）将第四十七条改为第四十八条，修改为：“征收土地应当给予公平、合理的补偿，保障被征地农民原有生活水平不降低、长远生计有保障。

“征收土地应当依法及时足额支付土地补偿费、安置补助费以及农村村民住宅、地上附着物和青苗等的补偿费用，并安排被征地农民的社会保障费用。

“征收农用地的土地补偿费、安置补助费标准由省、自治区、直辖市制定公布区片综合地价确定。制定区片综合地价应当综合考虑土地原用途、土地资源条件、土地产值、安置人口、区位、供求关系以及经济社会发展水平等因素，并根据社会、经济发展水平适时调整。

“征收农村村民住宅的，应当按照先补偿后搬迁、居住条件有改善的原则，尊重农村村民意愿，采取重新安排宅基地建房、提供安置房或者货币补偿等方式给予公平合理补偿，保障其居住权和农村村民合法的住房财产权益。具体办法由省、自治区、直辖市制定。

“市、县人民政府应当将被征地农民纳入相应的养老等社会保障体系。被征地农民的社会保障费用主要用于符合条件的被征地农民的养老保险等社会保险缴费补贴。

“征收农用地以外的其他土地、地上附着物和青苗等的补偿标准以及被征地农民社会保障费用的筹集、管理和使用办法，由省、自治区、直辖市制定。”

（十八）删去第五十五条第二款中的“都专项用于耕地开发”。

（十九）将第六十二条修改为：“农村村民一户只能拥有一

处宅基地，其宅基地的面积不得超过省、自治区、直辖市规定的标准。

“人均土地少、不能保障一户一宅的地区，县级人民政府在充分尊重农村村民意愿的基础上，可以采取措施，按照省、自治区、直辖市规定的标准保障农村村民实现户有所居的权利。

“农村村民建住宅，应当符合乡（镇）土地利用总体规划，不得占用永久基本农田，并尽量使用原有的宅基地和村内空闲地。

“农村村民住宅用地，由乡（镇）人民政府审核批准；其中，涉及占用农用地的，依照本法第四十四条的规定办理农用地转用审批手续。

“农村村民出卖、出租住宅后，再申请宅基地的，不予批准。

“国家鼓励进城落户的农村村民依法自愿有偿退出宅基地。

“国务院农业农村主管部门负责全国农村宅基地改革和管理有关工作。”

（二十）将第六十三条修改为：“县级土地利用总体规划、乡（镇）土地利用总体规划确定为工业、商业等经营性用途，并经依法登记的集体建设用地，土地所有权人可以通过出让、出租等方式交由单位或者个人使用，并应当签订书面合同，明确用地供应、动工期限、使用期限、规划用途和双方其他权利义务。

“按照前款规定取得的集体建设用地使用权可以转让、互换、出资、赠与或者抵押，但法律、法规另有规定或者土地所有权人、土地使用权人签订的书面合同另有约定的除外。”

（二十一）增加一条，作为第六十四条：“依法取得集体建设用地使用权的，土地使用权人应当严格按照土地利用总体规划确定的用途使用土地。

“集体建设用地使用权的出让、出租、转让、互换、出资、赠与、抵押，其最高年限、登记等参照同类用途的国有建设用地执行。具体办法由国务院自然资源主管部门制定。”

（二十二）将第六十五条改为第六十六条，增加一款，作为第三款：“收回出让、出租、转让、互换、出资、赠与、抵押的集体建设用地使用权，依照双方签订的书面合同办理，法律、法规另有规定的除外。”

（二十三）将第六十六条改为第六十七条，增加一款，作为第二款：“县级以上人民政府农业农村主管部门对违反农村宅基地管理法律、法规的行为进行监督检查的，适用本法关于自然资源主管部门的规定。”

（二十四）将第七十条改为第七十一条，修改为：“县级以上人民政府自然资源主管部门在监督检查工作中发现国家工作人员的违法行为，依法应当给予处分的，应当依法予以处理；自己无权处理的，应当依法转送有关监察机关处理。”

（二十五）将第七十四条改为第七十五条，并将其中的“土地行政主管部门”修改为“自然资源主管部门、农业农村主管部门等按照职责”。

（二十六）将第七十七条改为第七十八条，并将其中的“土地行政主管部门”修改为“农业农村主管部门”。

（二十七）将第八十一条改为第八十二条，修改为：“非法将农民集体所有的土地的使用权通过出让、出租、转让、互换、出资、赠与、抵押等方式交由单位或者个人使用的，由县级以上人民政府自然资源主管部门责令限期改正，没收违法所得，并处罚款。”

（二十八）删去第八十二条。

（二十九）将第八十四条中的“土地行政主管部门”修改为“自然资源主管部门、农业农村主管部门”。

此外，将有关条款中的“土地行政主管部门”修改为“自然资源主管部门”，“基本农田”修改为“永久基本农田”，“行政处分”修改为“处分”。

本修正案自年月日起施行。

《中华人民共和国土地管理法》根据本修正案作相应修改并对条文序号作相应调整，重新公布。

二、中华人民共和国城市房地产管理法修正案（草案）

将第九条修改为：“城市规划区内的集体所有的土地，经依法征收转为国有土地后，该幅国有土地的使用权方可有偿出让，但法律另有规定的除外。”

本修正案自年月日起施行。

《中华人民共和国城市房地产管理法》根据本修正案作相应修改，重新公布。

关于《〈中华人民共和国土地管理法〉、〈中华人民共和国城市房地产管理法〉修正案（草案）》的说明

——2018年12月23日在第十三届全国人民代表大会常务委员会第七次会议上

自然资源部部长　陆昊

委员长、各位副委员长、秘书长、各位委员：

我受国务院的委托，对《〈中华人民共和国土地管理法〉、

〈中华人民共和国城市房地产管理法〉修正案（草案）》作说明

我受国务院的委托，对《〈中华人民共和国土地管理法〉、〈中华人民共和国城市房地产管理法〉修正案（草案）》作说明。

党中央、国务院高度重视农村土地制度改革。习近平总书记指出，土地制度是国家的基础性制度，农村土地制度改革是个大事，涉及的主体、包含的利益关系十分复杂，必须审慎稳妥推进。李克强总理强调，要坚持从实际出发，因地制宜，深化农村土地制度改革试点，赋予农民更多财产权利，更好保护农民合法权益。按照党中央、国务院决策部署，在认真总结农村土地制度改革试点成果基础上，自然资源部会同有关方面起草了《〈中华人民共和国土地管理法〉、〈中华人民共和国城市房地产管理法〉修正案（草案）》（以下简称草案）。草案已经国务院同意。现说明如下：

一、修改工作情况

根据党中央关于农村土地制度改革的决策部署，全国人大常委会于 2015 年通过决定，授权国务院在试点地区暂时调整实施土地管理法、城市房地产管理法有关规定，并要求在总结试点经验基础上，对实践证明可行的，修改完善有关法律，授权期限至 2017 年 12 月 31 日。2017 年，全国人大常委会决定将授权期限延长至 2018 年 12 月 31 日。

按照党中央、国务院统一部署，原国土资源部在总结农村土地征收、集体经营性建设用地入市、宅基地制度改革试点经验的基础上起草了土地管理法修正案（征求意见稿），向社会公开征求了意见，于 2017 年 8 月报送国务院。司法部先后两次征求农业农村部等有关部门、地方人民政府、研究机构和企业的意见，赴实地调研，召开专家论证会和有关部门座谈会，会同自然资源部反复研究修改，形成了草案。草案已经国务院常务会议讨论通过。

二、修改的基本原则

土地制度是国家的基础性制度，事关经济社会发展和国家长治久安。在修改过程中坚持了以下原则：

一是坚持正确方向。按照习近平总书记关于“不能把农村土地集体所有制改垮了，不能把耕地改少了，不能把粮食生产能力改弱了，不能把农民利益损害了”的重要指示和李克强总理关于“任何时候都要守住耕地红线”、“要坚持数量与质量并重，严格划定永久基本农田”的要求，坚持现行土地管理法关于土地所有制的规定，全面强化对永久基本农田的管理和保护，在征地补偿标准、宅基地审批等直接关系农民利益的问题上只做加法、不做减法，确保法律修改方向正确。

二是坚持问题导向。为破解集体经营性建设用地入市的法律障碍，删去了从事非农业建设必须使用国有土地或者征为国有的原集体土地的规定；为缩小土地征收范围、规范土地征收程序，限定了可以征收集体土地的具体情形，补充了社会稳定风险评估、先签协议再上报征地审批等程序；为完善对被征地农民保障机制，修改征收土地按照年产值倍数补偿的规定，强化了对被征地农民的社会保障、住宅补偿等制度。

三是坚持制度创新。在全面总结农村土地制度改革三项试点经验的基础上，落实党的十九大精神和中央有关政策文件，将依法经过试点、各方面认识比较一致的土地征收、集体经营性建设用地入市、宅基地管理方面的制度创新经验及时上升为法律制度；对经过实践检验比较成熟的永久基本农田保护、土地督察等制度通过法律予以明确；同时，为“多规合一”、国土空间规划体系建设等预留了法律空间。

四是坚持稳妥推进。按照习近平总书记关于“要采取稳妥的办法，既要做一些积极的探索，又要可控、不失控、不引起混乱”的重要指示和李克强总理关于“坚定不移实行最严格的耕地保护制度、最严格的节约用地制度，将良田沃土、绿色田园留给子孙后代”的要求，综合考虑我国城镇化的实际需求，兼顾不同省份经济社会发展的差异性，在征地补偿标准上将平均年产值倍数标准修改为区片综合地价标准并授权省、自治区、直辖市制定公布；在征地范围上与经实践检验比较可行的《国有土地上房屋征收与补偿条例》相衔接，同时将成片开发纳入可以征地的情形，以免对经济社会发展影响过大。

三、修改的主要内容

土地管理法修正案（草案）共二十九条，主要内容包括：

（一）关于土地征收。

一是缩小土地征收范围。删去现行土地管理法关于从事非农业建设使用土地的，必须使用国有土地或者征为国有的原集体土地的规定；明确因政府组织实施基础设施建设、公共事业、成片开发建设等六种情形需要用地的，可以征收集体土地。其中成片开发可以征收土地的范围限定在土地利用总体规划确定的城镇建设用地范围内，此外不能再实施“成片开发”征地，为集体经营性建设用地入市预留空间。

二是规范土地征收程序。要求市、县人民政府申请征收土地前进行土地现状调查、公告听取被征地的农村集体经济组织及其成员意见、组织开展社会稳定风险评估等前期工作，与拟征收土地的所有权人、使用权人就补偿安置等签订协议，测算并落实有关费用，保证足额到位，方可申请征收土地。个别确实难以达成协议的，应当在申请征收土地时如实说明，供审批机关决策参考。

三是完善对被征地农民合理、规范、多元保障机制。在总结试点经验的基础上，将公平合理补偿，保障被征地农民原有生活水平不降低、长远生计有保障作为基本要求；明确征收农用地的土地补偿费、安置补助费标准由省、自治区、直辖市制定公布区片综合地价确定，制定区片综合地价要综合考虑土地原用途、土地资源条件、土地产值、安置人口、区位、供求关系以及经济社会发展水平等因素；考虑到农村村民住宅补偿、被征地农民社会保障费用对被征地农民住有所居和长远生计的重要性，将这两项费用单列，明确征收农村村民住宅要按照先补偿后搬迁、居住条件有改善的原则，尊重农村村民意愿，采取重新安排宅基地建房、提供安置房等方式，保障其居住权，并将被征地农民纳入相应的养老等社会保障体系。

（二）关于集体经营性建设用地入市。

一是明确入市的条件。对土地利用总体规划确定为工业、商业等经营性用途，并经依法登记的集体建设用地，允许土地所有权人通过出让、出租等方式交由单位或者个人使用，并应当签订书面合同，明确用地供应、动工期限、使用期限、规划用途和双方其他权利义务；相关建设用地使用权的收回依照双方签订的书面合同办理。

二是明确集体经营性建设用地入市后的管理措施。为维护土地管理秩序，明确要求集体建设用地使用权人严格按照土地利用总体规划确定的用途使用土地；集体建设用地使用权的最高年限、登记等，参照同类用途的国有建设用地执行。具体办法由国务院自然资源主管部门制定。

（三）关于宅基地制度。

一是健全宅基地权益保障方式。根据乡村振兴的现实需求和各地宅基地现状，规定对人均土地少、不能保障一户一宅的地区，允许县级人民政府在尊重农村村民意愿的基础上采取措施，保障农村村民实现户有所居的权利。

二是完善宅基地管理制度。下放宅基地审批权，明确农村村民申请宅基地的，由乡（镇）人民政府审核批准，但涉及占用农用地的，应当依法办理农用地转用审批手续；落实深化党和国家机构改革精神，明确国务院农业农村主管部门负责全国农村宅基地改革和管理有关工作，赋予农业农村主管部门在宅基地监督管理和行政执法等方面相应职责。

三是探索宅基地自愿有偿退出机制。原则规定允许进城落户的农村村民依法自愿有偿退出宅基地。

（四）其他修改。

一是强化耕地尤其是永久基本农田保护。要求地方人民政府确保规划确定的本行政区域内耕地保有量不减少、质量不降低。明确永久基本农田要落实到地块，设立保护标志，纳入国家永久基本农田数据库严格管理，并由乡（镇）人民政府将其位置、范围向社会公告；任何单位和个人不得擅自占用永久基本农田或者改变其用途；国家重点建设项目选址确实难以避让永久基本农田，涉及农用地转用或者土地征收的，必须经国务院批准；禁止通过擅自调整县、乡（镇）土地利用总体规划的方式规避永久基本农田农用地转用或者土地征收的审批。

二是为"多规合一"预留空间。将落实国土空间开发保护要求作为土地利用总体规划的编制原则，规定经依法批准的国土空间规划是各类开发建设活动的基本依据，已经编制国土空间规划的，不再编制土地利用总体规划和城市总体规划。

三是适当下放农用地转用审批权限。按照现行法律规定，凡是省级人民政府批准的道路、管线工程和大型基础设施建设项目、国务院批准的建设项目，其农用地转用都由国务院批准。为深化“放管服”改革和改善营商环境，需要在严格保护耕地特别是永久基本农田的前提下，适当下放农用地转用审批权限。草案规定，永久基本农田转为建设用地的，由国务院批准；其他原由国务院批准的情形，改为“由国务院或者国务院授权的省、自治区、直辖市人民政府批准”。分批次用地，原规定由“原批准土地利用总体规划的机关批准”，改为“按照国务院规定由原批准土地利用总体规划的机关或者其授权的机关批准”。

四是删去了省级人民政府批准征地报国务院备案的规定。现行法律规定，省、自治区、直辖市人民政府批准征地，需报国务院备案。草案删去了“并报国务院备案”的规定，主要考虑：按照“谁的事权谁负责”的原则，省级人民政府决定征收的事项，由该人民政府负责。取消备案后，更有利于压实地方责任。从实践看，向国务院备案的作用、目的不清晰，效果并不明显。自然资源部拟通过督察、用地审批监管平台等行政、技术手段加强对地方的监管。

同时，根据土地管理实践经验，结合机构改革、财政管理制度等方面的需要，对土地督察制度、部门名称、相关费用使用、部分法律责任条款等一并作了修改。

此外，为与土地管理法修改做好衔接，扫清集体经营性建设用地入市的法律障碍，对城市房地产管理法第九条关于城市规划区内的集体土地必须先征收为国有后才能出让的规定一并作出修改，城市房地产管理法修正案（草案）规定：“城市规划区内的集体所有的土地，经依法征收转为国有土地后，该幅国有土地的使用权方可有偿出让，但法律另有规定的除外。”

草案和以上说明是否妥当，请审议。

《中华人民共和国土地管理法》、《中华人民共和国城市房地产管理法》修正案（草案）（二次审议稿）

一、中华人民共和国土地管理法修正案（草案）

（一）增加一条，作为第六条："国务院授权的机构对省、自治区、直辖市人民政府以及国务院确定的城市人民政府土地利用和土地管理情况进行督察。"

（二）将第十一条、第十二条合并，作为第十二条，修改为："土地所有权和土地承包经营权、宅基地使用权、建设用地使用权等的登记，依照有关不动产登记的法律、行政法规执行。"

（三）将第十四条、第十五条合并，作为第十四条，修改为："农民集体所有的土地由本集体经济组织的成员承包经营，从事种植业、林业、畜牧业、渔业生产。耕地的承包期为三十年。草地的承包期为三十年至五十年。林地的承包期为三十年至七十年。耕地承包期届满后再延长三十年，草地、林地承包期届满后依法相应延长。发包方和承包方应当依法订立承包合同，约定双方的权利和义务。承包经营土地的农民有保护和按照承包合同约定的用途合理利用土地的义务。农民的土地承包经营权受法律保护。

"国有土地可以由单位或者个人承包经营，从事种植业、林业、畜牧业、渔业生产。农民集体所有的土地，可以由本集体经济组织以外的单位或者个人承包经营，从事种植业、林业、畜牧业、渔业生产。发包方和承包方应当依法订立承包合同，约定双方的权利和义务。土地承包经营的期限由承包合同约定。承包经营土地的单位和个人，有保护和按照承包合同约定的用途合理利用土地的义务。”

（四）将第十九条改为第十八条，修改为：“土地利用总体规划按照下列原则编制：

“（一）落实国土空间开发保护要求，严格土地用途管制；

“（二）严格保护永久基本农田，控制非农业建设占用农用地；

“（三）提高土地节约集约利用水平；

“（四）统筹安排城乡生产、生活、生态用地；

“（五）保护和改善生态环境，保障土地的可持续利用；

“（六）占用耕地与开发复垦耕地数量平衡、质量相当。

“国家建立国土空间规划体系。经依法批准的国土空间规划是各类开发、保护、建设活动的基本依据。已经编制国土空间规划的，不再编制土地利用总体规划和城乡规划。”

（五）将第二十九条改为第二十八条，第二款、第三款修改为：“县级以上人民政府统计机构和自然资源主管部门依法进行土地统计调查，定期发布土地统计资料。土地所有者或者使用者应当提供有关资料，不得提供不真实、不完整的统计资料，不得拒报、迟报统计资料。

“自然资源主管部门和统计机构共同发布的土地面积统计资料是各级人民政府编制土地利用总体规划的依据。”

（六）将第三十三条改为第三十二条，修改为：“省、自治区、直辖市人民政府应当严格执行土地利用总体规划和土地利用年度计划，采取措施，确保本行政区域内耕地总量不减少、质量不降低。耕地总量减少的，由国务院责令在规定期限内组织开垦与所减少耕地的数量与质量相当的耕地；耕地质量降低的，由国务院责令在规定期限内组织整治。新开垦和整治的耕地由国务院自然资源主管部门会同农业农村主管部门验收。

“个别省、直辖市确因土地后备资源匮乏，新增建设用地后，新开垦耕地的数量不足以补偿所占用耕地的数量的，必须报经国务院批准减免本行政区域内开垦耕地的数量，进行易地开垦。”

（七）将第三十四条改为第三十三条，修改为：“国家实行永久基本农田保护制度。下列耕地应当根据土地利用总体规划划为永久基本农田，实行严格保护：

“（一）经国务院农业农村主管部门或者县级以上地方人民政府批准确定的粮、棉、油、糖等重要农产品生产基地内的耕地；

“（二）有良好的水利与水土保持设施的耕地，正在实施改造计划以及可以改造的中、低产田和已建成的高标准农田；

“（三）蔬菜生产基地；

“（四）农业科研、教学试验田；

“（五）国务院规定应当划为永久基本农田的其他耕地。

“各省、自治区、直辖市划定的永久基本农田一般应当占本行政区域内耕地的百分之八十以上，具体比例由国务院根据各省、自治区、直辖市耕地实际情况规定。”

（八）增加一条，作为第三十四条：“永久基本农田划定以乡（镇）为单位进行，由县级人民政府自然资源主管部门会同同级农业农村主管部门组织实施。永久基本农田应当落实到地块，纳入国家永久基本农田数据库严格管理。

“乡（镇）人民政府应当将永久基本农田的位置、范围向社会公告，并设立保护标志。”

（九）增加一条，作为第三十五条：“永久基本农田经依法划定后，任何单位和个人不得擅自占用或者改变其用途。国家能源、交通、水利、军事设施等重点建设项目选址确实难以避让永久基本农田，涉及农用地转用或者土地征收的，必须经国务院批准。

“禁止通过擅自调整县级土地利用总体规划、乡（镇）土地利用总体规划等方式规避永久基本农田农用地转用或者土地征收的审批。”

（十）将第三十七条改为第三十八条，删去第三款。

（十一）删去第四十三条。

（十二）将第四十四条第二款、第三款修改为：“永久基本农田转为建设用地的，由国务院批准。省、自治区、直辖市人民政府批准的道路、管线工程和大型基础设施建设项目、国务院批准的建设项目占用土地，涉及农用地转为建设用地的，由国务院或者国务院授权的省、自治区、直辖市人民政府批准。

“在土地利用总体规划确定的城市和村庄、集镇建设用地规模范围内，为实施该规划而将农用地转为建设用地的，按土地利用年度计划分批次按照国务院规定由原批准土地利用总体规划的机关或者其授权的机关批准。在已批准的农用地转用范围内，具体建设项目用地可以由市、县人民政府批准。”

（十三）增加一条，作为第四十五条：“为了公共利益的需要，有下列情形之一，确需征收农民集体所有的土地的，可以依法实施征收：

“（一）军事和外交需要用地的；

“（二）由政府组织实施的能源、交通、水利、通信、邮政等基础设施建设需要用地的；

“（三）由政府组织实施的科技、教育、文化、卫生、体育、生态环境和资源保护、防灾减灾、文物保护、社区综合服务设施建设、社会福利、市政公用、优抚安置、英烈保护等公共事业需要用地的；

“（四）由政府组织实施的扶贫搬迁、保障性安居工程建设需要用地的；

“（五）由政府在土地利用总体规划确定的城镇建设用地范围内组织实施成片开发建设需要用地的；

“（六）法律规定为公共利益需要可以征收农民集体所有的土地的其他情形。

“前款规定的建设活动，应当符合国民经济和社会发展规划、土地利用总体规划、城乡规划和专项规划；第（四）项、第（五）项规定的建设活动，还应当纳入国民经济和社会发展年度计划；第（五）项规定的成片开发并应当符合国务院自然资源主管部门规定的标准。”

（十四）将第四十五条改为第四十六条，删去第二款中的“并报国务院备案”。

（十五）将第四十六条、第四十八条合并，作为第四十七条，修改为：“国家征收土地的，依照法定程序批准后，由县级以上地方人民政府予以公告并组织实施。

“县级以上地方人民政府拟申请征收土地的，应当开展拟征收土地现状调查和社会稳定风险评估，并将征收范围、土地现状、征收目的、补偿标准、安置方式和社会保障等在拟征收土地所在的乡（镇）和村、村民小组范围内进行公告，听取被征地的农村集体经济组织及其成员、村民委员会和其他利害关系人的意见。

“拟征收土地的所有权人、使用权人应当在公告规定期限内，持不动产权属证明材料办理补偿登记。县级以上地方人民政府应当组织有关部门测算并落实有关费用，保证足额到位，与拟征收土地的所有权人、使用权人就补偿、安置等签订协议；个别确实难以达成协议的，应当在申请征收土地时如实说明。

“相关前期工作完成后，县级以上地方人民政府方可申请征收土地。”

（十六）将第四十七条改为第四十八条，修改为：“征收土地应当给予公平、合理的补偿，保障被征地农民原有生活水平不降低、长远生计有保障。

“征收土地应当依法及时足额支付土地补偿费、安置补助费以及农村村民住宅、地上附着物和青苗等的补偿费用，并安排被征地农民的社会保障费用。

“征收农用地的土地补偿费、安置补助费标准由省、自治区、直辖市通过制定公布区片综合地价确定。制定区片综合地价应当综合考虑土地原用途、土地资源条件、土地产值、土地区位、土地供求关系、人口以及经济社会发展水平等因素，并至少每五年调整或者重新公布一次。

“征收农用地以外的其他土地、地上附着物和青苗等的补偿标准，由省、自治区、直辖市制定。对其中的农村村民住宅，应当按照先补偿后搬迁、居住条件有改善的原则，尊重农村村民意愿，采取重新安排宅基地建房、提供安置房或者货币补偿等方式给予公平、合理的补偿，并对因征收造成的搬迁、临时安置等费用予以补偿，保障农村村民居住的权利和合法的住房财产权益。

“县级以上地方人民政府应当将被征地农民纳入相应的养老等社会保障体系。被征地农民的社会保障费用主要用于符合条件的被征地农民的养老保险等社会保险缴费补贴。被征地农民社会保障费用的筹集、管理和使用办法，由省、自治区、直辖市制定。”

（十七）将第五十五条第二款修改为：“自本法施行之日起，新增建设用地的土地有偿使用费，百分之三十上缴中央财政，百分之七十留给有关地方人民政府。具体使用管理办法由国务院财政部门会同有关部门制定，并报国务院批准。”

（十八）将第六十二条修改为：“农村村民一户只能拥有一处宅基地，其宅基地的面积不得超过省、自治区、直辖市规定的标准。

“人均土地少、不能保障一户拥有一处宅基地的地区，县级人民政府在充分尊重农村村民意愿的基础上，可以采取措施，按照省、自治区、直辖市规定的标准保障农村村民实现户有所居。

“农村村民建住宅，应当符合乡（镇）土地利用总体规划，不得占用永久基本农田，并尽量使用原有的宅基地和村内空闲地。

“农村村民住宅用地，由乡（镇）人民政府审核批准；其中，涉及占用农用地的，依照本法第四十四条的规定办理审批手续。

“农村村民出卖、出租住宅后，再申请宅基地的，不予批准。

“国家允许进城落户的农村村民依法自愿有偿退出宅基地。

“国务院农业农村主管部门负责全国农村宅基地改革和管理有关工作。”

（十九）将第六十三条修改为：“土地利用总体规划、城乡规划确定为工业、商业等经营性用途，并经依法登记的集体建设用地，土地所有权人可以通过出让、出租等方式交由单位或者个人使用，并应当签订书面合同，载明土地界址、面积、动工期限、使用期限、土地用途、规划条件和双方其他权利义务。

“前款规定的集体经营性建设用地出让、出租等，应当经本集体经济组织成员的村民会议三分之二以上成员或者三分之二以上村民代表的同意。

“通过出让等方式取得的集体经营性建设用地使用权可以转让、互换、出资、赠与或者抵押，但法律、法规另有规定或者土地所有权人、土地使用权人签订的书面合同另有约定的除外。”

（二十）增加一条，作为第六十四条：“集体建设用地的使用者应当严格按照土地利用总体规划、城乡规划确定的用途使用土地。

“集体建设用地使用权的出让及其最高年限、出租、转让、互换、出资、赠与、抵押等参照同类用途的国有建设用地执行。具体办法由国务院制定。”

（二十一）将第六十五条改为第六十六条，增加一款，作为第三款：“收回出让、出租、转让、互换、出资、赠与、抵押的集体经营性建设用地使用权，依照双方签订的书面合同办理，法律、法规另有规定的除外。”

（二十二）将第六十六条改为第六十七条，增加一款，作为第二款：“县级以上人民政府农业农村主管部门对违反农村宅基地管理法律、法规的行为进行监督检查的，适用本法关于自然资源主管部门监督检查的规定。”

（二十三）将第七十条改为第七十一条，修改为：“县级以上人民政府自然资源主管部门在监督检查工作中发现国家工作人员的违法行为，依法应当给予处分的，应当依法予以处理；自己无权处理的，应当依法移送监察机关处理。”

（二十四）将第七十四条改为第七十五条，并将其中的“土地行政主管部门”修改为“自然资源主管部门、农业农村主管部门等按照职责”。

（二十五）将第七十七条改为第七十八条，并将其中的“土地行政主管部门”修改为“农业农村主管部门”。

（二十六）将第八十一条改为第八十二条，修改为：“非法将农民集体所有的土地的使用权通过出让、出租、转让、互换、出资、赠与、抵押等方式交由单位或者个人使用的，由县级以上人民政府自然资源主管部门责令限期改正，没收违法所得，并处罚款。”

（二十七）删去第八十二条。

（二十八）将第八十四条中的“土地行政主管部门”修改为“自然资源主管部门、农业农村主管部门”。

（二十九）将第八十五条中的“中外合资经营企业、中外合作经营企业、外资企业”修改为“外商投资企业”。

此外，将有关条款中的“土地行政主管部门”修改为“自然资源主管部门”，“基本农田”修改为“永久基本农田”，“行政处分”修改为“处分”。

本修正案自　　年　月　日起施行。

《中华人民共和国土地管理法》根据本修正案作相应修改并对条文序号作相应调整，重新公布。

二、中华人民共和国城市房地产管理法修正案（草案）

将第九条修改为：“城市规划区内的集体所有的土地，经依法征收转为国有土地后，该幅国有土地的使用权方可有偿出让，但法律另有规定的除外。”

本修正案自　　年　月　日起施行。

《中华人民共和国城市房地产管理法》根据本修正案作相应修改，重新公布。

全国人民代表大会宪法和法律委员会关于《〈中华人民共和国土地管理法〉、〈中华人民共和国城市房地产管理法〉修正案（草案）》审议结果的报告

全国人民代表大会常务委员会：

常委会第十一次会议对土地管理法、城市房地产管理法修正案草案进行了再次审议。会后，法制工作委员会在中国人大网全文公布草案二次审议稿征求社会公众意见，宪法和法律委员会、法制工作委员会到北京、吉林、黑龙江调研，并就草案的有关问题与环境与资源保护委员会、司法部、自然资源部、农业农村部交换意见，共同研究。宪法和法律委员会于7月26日召开会议，根据常委会组成人员的审议意见和各方面意见，对草案进行了逐条审议。财政经济委员会、环境与资源保护委员会、农业与农村委员会、司法部、自然资源部、住房和城乡建设部、农业农村部的有关负责同志列席了会议。8月16日，宪法和法律委员会召开会议，再次进行审议。宪法和法律委员会认为，为落实党中央关于农村土地制度改革的决策部署，并与全国人大常委会有关授权决定相衔接，在认真总结改革试点成果基础上对土地管理法、城市房地产管理法作出修改是必要的，草案经过两次审议修改，已经比较成熟。同时，提出以下主要修改意见：

一、关于土地管理法修正案草案二次审议稿

（一）草案二次审议稿第四条第二款对国土空间规划作了原则规定。有些常委委员、地方和社会公众建议用国土空间规划全面取代土地利用总体规划；有的建议暂不对国土空间规划作规定。宪法和法律委员会经研究，根据《中共中央国务院关于建立国土空间规划体系并监督实施的若干意见》的精神，为了做好国土空间规划制度与目前实行的土地利用总体规划和城乡规划制度的衔接，建议将国土空间规划的内容单独作为一条，规定："国家建立国土空间规划体系。编制国土空间规划应当坚持生态优先、绿色发展，科学有序统筹安排生态、农业、城镇等功能空间，优化国土空间结构和布局，提升国土空间开发、保护质量和效率。""经依法批准的国土空间规划是各类开发、保护、建设活动的基本依据。已经编制国土空间规划的，不再编制土地利用总体规划和城乡规划。"

（二）有些常委委员建议，完善易地开垦、轮作休耕等相关制度，进一步加强耕地保护。宪法和法律委员会经研究，建议作以下修改：一是在草案二次审议稿第六条中增加规定，个别省、直辖市经批准易地开垦的耕地应当与所减少的耕地"数量和质量相当"；二是在现行土地管理法第三十五条中增加"引导因地制宜轮作休耕"的规定。

（三）草案二次审议稿第十三条第一款对为公共利益需要可以征地的情形作了规定。根据一些常委会组成人员和社会公众的意见，宪法和法律委员会建议将第五项中的"成片开发建设"限定为"经省级以上人民政府批准由县级以上地方人民政府组织实施的成片开发建设"。

（四）有的常委委员、地方和社会公众建议进一步完善征地

程序，增加对补偿方案组织听证等内容。宪法和法律委员会经研究，建议在草案二次审议稿第十五条中增加以下规定：一是，拟申请征地的地方人民政府应当将征地的有关事项公告“至少三十日”，听取被征地的农村集体经济组织及其成员等方面的意见；二是，多数被征地的农村集体经济组织成员认为征地补偿安置方案不符合法律、法规规定的，县级以上地方人民政府应当组织召开听证会，并根据法律、法规的规定和听证会情况修改方案。

（五）一些常委会组成人员和地方提出，为促进乡村产业发展、改善农村居住条件，应当合理规划乡村产业和宅基地用地，并充分利用闲置宅基地，建议充实完善这方面的内容。宪法和法律委员会经研究，建议作以下修改：一是，将草案二次审议稿第四条第一款第四项修改为：统筹安排城乡生产、生活、生态用地，满足乡村产业和基础设施用地合理需求，促进城乡融合发展；二是，在第十八条第三款中增加规定：编制乡（镇）土地利用总体规划、村庄规划应当统筹并合理安排宅基地用地，改善农村村民居住环境和条件；三是，在第十八条第六款中增加规定：鼓励农村集体经济组织及其成员盘活利用闲置宅基地和闲置住宅。

（六）现行土地管理法第二十四条中规定，各级人民政府应当加强土地利用计划管理，根据国民经济和社会发展计划、国家产业政策、土地利用总体规划以及建设用地和土地利用的实际状况编制土地利用年度计划。有的常委委员提出，集体经营性建设用地入市应当与国有建设用地统筹安排，并纳入土地利用年度计划管理，保障这项改革工作平稳有序进行。宪法和法律委员会经研究，建议在这一条中增加规定：土地利用年度计划应当对本法第六十三条规定的集体经营性建设用地作出合理安排。

此外，还对草案二次审议稿作了一些文字修改。

二、关于城市房地产管理法修正案草案二次审议稿

草案二次审议稿规定，城市规划区内的集体所有的土地，经依法征收转为国有土地后，该幅国有土地的使用权方可有偿出让，但法律另有规定的除外。这一规定主要是为了落实农村集体经营性建设用地入市改革部署，与此次土地管理法的相关修改相衔接。宪法和法律委员会经研究，对草案未作修改。

8 月 9 日，法制工作委员会召开会议，邀请部分全国人大代表、专家学者、农民、试点地区以及基层管理部门、人民法院、立法联系点等方面的代表，就草案中主要制度规范的可行性、法律出台时机、法律实施的社会效果和可能出现的问题等进行评估。普遍认为，土地制度是国家的基础性制度，事关人民群众切身利益和国家长治久安。党的十八大以来，党中央作出决策部署，全国人大常委会三次作出授权决定，积极稳步推进农村土地制度改革试点工作。在总结试点经验、吸收改革成果的基础上，对土地管理法、城市房地产管理法及时作出修改十分必要、十分及时。草案坚守土地公有性质不改变、耕地红线不突破、农民利益不受损的底线，立足我国国情，充分考虑地区差异，较好平衡了改革与稳定、当前与长远的关系，符合实际和改革方向，针对性、可行性较强，将为加强耕地保护，推动土地资源合理利用，维护农民合法权益，促进乡村振兴提供有力法制保障。草案经过常委会两次审议和广泛征求意见，已经比较成熟，建议尽快通过并落地实施。与会人员还对草案提出了一些具体修改意见，有的意见已经采纳。

宪法和法律委员会已按上述意见提出了全国人民代表大会常务委员会关于修改《中华人民共和国土地管理法》、《中华人民共和国城市房地产管理法》的决定（草案），建议提请本次常委会会议审议通过。

修改决定草案和以上报告是否妥当，请审议。

全国人民代表大会宪法和法律委员会

2019年8月22日

全国人民代表大会宪法和法律委员会关于《〈中华人民共和国土地管理法〉、〈中华人民共和国城市房地产管理法〉修正案（草案）》修改情况的汇报

全国人民代表大会常务委员会：

常委会第七次会议对土地管理法、城市房地产管理法修正案草案进行了初次审议。会后，法制工作委员会将草案印发各省（区、市）、三十三个试点县（市、区）、基层立法联系点和中央有关部门以及议案领衔代表、部分高等院校、研究机构征求意见，并在中国人大网全文公布草案征求社会公众意见。宪法和法律委员会、环境与资源保护委员会、法制工作委员会联合召开座谈会，听取中央有关部门、全国人大代表、专家学者以及部分试点地区对草案的意见。宪法和法律委员会、法制工作委员会还到广东、福建、内蒙古、重庆、北京等地调研，听取意见；并就草案的有关问题与司法部、自然资源部、农业农村部交换意见，共同研究。宪法和法律委员会于5月31日召开会议，根据常委会

组成人员的审议意见和各方面意见，对草案进行了逐条审议。环境与资源保护委员会、财政经济委员会、司法部、自然资源部的有关负责同志列席了会议。6 月 17 日，宪法和法律委员会召开会议，再次进行审议。现就主要问题修改情况汇报如下：

一、土地管理法修正案草案第四条第二款规定，经依法批准的国土空间规划是各类开发建设活动的基本依据；已经编制国土空间规划的，不再编制土地利用总体规划和城市总体规划。一些常委会组成人员和地方、部门建议，根据党中央关于建立全国统一、责权清晰、科学高效的国土空间规划体系和实现“多规合一”的要求，完善国土空间规划的相关内容。宪法和法律委员会经研究，建议将这一款修改为：国家建立国土空间规划体系。经依法批准的国土空间规划是各类开发、保护、建设活动的基本依据。已经编制国土空间规划的，不再编制土地利用总体规划和城乡规划。

二、土地管理法修正案草案第十四条对征地的情形作了规定。一些常委委员、人大代表和地方、部门、社会公众建议，与宪法、物权法等规定相一致，明确只有因公共利益需要才可以征地，有关建设活动应当符合规划，进一步限定征地范围。宪法和法律委员会经研究，建议对草案作以下修改：一是在第一款中明确规定“为了公共利益的需要”可以依法实施征地；二是在第二款中增加规定，确需征地的建设活动应当符合国民经济和社会发展规划、土地利用总体规划、城乡规划和专项规划，扶贫搬迁、保障性安居工程以及成片开发建设还应当纳入国民经济和社会发展年度计划。

三、土地管理法修正案草案第十七条规定，征地补偿标准按省（区、市）制定公布的区片综合地价确定；征收农村村民住宅、农用地以外的其他土地、地上附着物和青苗等的补偿标准由省（区、市）制定。一些常委委员和地方、部门、社会公众建议进一步完善征地补偿的规定，保障被征地农民的合法权益。宪法和法律委员会经研究，建议对草案作以下修改：一是在第三款中增加规定区片综合地价“至少每五年调整或者重新公布一次”；二是在第四款中增加对因征收农村村民住宅造成的搬迁、临时安置等费用予以补偿的内容。

四、有的常委委员和地方、部门提出，耕地开垦费和新增建设用地的土地有偿使用费都应当用于耕地开发和保护，建议保留现行土地管理法的相关规定。宪法和法律委员会经研究，建议恢复现行土地管理法第三十一条中关于耕地开垦费专款用于开垦新的耕地的规定；同时在土地管理法修正案草案第十八条中增加规定，新增建设用地的土地有偿使用费“具体使用管理办法由国务院财政部门会同有关部门制定，并报国务院批准”。

五、土地管理法修正案草案第二十条、第二十一条对集体经营性建设用地入市的条件、程序以及入市办法的制定等作了规定。一些常委委员和地方、部门建议进一步完善集体经营性建设用地的入市程序，保障农村集体经济组织及其成员的合法权益，推进改革工作顺利进行。宪法和法律委员会经研究，建议对草案作以下修改：一是根据有关改革要求，在草案第二十条第一款中增加“城乡规划”作为确定集体经营性建设用地的依据；二是健全集体经营性建设用地入市的民主决策程序，在草案第二十条中增加一款，规定：集体经营性建设用地出让、出租等，应当经本集体经济组织成员的村民会议三分之二以上成员或者三分之二以上村民代表的同意；三是将集体建设用地使用权入市具体办法由“国务院自然资源主管部门制定”，修改为由“国务院制定”。

六、有的意见建议，根据新通过的外商投资法，将现行土地管理法第八十五条中的“中外合资经营企业、中外合作经营企业、外资企业”的表述修改为“外商投资企业”。宪法和法律委员会经研究，同意这一意见，建议作相应修改。

七、城市房地产管理法修正案草案未作修改。

此外，还对土地管理法修正案草案作了一些文字修改。

土地管理法、城市房地产管理法修正案草案二次审议稿已按上述意见作了修改，宪法和法律委员会建议提请本次常委会会议继续审议。

修正案草案二次审议稿和以上汇报是否妥当，请审议。

全国人民代表大会宪法和法律委员会

2019 年 6 月 25 日

附录三：相关参阅资料

十三届全国人大常委会第七次会议审议土地管理法、城市房地产管理法修正案草案的意见

十三届全国人大常委会第七次会议对土地管理法、城市房地产管理法修正案草案进行了初次审议，主要是对土地管理法修正案草案（以下简称草案）提出意见。现将主要意见简报如下：

一、总的意见

许多常委会组成人员认为，为贯彻落实党中央有关农村土地管理制度改革的决策部署，将农村土地制度改革成果上升为法律，对两部法律作出修改是必要的。草案对土地管理法中有关土地征收、集体经营性建设用地入市、宅基地制度等规定作了修改完善，强化了耕地保护等内容，总体可行。

有的委员和代表建议，从推进城乡融合发展、实施乡村振兴战略的角度来修改本法，在规范管理的前提下，给农村实现产业融合发展解决好用地问题。

有的委员提出，给农民更多土地财产权是扩大农民收入的重要方向，草案对此应进一步考虑。有的委员提出，应解决好土地、宅基地产权流转问题。有的委员提出，要完善农村一二三产业融合发展的用地管理，在土地利用规划中安排一定比例土地保障农业农村基础设施和公共服务设施用地，完善耕地指标和建设

用地指标省域调节机制。有的委员提出，草案对建设用地口子开得比以前还大，目前城市建设用地整体上已超标，主要是结构性短缺，闲置和低效利用较多，此次修改要强调三个方面：一是考虑未来城市建设还需要多少地，开多大口子；二是加大对城市低效和闲置土地二次开发力度；三是认真研究乡村振兴背景下农村产业用地问题。

有的委员提出，草案体现改革探索经验、体现市场配置资源作用、体现法治建设全局的要求不够充分，存在部门立法痕迹。有的建议突出强调市场配置土地的作用，只要符合全国国土功能区规划，根据市场确定具体地块的用途。

有的委员提出，本法修改要慎之又慎，广泛征求意见。

二、关于土地征收

（一）关于征地范围

草案第十四条规定了确需征地的六种情形：（一）军事和外交需要用地；（二）由政府组织实施的能源、交通等基础设施建设需要用地；（三）由政府组织实施的科技、教育、文化、卫生、体育、生态环境和资源保护等公共事业需要用地；（四）由政府组织实施的保障性安居工程建设需要用地；（五）由政府在土地利用总体规划确定的城镇建设用地范围内组织实施成片开发建设需要用地；（六）法律规定可以征收土地的其他情形。

有的委员提出，宪法规定，国家为了公共利益的需要可以依照法律规定征地并给予补偿。本条没有“为了公共利益”征地的表述，主体也变成了政府，“政府组织实施”的概念值得讨论，主体资格太泛会造成以征地为名侵占集体土地。建议对征地问题进行认真研究，公共利益的概念不能开大口子，除了国家为了公共利益进行必要征收外，其他都应当市场化处理，要有交易规则，农民要有议价权。有的委员建议在本条增加概括性规定：为了保障国家安全，促进国民经济和社会事业发展，改善生态环境等公共利益的需要，可以实施征收。

有的委员提出，本条没有对公共利益作出界定，第一项至第四项都可以解释为公共利益，第五项没有限定于为了公共利益进行成片开发，可能会引起对这一规定合宪性的质疑，建议再作研究。有的委员提出，对新增建设用地应当从严控制，第五项中“成片开发”的表述体现的是以往粗放发展模式，应强调土地集约利用。有的委员建议将第五项修改为“为实施由国务院或省级人大批准的开发区建设需要的”。有的委员提出，第五项的规定在地方政府享有规划编制权的背景下，可能会提高地方政府扩大征地范围的风险，建议删去或再斟酌研究。有的提出，第五、六项都不是为了公共利益，建议删去。

有的委员提出，第二、三项规定由政府组织实施的项目才能征地，不利于民营经济平等保护，建议改为“列入国家和省级规划”的建设项目。有的委员建议将第三项中的“生态环境和资源保护”单独作为一项。有的提出，第三项规定的范围宽泛，也不够确定，建议再作研究。有的委员建议在第四项中增加“扶贫项目建设需要用地”。

有的委员建议删去第六项的兜底规定。有的委员建议第六项规定得再严一些。有的委员建议在第六项中增加“为公共利益需要”的表述。

（二）关于征地程序

1. 草案第十三条将国务院、省（区、市）人民政府批准的建设项目涉及农用地转为建设用地的审批权，由国务院改为国务院或国务院授权的省（区、市）人民政府。

有的委员提出，要严格控制征收永久基本农田，建议做好本条与第十条关于永久基本农田审批规定的衔接。有的委员提出，下放审批权不能削弱监督，建议规定向国务院授权的部门备案。有的委员提出，草案第十三条、第十四条、第十五条关于农用地转为建设用地的路径、程序、审批权限等不清楚，建议再斟酌。

2. 草案第十六条规定，市、县人民政府拟申请征收土地，应当开展拟征收土地现状调查和社会稳定风险评估，并将征收范围、补偿标准等进行公告，听取被征地的农村集体经济组织及其成员等的意见，与土地所有权人、使用权人签订补偿安置协议后方可申请征收土地；依照法定程序批准后，由县级以上地方人民政府公告并组织实施。

有的委员提出，征地风险不一定仅仅是社会稳定风险，征地对集体所有权、粮食生产能力、老百姓利益等造成的风险也要评估。有的委员建议将"社会稳定风险评估"改为"环境和社会稳定风险评估"。有的代表建议增加征地前的合法性审查程序，防止敏感事件发生。

有的委员建议增加征地应当经农村集体经济组织一定比例成员同意的规定。有的委员建议对被征地的农村集体经济组织及其成员、村民委员会和其他利害关系人提出的意见赋予法律效力。有的委员建议设立公共利益审查、听证等机制，保障被征地人合法权益。

有的代表提出，"土地所有权人、使用权人"没有涵盖土地承包人和土地经营权人，特别是土地经营权人也应属于征地的补偿对象。

有的委员建议明确征地"依照法定程序批准"中"法定程

序”的内容。有的建议增加规定：对已签订的征收土地补偿协议，应严格按照协议执行。

（三）关于征地补偿

1. 草案第十七条第一款规定，征收土地应当给予公平、合理的补偿，保障被征地农民原有生活水平不降低、长远生计有保障。有的委员建议将“不低于上年城乡居民人均收入”也作为补偿原则。有的委员建议将“不降低”的原则改为“生活水平有适当提高”。有的委员提出，“不降低”的原则应当涵盖征收村民住宅，同时，对政府部门和人员不依法给予补偿应当明确法律责任。有的委员提出，被征地农民原有生活是否降低，不仅是征地补偿问题，还涉及其他因素，建议删去“保障被征地农民原有生活水平不降低、长远生计有保障”的表述。

2. 草案第十七条第二款规定，征收土地应当依法及时足额支付土地补偿费、安置补助费以及农村村民住宅、地上附着物和青苗等补偿费用，安排被征地农民的社会保障费用。有的委员提出，地上附着物已包括农村村民住宅，建议删去“农村村民住宅”的表述。有的委员提出，征收村民住宅“居住条件有改善”的原则不好把握，建议删去。有的委员提出，现在农民已经有了养老、医疗保险，建议删去安排被征地农民社会保障费用的规定。

3. 草案第十七条第三款、第四款、第六款规定，土地补偿费和安置补助费标准，由省（区、市）制定公布区片综合地价确定；征收村民住宅、其他土地、地上附着物和青苗等的补偿标准，具体办法由省（区、市）制定。有的委员建议将区片综合地价补偿，改为“市场价格＋征收土地增值收益调节金”，以解决土地增值收益合理分配问题。有的委员提出，制定区片综合地价应当考虑的因素列举得太多，建议改为“应考虑土地原用途、土地征收后的综合增值收益、集体土地直接入市收益等因素”。有的委员提出，区片综合地价在实践中如何计算，哪些人会受到补偿，建议再研究一下，要确保本法通过后征地补偿比目前的补偿有所提高。有的委员建议明确相关标准由省人大还是省政府或政府部门确定。有的委员建议明确相关标准由省人大常委会确定。有的委员提出，征地补偿标准完全由各省确定，会造成不同省的补偿标准差异过大，不利于社会稳定。

三、关于集体经营性建设用地入市

1. 草案第二十条规定，土地利用总体规划确定为工业、商业等经营性用途，并经依法登记的集体建设用地，可以通过出让、出租等方式由单位或个人使用，签订书面合同，明确使用期限等。

有的委员建议明确集体建设用地的范围、入市的指标和要求、入市收入的分配方式、入市土地开发建设的要求等内容。沈春耀委员提出，现在入市的是集体经营性建设用地，不包括房地产开发和非经营性建设用地，建议将本法中的“集体建设用地”改为“集体经营性建设用地”。有的委员建议对土地出让收益调节金作出明确规定，调节金应主要用于农村集体经济。有的委员提出，应当支持农民把集体经营性建设用地转化成股权，与城市资本融合发展农村产业。有的委员建议明确入市要通过“招拍挂”形式。有的委员建议将党的十九大报告中的“统一城乡建设用地市场”在本法中予以体现；同时，本条未明确集体建设用地入市是否需经政府批准，但草案第二十二条规定，村集体经政府批准可以收回土地使用权，建议做好二者之间的衔接。

有的委员提出，草案未允许集体经营性建设用地用于住宅建设，建议对小产权房的问题进行认真研究，谨慎处理。

2. 草案第二十一条规定，集体建设用地使用权的出让、出租等，其最高年限、登记等参照同类用途的国有建设用地执行，具体办法由国务院自然资源主管部门制定。有的委员建议，集体建设用地最高年限、登记等具体办法由国务院制定。有的委员建议将本条第二款与第二十条第二款关于集体建设用地使用权转让、出资等的规定合并。

四、关于宅基地管理制度

（一）关于一户一宅

草案第十九条第一款、第二款规定，农村村民一户只能拥有一处宅基地，面积不得超过省（区、市）规定的标准；人均土地少、不能保障一户一宅的地区，按照省（区、市）规定的标准保障村民实现户有所居的权利。有的委员建议坚持一户一宅，对一户多宅和超面积宅基地收取使用费；赋予宅基地使用权在一定范围内流转、有偿退出、继承及抵押权能，把握好宅基地流转范围，禁止城市居民利用宅基地建别墅和私人会所；完善农房产权制度，核发集体土地使用权证和房屋产权证，赋予房屋抵押权能。有的委员建议对一户多宅作出规定，区别对待，通过继承、合法买卖等获得的予以确权登记，对不合法的要明确处理措施。有的提出，应当取消一户一宅，允许农民有偿获得宅基地，赋予宅基地完整的用益物权。有的委员提出，草案关于一户一宅的规定比较模糊，建议进一步明确。

（二）关于宅基地审批

1. 草案第十九条第四款规定，农村村民住宅用地由乡（镇）人民政府审核批准。有的建议改为由县级人民政府审核批准。有的建议增加“报县级人民政府备案”。有的委员建议将“农村村民”改为“农村集体经济组织成员家庭”。

2. 草案第十九条第五款规定，农村村民出卖、出租住宅后，再申请宅基地的，不予批准。有的委员建议改为“农村村民出售、出租住宅后，不得再申请宅基地”。有的委员建议增加规定：农村村民出卖、出租住宅，需经村集体经济组织同意；在同等条件下，本村集体经济组织内未分配宅基地的成员享有优先购买权。农村村民出卖住宅，仅能获得房屋和宅基地法定租赁权的相应对价，宅基地所有权的相应对价由农村集体经济组织取得。

3. 草案第十九条第七款规定，国务院农业农村主管部门负责全国农村宅基地改革和管理有关工作。有的委员提出，为防止多头管理，建议进一步厘清各部门职责。有的委员提出，由两个部门管理宅基地可能会引发冲突，建议删去本款规定，明确宅基地由自然资源主管部门管理。

（三）关于宅基地自愿有偿退出

草案第十九条第六款规定，国家鼓励进城落户的农村村民依法自愿有偿退出宅基地。有的委员提出，目前农村住房、宅基地闲置现象严重，应当鼓励农村住房和宅基地流转。有的委员提出，目前宅基地只允许在本村内有偿转让，如何利用宅基地有偿转让引进城市资源流入农村，需要通过试点取得成果后纳入相关法律。有的委员建议对宅基地“三权分置”试点经验进行总结后纳入本法中。有的委员建议完善宅基地退出机制，既包括合法的自愿有偿退出，也应包括强制收回违法占有的宅基地。有的委员提出，宅基地改革要更多体现宅基地的财产权益，通过多种方式，不能简单实行城乡建设用地指标增减挂钩。有的委员建议增加一句“建立宅基地自愿有偿退出机制”。

五、关于耕地保护

1. 有的提出，本法要充分体现最严格的耕地保护制度，体现永久基本农田保护，体现耕地占补平衡原则。有的委员提出，要将耕地保护作为重点内容予以考虑。有的委员提出，农民土地被划为永久基本农田后，用途和价值受到限制，这是为公共利益付出的，不能完全由农民承担，应该由全民共同承担，建议建立永久基本农田补偿制度。有的建议在第十条中增加规定：国家建立永久基本农田补偿制度，具体办法由国务院规定。

2. 草案第九条规定，永久基本农田划定以乡镇为单位进行，由乡镇政府将其位置、范围向社会公告。有的提出，乡镇政府工作力量不足，建议由县级政府负责基本农田划定工作。

3. 有的委员提出，草案第十八条删去现行法中关于建设用地有偿使用费“都专项用于耕地开发”的规定不妥，建议保留。有的委员建议土地使用费全部留给地方，解决地方债务困难。

4. 现行法第三十七条规定，禁止占用耕地建窑、建坟或者擅自在耕地上建房等；禁止占用永久基本农田发展林果业和挖塘养鱼。有的委员提出，实践中有的地方以建农业大棚的名义占用耕地搞住宅开发，本法应当对这一行为进行明确界定，并规定相应的监管措施。有的委员建议增加土地复垦的相关规定，实行土地复垦费用预存制度，同时，建议本法修改要为矿业用地入法留有余地。有的委员提出，实践中很多地方有大量土地种水果，既没有破坏耕地，也有助于脱贫，建议对本条规定再作研究。有的代表建议将禁止占用耕地建窑、建坟、建房的规定，改为“擅自在耕地上建设与农业生产无关的用房”。

5. 有的代表建议，将现行法第六十条有关村集体兴办企业占用农用地需办理农用地转用审批中的“兴办企业”改为“兴办与农业生产无关的企业”。

六、关于国土空间规划

草案第十八条第二款规定，经依法批准的国土空间规划是各类开发建设活动的基本依据；已经编制国土空间规划的，不再编制土地利用总体和城市总体规划。

有的常委会组成人员建议把土地利用总体规划、国土空间规划和城市总体规划三者关系再理清楚一些，并明确国土空间规划的定位是各类开发建设活动的基本依据。有的委员提出，全国土地利用总体规划2020年到期，建议对草案中有关土地利用总体规划的内容，按照“多规合一”的要求，与国土空间规划、生态红线等制度进行统筹研究。有的委员建议进一步强化有关国土空间规划的规定。

有的委员提出，目前国土空间规划的基础还比较薄弱，2017年才印发试点方案，在9个省开展试点，在法律里直接规定国土空间规划代替土地利用总体规划和城市总体规划是否合适，建议研究，可以先试点，成熟后再写入法律。有的委员提出，制定国土空间规划目前没有法律依据，取代城市总体规划不妥，建议删去这一规定，由国务院向全国人大常委会提请授权。

有的委员建议在本法中明确将主体功能区划作为编制土地利用总体规划的依据。有的委员提出，应将土地利用总体规划与环境保护规划、文物遗址保护规划衔接起来。

七、其他意见

1. 有的委员建议在现行法第一条立法目的中增加“保障土地权利人的合法权益”的表述。

2. 草案第三条对耕地、草地、林地的承包期及承包期届满后的延期作了规定。有的委员建议做好与农村土地承包法有关规定的衔接。有的委员建议将本条修改为：农村集体所有和国家所有依法由农民集体使用的耕地、林地、草地以及其他依法用于农业的用地，其承包经营规则依照农村土地承包法执行。有的委员提出，实践中，草地和林地具体承包期限由谁确定不明确；耕地、草地、林地以外土地的承包期限没有明确；草地、林地承包期满延长是承包期内延长还是承包期外延长有歧义；本集体经济组织以外的单位和个人对发包方的决策没有限制，建议对上述问题予以研究。有的委员建议在“土地承包经营的期限由承包合同约定”后，增加“但不得超过前款规定的承包期限”。

3. 草案第五条规定，县级以上人民政府统计机构和自然资源主管部门进行土地统计调查，定期发布土地统计资料。有的委员建议删去“调查”二字。有的委员建议将“定期发布”改为每年公布，至少要向本级人大报告。

4. 有的委员建议按照监察法的规定，将草案第二十四条中对工作人员违法行为“依法转送有关监察机关处理”，改为“涉嫌职务违法和职务犯罪的应当移送监察机关处理”。有的建议在草案第二十九条违法行为中增加“贪污、贿赂”的表述。

5. 有的委员提出，城市房地产管理法修正案草案仅修改第九条还不够，应对实践发展亟需的相关法律制度进行完善。

十三届全国人大常委会第十一次会议审议土地管理法、城市房地产管理法修正案草案二次审议稿的意见

十三届全国人大常委会第十一次会议对土地管理法、城市房地产管理法修正案草案二次审议稿进行了审议，主要是对土地管理法修正案草案（以下简称草案）提出意见。现将主要意见简

报如下：

一、总的意见

有些常委会组成人员认为，草案吸收了常委会初次审议的意见和各方面意见，总结了农村土地征收、集体经营性建设用地入市、宅基地管理制度改革试点成果，体现了审慎稳妥推进农村土地制度改革的精神，修改得比较好，在维护农民土地财产权益、促进农村土地资源有效利用等方面将发挥重要作用。

有的提出，土地管理法修改要做好与农村土地承包法的衔接，土地经营收益的分配要保护好农民利益，确保耕地红线不逾越。有的委员提出，土地问题涉及经济和社会改革、发展、稳定的全局，土地管理法修改需要对农村土地制度改革的重大问题作通盘考虑。有些常委会委员、专委会委员建议草案进一步总结吸收改革试点的成功经验，促进土地等生产要素在城乡间自由流动，促进城乡融合发展。有的提出，草案在更好发挥市场配置土地资源的作用方面还不够，建议按照近年来中央有关土地资源配置市场化改革的一系列重要文件精神对草案进行修改完善。

二、关于国土空间规划

草案第四条第一款对土地利用总体规划的编制原则作了规定，将落实国土空间开发保护要求作为编制原则；第二款规定，国家建立国土空间规划体系，经依法批准的国土空间规划是各类开发、保护、建设活动的基本依据，已经编制国土空间规划的，不再编制土地利用总体规划和城乡规划。

有的提出，目前国土空间规划还在试点，现阶段不编制土地利用总体规划缺乏可操作性，建议草案暂不对国土空间规划作规定。有的委员提出，党中央明确要求到2020年市县以上各级国土空间总体规划要完成编制，草案是对国土空间规划只作衔接性规定，还是作全面规定，建议研究。有些常委会委员、专委会委员建议进一步处理好国土空间规划和土地利用总体规划在过渡期间的关系，对草案中的表述作修改完善。有的委员建议将草案中的“土地利用总体规划”改为“国土空间规划”。

有的委员建议将第二款中的“城乡规划”恢复为一审稿规定的“城市总体规划”；有的委员建议删去“城乡规划”。有的委员建议增加“不再编制林地保护利用规划”的内容。

有的委员建议删去土地利用总体规划编制原则中的“落实国土空间开发保护要求”。有的委员建议在土地利用总体规划的编制原则中增加农村产业用地的规定。有的委员提出，农村建设用地指标应满足农村各类产业发展用地需要。

三、关于耕地保护

1. 草案第七条、第八条、第九条规定，国家实行永久基本农田保护制度，重要农产品生产基地内的耕地、农业科研、教学试验田等应当划为永久基本农田；永久基本农田应落实到地块；占用永久基本农田须经国务院批准。有的委员建议明确永久基本农田的含义。有的委员建议删去“农业科研、教学试验田”应当划为永久基本农田的规定。有的建议建立永久基本农田补偿制度，对耕地被划为永久基本农田的农民进行补偿。有的代表提出，永久基本农田落实到地块，占用由国务院审批，管得太死，建议管住数量红线即可。

2. 草案第十条规定，禁止任何单位和个人闲置、荒芜耕地，已经办理审批手续的非农业建设占用耕地连续二年未使用的，经原批准机关批准无偿收回土地使用权。有的委员建议处理好这一规定与休耕轮作的关系；有的委员建议增加“列入国家农业休养生息规划的除外”的规定；有的委员建议增加对休耕予以保护的内容。有的建议增加土地经营权人弃耕抛荒，发包方有权终止土地经营权流转合同的规定。

有的委员建议明确对连续二年未使用的收回，是由农用地转用审批机关还是供地审批机关批准。有的委员建议将第二款中的“出让方式”，改为“出让等有偿使用方式”。有的委员建议对地方政府早征迟用、多征少用的行为作出规范，防止土地闲置。

3. 现行法第三十一条规定，国家保护耕地，非农业建设占用耕地，按照“占多少、垦多少”的原则开垦与所占用耕地的数量和质量相当的耕地。有的委员建议将“国家保护耕地”改为“国家实行严格的耕地保护制度”。有的建议将“占多少、垦多少”改为“占多少、补多少”。

有的委员提出，草案第六条规定，个别省、直辖市经批准可以易地开垦，建议对易地开垦的土地面积和质量作出规定。有的委员建议在草案第十七条中规定，新增建设用地的土地有偿使用费的具体使用管理办法由国务院制定。

4. 现行法第三十六条规定，禁止占用耕地建窑、建坟或者擅自在耕地上建房等；禁止占用永久基本农田发展林果业和挖塘养鱼。有的委员建议删去禁止“建坟”，增加禁止占用永久基本农田建设畜禽养殖设施的规定。有的委员提出，实践中该条规定难以有效执行。

四、关于土地征收

（一）关于征地范围

草案第十三条对为了公共利益需要可以征地的情形作了规定。有的建议将第二、三、四、五项中的“政府”明确为“县级以上人民政府”。有的委员建议在第二项中增加“矿产资源开发”。有的建议删去第四项中的“扶贫搬迁”。有的委员建议删去第六项中的“为公共利益需要”。有的建议增加军地土地置换的内容，并将第三项中的“英烈保护”改为“尊崇英烈”。

有的委员提出，第五项中的“成片开发”并非都属于公共利益，有的可能是房地产开发等商业建设，建议对“成片开发”作进一步限定；农业农村委魏后凯建议明确“成片开发中因公共利益需要的用地”才可以征收。有的委员提出，成片开发的根本目的在于从事经营活动，而非满足公共利益需要，建议删去第五项。有的委员建议第五项在城市规划与土地利用总体规划的衔接、政府征收与企业开发的关系方面规定得再详细一些。

（二）关于征地程序

草案第十五条规定，征收土地由县级以上地方人民政府予以公告并组织实施。县级以上地方人民政府拟申请征收土地，应当开展社会稳定风险评估，并将征收范围、补偿标准等进行公告，听取被征地的农村集体经济组织及其成员等的意见，签订补偿安置协议后方可申请征收土地。

有的委员建议增加公共利益认定程序及争议裁决机制的规定。有的委员建议增加征地前听证程序，以及征收决定和补偿司法审查制度，赋予法院对补偿合理性审查权限。

有的建议增加“县级以上地方人民政府作出土地征收决定”的规定。有的委员建议增加“公告期限不得少于30天”以及“听取意见后的修改结果应当及时公布或者反馈”的规定。

（三）关于征地补偿

1. 草案第十六条第一款规定，征收土地应当给予公平、合理的补偿，保障被征地农民原有生活水平不降低、长远生计有保障。

有的委员提出，“保障被征地农民原有生活水平不降低、长远生计有保障”的表述比较原则，建议改为“将被征地农民纳入社会保障体系，保障其长远生计”；有的建议改为“至少保障通过征地补偿，使被征地农民的生活水平有不同程度提高，使被征地农民与社会全体成员都从中受益”。

2. 草案第十六条第二款、第三款、第四款、第五款对征收的土地补偿费、安置补助费，征收农村村民住宅、其他土地、地上附着物和青苗等的补偿费以及被征地农民社会保障费用作了规定。

有的委员建议确立以市场价值补偿为原则的补偿标准。有的代表提出，每个省应当统一补偿标准，不同地区的补偿标准不应相差太大。有的委员建议明确征地补偿费到位的时间，防止拖欠。有的委员建议对征收集体建设用地的补偿作出专门规定。有的委员建议对征收村民住宅增加“采取提供安置房补偿的，应当颁发产权证书”的规定。

有的委员提出，草案关于社会保障的规定易引起给被征地农民单搞一套社会保障制度的误解，应当在充分保障被征地农民经济补偿的同时依法要求其参加相关社会保险，确保社会保障体系的完整性。有的委员建议在脱贫搬迁、保障性安居工程、临时安置等方面对残障等困难群体给予照顾。

有的委员建议将现行法第四十九条第一款“农村集体经济组织应当将征收土地补偿费用的收支状况向本集体经济组织成员公布”中的“收支状况”，改为“具体收支、分配数据，以及集体经济组织成员要求公布的其他情况”。

五、关于集体经营性建设用地入市

1. 草案第十九条对集体经营性建设用地入市的条件、程序等作了规定。

有的委员提出，集体经营性建设用地要在入市的范围、数量、价格等方面处理好与征地的关系，明确入市要“通过建设用地市场”。有的委员建议增加入市需经政府审批的规定，防止对建设用地市场造成较大冲击。有的委员建议增加政府监管、入市税费的规定。有的委员提出，按照党中央建立城乡统一的建设用地市场的要求，应减少对集体经营性建设用地入市的限制，真正实现与国有土地同权同价，建议将本条改为：“土地利用总体规划、城乡规划确定为工业、商业等经营性用途的集体建设用地可以出让、租赁、入股，与国有土地同等入市、同权同价。”

有的委员建议删去第一款中的“工业、商业等经营性用途”。有的委员建议将第一款中的“集体建设用地”改为“集体经营性建设用地”，并增加政府要做好相应服务的内容。有的委员建议明确“集体经营性建设用地”与“集体建设用地”的关系。有的委员建议在第三款中增加集体经营性建设用地使用权可以“出租”。有的委员提出，合同当事人之间禁止财产流转的约定不应产生对抗第三人的效力，建议删去第三款中的“土地所有权人、土地使用权人签订的书面合同另有约定的除外”。

2. 草案第二十条对集体建设用地使用者应当按照规划用途使用土地，以及集体建设用地使用权出让等参照国有建设用地执行作了规定。

有的委员提出，农村集体经济组织及其成员使用本集体所有的经营性建设用地，与通过入市取得的集体经营性建设用地，在取得的方式、代价、权利等方面都有所差别，建议予以区分。有的建议将集体建设用地使用者应当严格按照土地利用总体规划、城乡规划“确定的用途使用土地”，改为“根据当地产业结构、人口规模、经济发展水平以及市场供求状况等因素，具体确定土地的利用方式。”

六、关于宅基地管理制度

（一）关于一户一宅

草案第十八条第一款、第二款规定，农村村民一户只能拥有一处宅基地，面积不得超过省（区、市）规定的标准；人均土地少、不能保障一户拥有一处宅基地的地区，按照省（区、市）规定的标准保障村民实现户有所居。

有的委员建议在一户一宅的基础上，对超面积宅基地实行有偿使用。有的委员提出，一户一宅的规定对农民限制较严，农村居民和城市居民在土地方面应该享有同等权利；有的建议删去一户一宅的规定，允许宅基地有偿使用。有的委员建议对如何界定农民身份作出规定。有的提出，不应强调一户一宅，应强调保障农民有住房。

（二）关于宅基地审批

1. 草案第十八条第五款规定，农村村民出卖、出租住宅后再申请宅基地的，不予批准。有的常委会组成人员建议增加“赠与”、“有偿退出”宅基地后也不能再申请。有的委员建议允许退出宅基地的农民可以再次购买宅基地。有的委员建议增加规定：出卖、出租住宅需经村集体经组织同意，本集体经济组织内未分配宅基地的成员享有优先购买权。

2. 草案第十八条第七款规定，国务院农业农村主管部门负责全国农村宅基地改革和管理有关工作。有的提出，城乡住宅不宜分别由两个部门管理。有的委员建议明确农业农村主管部门与自然资源主管部门的权限范围。

（三）关于宅基地流转

有的建议核发宅基地使用权证和房屋产权证，赋予宅基地使用权抵押权能。有些常委会委员建议进一步扩大宅基地流转的范围，促进城市资本向农村流动。有些常委会委员建议对宅基地的继承、流转、抵押、退出等作出规定。有的委员建议严格用途管制，实行自住保障功能与经营性功能分置管理。有的委员建议将草案第十八条第六款“国家允许进城落户的农村村民依法自愿有偿退出宅基地”中的“允许”恢复为“鼓励”；有的建议增加允许“转让或者流转宅基地”。

七、关于法律责任

有的建议对现行法规定的限期拆除等增加逾期未拆除的处理措施，明确有关条款规定的罚款的幅度。

有的建议在现行法第七十七条、第八十三条中增加规定，没收的违法建筑物由县级以上人民政府处置；人民法院裁定准予执行的，由县级人民政府组织执行。

八、其他意见

1. 有的委员建议增加土地征用的内容，明确土地征用的决定机关、征用程序、补偿和使用后返还等内容。

2. 有的委员建议在草案第二条中增加“国有农用地使用权”。

3. 有的委员建议草案第三条与农村土地承包法相衔接，规定家庭承包方式。有的委员提出，本条同时规定了本集体经济组织成员承包经营和非本集体经济组织成员承包经营，易引起混淆；有的委员提出，集体经济组织成员与非本集体经济组织成员的承包经营期限不同，建议研究；有的提出，非本集体经济组织成员承包经营土地也应当获得承包经营权。有的委员建议增加园地承包期的规定。

4. 有的委员建议增加土壤质量调查的内容。有的委员建议草案第五条删去“不得提供不真实、不完整的统计资料，不得拒报、迟报统计资料”中的“统计”二字，并明确土地资料申报费用由谁负担；有的委员建议按照统计法的表述进行简化。

5. 有的代表建议将现行法第六十条中的“乡镇企业”改为“中小微企业”。

6. 有的委员建议将草案第二十一条和现行法第五十八条中收回国有土地使用权和集体建设用地使用权给予“适当补偿”，改为给予“公平合理的补偿”；有的委员建议明确补偿的基本标准。有的建议删去第五十八条第二项“为实施城市规划进行旧城区改建，需要调整使用土地”可以收回国有土地使用权的规定。

7. 有的建议将现行法第二十条中县级土地利用总体规划划分土地利用区明确土地用途，乡（镇）土地利用总体规划确定每一块土地用途的规定，改为：市县、乡镇级人民政府编制土地分区规划，划分土地利用分区，实行负面清单管理，负面清单之外的空间由市场配置。

此外，有的委员建议对城市房地产管理法作以下修改：明确房地产开发、商品房的概念，修改房地产开发企业设立和房地产转让的相关规定，提高商品房预售门槛，增加房地产开发项目未经验收交付使用的法律责任。有的建议对房地产使用年限作出规定。有的建议对城市房地产管理法相关条文进行修改，增加集体经营性建设用地入市的内容。

地方和中央有关部门对土地管理法、城市房地产管理法修正案草案的意见

十三届全国人大常委会第七次会议对土地管理法、城市房地产管理法修正案草案进行了初次审议。会后，法制工作委员会将

修正案草案印发各省（自治区、直辖市）、较大的市、三十三个试点县（市、区）人大常委会、基层立法联系点和中央有关部门以及议案领衔代表、部分高等院校、研究机构、人民团体和社会组织征求意见。各方面主要对土地管理法修正案草案（以下简称草案）提出了意见。现将主要意见简报如下：

一、关于土地征收

（一）关于征地范围

草案第十四条规定，有下列情形之一，确需征收农民集体所有土地的，可以依法实施征收：（一）军事和外交需要用地；（二）由政府组织实施的能源、交通等基础设施用地；（三）由政府组织实施的科技、教育、文化、卫生、体育、生态环境和资源保护、社区综合服务设施建设等公共事业需要用地；（四）由政府组织实施的保障性安居工程建设需要用地；（五）由政府在土地利用总体规划确定的城镇建设用地范围内组织实施成片开发建设需要用地；（六）法律规定可以征收土地的其他情形。

有些地方建议在本条中增加概括性规定：为了保障国家安全、促进国民经济和社会发展等公共利益的需要，可以依法实施征收（北京、黑龙江、广东、山东、西安、成都市郫都区）。中央政策研究室、社科院提出，本条规定基本套用国有土地上房屋征收的规定，范围过于宽泛，建议按照中央要求，进一步缩小征收范围。中央政策研究室建议增加规定，由同级人大常委会就是否符合公共利益进行审查。

一些地方和单位提出，本条前四项可理解为公共利益，第五项没有限定于为了公共利益进行成片开发，范围宽泛，实施中有可能侵犯农村集体经济组织和农民的权益（北京、上海、浙江、广东、山东、新疆、宁夏，中央政策研究室、国务院发展研究中心、社科院、中国科协、全国律协)；有些地方和单位建议删去第五项（宁夏，社科院、中国科协、全国律协，中央财经大学)；有些地方和部门建议对第五项中的“成片开发”作出具体的界定（重庆、浙江、广东、河南、福建晋江，中央农办)；广东建议改为“为实施由国务院或省级人大批准的开发区建设需要的”；甘肃临洮和西南政法大学建议增加对成片开发建设需报经省级政府批准。有些地方和单位提出，第五项中的政府级别不明确（山东、广东、内蒙古、甘肃临洮，北大法学院、西南政法大学)；浙江建议明确为“设区的市及以上人民政府”；江苏常州武进区建议明确为“县级以上地方人民政府”。黑龙江建议将“城镇”改为“城市”，将“成片开发建设”改为“城市规划开发建设”。

国家能源局建议将第二项中的“由政府组织实施的”改为“国家重点扶持的”能源、交通等基础设施用地。民政部建议在第三项“社区综合服务设施建设”前增加“城乡”二字；黑龙江建议删去“社区综合服务设施建设”。有的地方建议在第四项中增加“扶贫项目建设需要”（云南)、“搬迁安置工程”（黑龙江)、“乡村改造工程建设”（湖北）用地。

（二）关于征地程序

1. 草案第十六条第一款规定，市、县人民政府拟申请征收土地，应当开展社会稳定风险评估，并将征收范围、补偿标准等进行公告，听取被征地的农村集体经济组织及其成员、村民委员会和其他利害关系人的意见。

有的地方和单位提出，是否开展社会稳定风险评估要根据具体情况确定，不是法定必经程序，建议将“应当”改为“可以”开展社会稳定风险评估（黑龙江、四川、杭州、安徽金寨，中央党校）；建议对征收土地面积15公顷以上的（四川），或者涉及基本农田、房屋拆迁安置、存在矛盾纠纷的（海南文昌）才开展社会稳定风险评估。广东建议增加“生态风险评估”。

一些地方和单位提出，只是听取有关人员的意见，不能切实保障被征地农民的权益，建议改为召开听证会的形式，就土地征收是否符合公共利益以及征收的必要性、范围、程序、补偿等进行听证（广东、湖北、海口、福建晋江、湖南浏阳、甘肃临洮，中央政策研究室、中国科协、全国律协）。社科院提出，为防止听取意见流于形式，建议增加规定“市、县人民政府应当将听取意见的情况和处理结果及时公布”。昆明和民政部建议增加听取“村民小组”的意见。国家民委建议将本条和第十三条、第十七条中的“市、县人民政府”统一改为“设区的市、自治州和县级人民政府”。社科院建议增加规定“公告的期限不得少于30日”。

2. 草案第十六条第二款规定，拟征收土地的所有权人、使用权人应当持不动产权属证书办理补偿登记。市、县人民政府与拟征收土地的所有权人、使用权人签订补偿安置协议；个别难以达成协议的，应当在申请征收土地时如实说明。

广东和全国律协建议明确拟征收土地的使用权人为土地承包经营权人、宅基地使用权人。北大法学院建议明确对使用权人的补偿是由政府直接补偿还是由所有权人在总体补偿中按比例给予使用权人。国家发改委提出，随着农村土地确权工作的深入推进，政府已掌握土地的所有权及使用权情况，没必要再要求土地所有权人、使用权人重复办理补偿登记，可由政府直接进行确认，建议删去土地的所有权人、使用权人持不动产权属证书办理补偿登记的规定。有的地方建议增加持“其他合法有效的权属证明材料”（浙江、长春，北大法学院）、“土地经营权流转合同”

(安徽)、“依据不动产登记簿的记载”（海南）也可办理补偿登记。有的地方和单位提出，“个别难以达成协议的”中的“个别”不明确，建议明确界定或者删去（四川、重庆、浙江义乌，社科院）；全国律协、中央财经大学建议对无法达成协议的应如何处理作出具体规定。

3. 草案第十六条第四款规定，国家征收土地的，依照法定程序批准后，由县级以上地方人民政府公告并组织实施。

南宁和社科院提出，“国家征收土地”中的“国家”具体指哪一级政府不明确。有些地方建议增加由“市、县人民政府作出征收土地决定”（湖南、广西、山东、陕西、杭州）。有些地方建议增加被征收人对征收决定或补偿安置有异议的，可以申请行政复议，也可以提起行政诉讼的规定（北京、湖南、广东、山东、广州、杭州、西安）。

4. 现行法第四十五规定，征收基本农田、基本农田以外的耕地超过三十五公顷的、其他土地超过七十公顷的由国务院批准；征收上述以外的土地，由省（区、市）人民政府批准，并报国务院备案。草案将“基本农田”改为“永久基本农田”，删去了“并报国务院备案”。

湖北建议保留“并报国务院备案”的规定，有利于监督地方政府依法征收。河南、安徽、中央财经大学提出，为与农用地转用审批权限一致，建议除征收永久基本农田外，一律下放至省级人民政府批准。

（三）关于征地补偿

1. 草案第十七条第一款规定，征收土地应当给予公平、合理的补偿，保障被征地农民原有生活水平不降低、长远生计有保障。

中央农办和福建晋江提出，单纯依靠补偿和社保，无法做到

“保障被征地农民原有生活水平不降低、长远生计有保障”，建议增加对被征地农民给予就业、教育培训、医疗等多方面保障的内容。重庆提出，“保障被征地农民原有生活水平不降低、长远生计有保障”属于政策性语言，建议修改；北大法学院建议将第一个“保障”改为“确保”，与国务院有关文件的表述一致。

湖北襄阳提出，农村土地承包方式有家庭承包和其他方式的承包，农民家庭承包地被征收的，必须保障被征地农民原有生活水平不降低、长远生计有保障；其他承包地被征收的，土地补偿费、安置补助费应归农村集体经济组织所有；涉及流转土地经营权的，应按流转合同约定确定有关补偿费的归属。

2. 草案第十七条第三款、第四款和第六款规定，土地补偿费和安置补助费标准，由省（区、市）制定并公布区片综合地价确定；制定区片综合地价应当考虑土地原用途、土地资源条件、土地产值、安置人口、区位、供求关系以及经济社会发展水平等因素。

中央政策研究室建议明确制定区片综合地价应以区位、供求关系为重点，而不是土地原用途、土地资源条件、土地产值等因素；国务院发展研究中心建议改为“应考虑土地原用途、土地征收后的综合增值收益、集体土地直接入市收益等因素”；国家发改委和全国律协建议以周边同期国有土地公开出让价格为标准；中国科协建议以市场交易价格确定补偿标准；云南建议在区片综合地价前增加“征地统一年产值”。四川建议明确制定区片综合地价以乡（镇）为单位。

3. 草案第十七条第四款规定，征收村民住宅的，应采取重新安排宅基地建房、提供安置房或者货币补偿等方式给予公平合理补偿，保障其居住权和住房财产权益。

中央财经大学提出，“重新安排宅基地建房”是由集体另行安排宅基地，还是使用国有土地建房不清楚，建议删去。海南建议在征收村民住宅的补偿中增加规定，采取货币补偿的，补偿标准不低于征收决定公布之日被征收住宅所在地市、县同类国有建设用地及商品住房的市场价格。社科院建议在征收农村村民住宅后加上“宅基地”。重庆提出，居住权有其特定的含义，用在此处不妥，建议删去；北大法学院建议将“居住权”改为“基本住房权利”。

4. 草案第十七条第五款规定，市、县人民政府应当将被征地农民纳入相应的养老等社会保障体系。被征地农民的社会保障费用主要用于符合条件的被征地农民的养老保险等社会保险缴费补贴。

广东、珠海建议明确“纳入相应的养老等社会保障体系”的具体含义。人社部提出，“社会保险缴费补贴”只对法定劳动年龄段被征地农民作出了制度性安排，没有涵盖达到法定退休年龄的被征地农民，建议将“社会保险缴费补贴”改为“社会保险补贴”。河南、甘肃临洮建议增加设立被征地农民社会保障基金的规定。西北政法大学建议将“被征地农民”改为“被征地后需要依法安置的农业人口”。

二、关于集体经营性建设用地入市

1. 草案第二十条规定，土地利用总体规划确定为工业、商业等经营性用途，并经依法登记的集体建设用地，土地所有权人可以通过出让、出租等方式交由单位或个人使用，并签订书面合同。

有的地方、部门和单位提出，为防止集体经济组织负责人非法出让、出租集体建设用地，损害农民的利益，建议增加集体经营性建设用地入市应经村民会议或者村民代表会议同意的规定（湖南、湖北、福建晋江，国家发改委，中央财经大学）。山西、西安、中央财经大学建议明确集体建设用地出让、出租是否需要有关部门批准。内蒙古、合肥和全国人大代表杨永英提出，土地利用总体规划不能确定土地的具体用途，建议在土地利用总体规划后增加城镇总体规划。

全国律协建议将“商业”改为“商服”，为开展集体经营性建设用地建设租赁住房试点留下空间；重庆建议明确“经营性”用途的范围；有的地方和单位建议增加“旅游和娱乐”（北大法学院）、“办公、居住”（厦门）、“村庄整理节余”（中央政策研究室）的集体建设用地也可以入市。社科院建议删去“工业、商业等经营性用途”，只要是集体建设用地都可入市。四川、湖北襄阳建议明确集体经营性建设用地不得用于商品房开发。海南建议增加规定，未确定规划条件的地块不得出让。

有的地方、部门和单位提出，以出租方式不能取得集体建设用地使用权，建议对本条第二款的有关表述再研究。（广东，最高法院、社科院、中央党校、中国政法大学、上海法学会）

2. 草案第二十一条第二款规定，集体建设用地使用权的出让、出租、转让等，其最高年限、登记等参照同类用途的国有建设用地执行，具体办法由国务院自然资源主管部门制定。

全国律协提出，集体建设用地使用权的转让、赠与、抵押等事关物权的归属，不宜由主管部门制定规则；农业农村部建议增加“会同农业农村主管部门”制定具体办法；上海法学会建议修改为：集体建设用地使用权出让的年限、登记等，参照同类用途的国有建设用地执行，对使用权的转让、赠与、抵押等，适用物权法的有关规定；江苏建议将“参照”执行改为“按照”执行。

3. 草案第二十二条规定，收回出让、出租、转让、互换、出资、赠与、抵押的集体建设用地使用权，依照双方签订的书面合同办理，法律、法规另有规定的除外。社科院提出，收回出让的集体建设用地使用权的，应参照征收制度予以处理；收回其他形式的集体建设用地使用权的，可以参照双方签订的书面合同办理。中国政法大学建议删去这一规定。

三、关于宅基地管理制度

（一）关于一户一宅

草案第十九条第一款、第二款规定，农村村民一户只能拥有一处宅基地，面积不得超过省（区、市）规定的标准；人均土地少、不能保障一户一宅的地区，县级政府可以采取措施，按照省（区、市）规定的标准保障村民实现户有所居的权利。

湖北襄阳和国务院发展研究中心建议将“农村村民”改为“农村集体经济组织成员”。有的地方和单位建议将一户只能“拥有”改为只能“申请”（江苏常州武进区，中央财经大学）或者“分配取得”（中央党校）一处宅基地。有的地方和单位建议对“户”的标准作出界定（北京、浙江、湖北襄阳，全国律协）；湖北襄阳建议由省（区、市）确定“户”的标准。湖北襄阳建议明确，不能保障一户一宅的，县级人民政府可以“采取集中建设多层住宅”等方式保障户有所居；上海法学会建议增加可以“采取货币补偿、住房或者购房补贴、廉租房安置等多元措施，保障村民实现其宅基地资格权”。中国政法大学建议将“户有所居”改为“保障农村村民的基本居住需求”。国务院参事室提出，现实中因继承而形成的一户多宅的现象较多，建议对村民住宅及宅基地的继承问题作出规定。江苏建议增加农村村民拥有一处以上宅基地不予登记的规定。内蒙古建议打破一户一宅的限制，允许农民有偿获得第二块宅基地。湖北襄阳建议增加超标准占用宅基地应当缴纳有偿使用费的规定。

（二）关于宅基地审批

1. 草案第十九条第四款规定，农村村民住宅用地，由乡（镇）人民政府审核批准；涉及农用地的，依法办理农用地转用审批手续。有的地方建议增加报“县级农业农村主管部门”（吉林）或者“县级人民政府”（湖北）备案的规定。福建建议将宅基地涉及农用地转用的审批由省级政府下放至县级政府审批。

2. 草案第十九条第五款规定，农村村民出卖、出租住宅后，再申请宅基地的，不予批准。有的地方和部门建议增加赠与、置换、抵押等其他方式处分住宅后，再申请宅基地的，也不予批准。（四川、山西、西安，最高检察院）

3. 草案第十九条第七款规定，国务院农业农村主管部门负责全国农村宅基地改革和管理有关工作。有些地方和单位建议进一步明确自然资源主管部门与农业农村主管部门在宅基地管理方面的职责（广东、吉林、云南、四川、南宁、南京、珠海、大理、淮南，中央党校）。安徽、江西、全国律协建议增加地方农业农村主管部门负责农村宅基地改革和管理工作的规定。广东、湖北襄阳、全国律协建议在现行法第五条中对此作出规定；中央党校建议删去这一款。

4. 草案第二十三条规定，农业农村主管部门对违反农村宅基地管理规定的行为进行监督检查，适用本法关于自然资源主管部门的规定。有的地方和单位提出，上述规定指向不明，建议明确或者删去。（广东、南京、昆明、大理、甘肃临洮，西南政法大学）

（三）关于宅基地自愿有偿退出

草案第十九条第六款规定，国家鼓励进城落户的农村村民依法自愿有偿退出宅基地。有的地方和单位建议增加有偿退出宅基地的审批、退出后宅基地的用途等具体规定（广东、四川、宁夏、内蒙古、西安，国务院发展研究中心、中央党校）；江苏和全国律协建议授权国务院农业农村主管部门会同有关部门制度具体的鼓励措施；广州建议授权省（区、市）制定具体办法。湖北建议修改为，进城落户的农村村民可以依法自愿有偿退出宅基地；安徽金寨县建议删去“进城落户”；国家发改委建议将“进城落户”改为“在城市（镇）落户”。四川建议增加规定，鼓励散居的农村村民依法自愿有偿退出原有宅基地并到村庄规划建设区有偿取得法定面积内的新宅基地。江西建议增加鼓励“盘活利用闲置宅基地和农房”的规定。

中央农办、中国人民银行建议增加农民住房财产权抵押担保的规定。中国人民银行提出，根据目前有关规定，农民住房流转范围仅限于本集体经济组织内部，难以形成有效的市场价格，处置也很困难，不能充分体现农民住房财产权的价值；湖南浏阳和中国人民银行建议将宅基地使用权的流转范围扩大到县域农村范围内；四川和全国人大代表李爱青建议适度放开村民住宅的流转，允许有两处以上住宅的，可以将其转让给本集体经济组织以外的人员；全国律协建议增加农村宅基地不得向本村之外的人员赠与、转让的规定。中央党校建议增加宅基地“三权分置”的有关规定。

四、关于耕地保护

1. 中央政策研究室和北大法学院建议建立永久基本农田保护补偿机制，对承担保护任务的农村集体经济组织和农户给予补偿。广东建议将永久基本农田定义为：国家依照法律规定而确定永久性作为农用地的土地；永久基本农田非经法律程序和国务院批准不可作其他用途。

2. 湖北襄阳和国家发改委提出，草案第六条删去了现行法中耕地开垦费“专款用于开垦新的耕地”的规定不妥，建议保留。河南建议增加规定，对经依法批准占用永久基本农田的，缴费标准按照当地耕地开垦费最高标准的二倍执行。湖南浏阳建议增加耕地开垦费由国家统筹的规定。

3. 草案第八条规定，国家对永久基本农田实行严格保护。各省（区、市）划定的永久基本农田一般应当占本行政区域内耕地的百分之八十以上，具体比例由国务院另行规定。水利部提出，有的地方将河湖管理范围内的土地划为耕地和基本农田，严重影响河道行洪、威胁防洪安全，建议增加规定：永久基本农田划定应当避开河道管理范围；基本农田和其他耕地已经占用河道管理范围的，由地方人民政府负责有计划地退出；永久基本农田的划定应当根据水资源承载能力，科学划定。农业农村部建议明确将“已建成的高标准农田”划定为永久基本农田；四川建议明确坡度25度以上的耕地不能划为永久基本农田；全国人大代表李爱青建议明确受污染的耕地不得划为永久基本农业田。新疆建议删去永久基本农田一般应占本行政区域内耕地的百分之八十以上中的“一般”二字，与从严保护原则相违背；广东建议明确不足百分之八十的应如何处理的程序性规定。北京建议增加规定，永久基本农田划定后由自然资源主管部门、农业农村主管部门共同组织验收。

4. 草案第九条规定，永久基本农田划定以乡（镇）为单位进行，由县级人民政府自然资源主管部门会同同级农业农村主管部门组织实施。乡镇政府应将其位置、范围向社会公告。水利部门建议在组织实施的部门中增加“水行政主管部门”。云南建议改为由“县级人民政府”或者乡镇政府向社会公告；广东建议改为由“县级人民政府自然资源主管部门会同同级农业主管部门”向社会公告。

5. 草案第十条规定，永久基本农田依法划定后，任何单位和个人不得擅自占用或者改变其用途；国家能源、交通等重点建设项目占用永久基本农田的，由国务院批准；禁止通过擅自调整土地利用总体规划的方式规避永久基本农田农用地转用或土地征收的审批。上海、重庆、安徽建议增加省（区、市）能源、交通等重点建设项目占用永久基本农田的，由国务院批准。上海建议明确通过合法程序调整土地利用总体规划是否就可以改变已划定的永久基本农田。合肥建议增加不得改变永久基本农田“位置”。最高检察院、社科院、北大法学院建议增加违反本条规定的法律责任。

6. 现行法第三十七条规定，非农业建设必须节约使用土地，可以利用荒地的，不得占用耕地；禁止占用耕地建窑、建坟或者擅自在耕地上建房等；禁止占用永久基本农田发展林果业和挖塘养鱼。农业农村部建议将“荒地”改为“整治农村闲置宅基地、村庄空闲地、废弃地及荒地”。成都市郫都区建议增加禁止占用耕地“挖湖”。河南、海南建议删去禁止占用永久基本农田发展林果业和挖塘养鱼的规定；中央政策研究室建议删去“发展林果业”；四川建议将“挖塘养鱼”改为“从事破坏耕作层的水产业”。湖南浏阳建议在不破坏耕作层的前提下，应允许占用一定的永久基本农田发展农业产业调整项目。湖北襄阳、浙江义乌建议增加违反本条规定的法律责任。

五、关于土地利用总体规划和国土空间规划

1. 草案第四条第一款对土地利用总体规划编制的原则作了

规定。军委法制局建议在第四项统筹安排城乡生产、生活、生态用地中增加“军事”用地；全国人大代表李爱青建议增加“产业”用地；农业农村部门建议增加“非农产业”用地；北大法学院建议改为“统筹安排各类、各区域用地”。

2. 草案第四条第二款规定，经依法批准的国土空间规划是各类开发建设活动的基本依据，已经编制国土空间规划的，不再编制土地利用总体规划和城市总体规划。深圳、汕头、北大法学院建议进一步厘清土地利用总体规划、城乡总体规划和国土空间规划三者的关系。有些地方建议增加编制国土空间规划的基本原则、审批程序、规划期限及法律效力等具体规定（广东、广州、西安、南宁、海口、深圳、湖北襄阳）。国家发改委建议将“经依法批准的国土空间规划是各类开发建设活动的基本依据”，修改为“经依法批准的国土空间规划是空间开发保护的基础和平台”。全国律协提出，不宜在本法中规定国土空间规划取代土地利用总体规划和城市总体规划。有些地方和部门建议在本法有关土地利用总体规划的表述中一律加上“国土空间规划”（湖北、广西、安徽、合肥、福建晋江、湖北襄阳、海南文昌，国家发改委）；四川、汕头建议将本法中“土地利用总体规划”统一改为“国土空间规划”。广东建议将“国土空间规划”改为“空间规划”，与中央有关文件表述一致。

六、其他意见

1. 草案第二条规定，土地所有权和使用权的登记，依照有关不动产登记的法律、行政法规执行。北大法学院、中国政法大学建议将“使用权”改为“法律规定需要登记的其他权利”。农业农村部和中央财经大学建议保留登记后确认相关权利的规定，同时增加确认“国有农用地使用权”。上海、江苏建议将“行政法规”改为“法规”。

2. 草案第三条第一款对耕地、草地、林地的承包期及承包期届满后的延期作了规定；第二款规定，国有土地可以由单位或者个人承包经营，从事种植业等生产。有些地方和单位建议与新修订的农村土地承包法的规定相衔接（北京、安徽、西安、浙江德清县，中央农办、中央政策研究室，全国律协、中国政法大学）。有些地方和单位提出，农村土地承包法对农用地承包期限已有明确规定，没必要重复，建议删去（重庆、新疆、齐齐哈尔、湖北襄阳，国务院参事室、中央党校）。广东和中央财经大学建议增加“渔业养殖水域滩涂”的承包期。农业农村部建议将第二款修改为：国有农用地可以由单位或者个人使用，国有农用地使用权人可以从事种植业等生产，发展乡村产业。

3. 社科院、北大法学院建议将草案中的“土地使用权”统一改为“建设用地使用权”，与物权法相衔接。

4. 四川建议在现行法第四条第二款土地分为农用地、建设用地和未利用地的规定中增加“生态用地”；北京、海南、农业农村部建议在第三款农用地的范围中增加“畜禽养殖用地”、“园地”。

5. 广东建议完善现行法第六十五条对农村集体经济组织收回土地使用权的程序性规定。

此外，城市房地产管理法修正案草案规定，城市规划区内的集体所有的土地，经依法征收转为国有土地后，该幅国有土地的使用权方可有偿出让，但法律另有规定的除外。江苏建议修改为，城市规划区内的集体经营性建设用地的使用权，可以依照法律规定有偿转让。四川建议在“有偿出让”后增加“划拨、出租”。

宪法法律委、环资委、法工委座谈会对土地管理法、城市房地产管理法修正案草案的意见

4月29日，宪法法律委、环资委、法工委联合召开座谈会，听取中央有关部门、人大代表、“三块地”改革试点地区及专家学者对土地管理法、城市房地产管理法修正案草案的意见。与会人员主要对土地管理法修正案草案（以下简称草案）提出了意见，现将主要意见简报如下：

一、关于土地征收

1. 草案第十四条第一款规定了可以依法对农民集体所有土地实施征收的情形。其中第三项为：由政府组织实施的科技、教育、文化、卫生、体育、生态环境和资源保护、防灾减灾、文物保护、社区综合服务设施建设、社会福利、市政公用、优抚安置、英烈褒扬等公共事业需要用地的；第五项为：由政府在土地利用总体规划确定的城镇建设用地范围内组织实施成片开发建设需要用地的。第二款规定，前款第五项规定的成片开发应当符合国务院自然资源主管部门规定的标准。

有的专家建议，一是增加为了“公共利益”的需要才能征收集体土地的表述，以和宪法、物权法相衔接；二是增加“公共利益”的认定程序和争议裁决机制，明确救济途径；三是缩小“公共利益”的范围，对非公共利益用地逐步推行以“协议购买”代替征地。民政部建议将第一款第三项中的“社区综合服

务设施建设”修改为“城乡社区综合服务设施建设”。有的专家提出，目前第一款第五项中“成片开发”的表述不能区分公益性和非公益性，建议根据不同用途分别规定。中央农办建议紧扣公共利益属性对“成片开发”进行具体规定。江苏省常州市武进区提出，“成片开发”的标准宜由国务院规定，建议将第二款中的“国务院自然资源主管部门”改为“国务院”。最高人民检察院建议将本条中所有的“政府”修改为“县级以上人民政府”。

2. 草案第十六条规定，市、县人民政府拟申请征收土地的，应当进行公告，听取被征地的农村集体经济组织及其成员、村民委员会和其他利害关系人的意见；拟征收土地的所有权人、使用权人应当在公告规定期限内，持不动产权属证书办理补偿登记。市、县人民政府应当组织有关部门与拟征收土地的所有权人、使用权人就补偿安置等签订协议。

民政部建议增加听取“村民小组”意见。国家发改委提出，政府通过土地确权可以确认土地所有权人、使用权人的情况，不必再要求其重复办理补偿登记。武进区建议增加“补偿时点以协议签订之日计算”。

3. 草案第十七条规定，征收土地应当给予公平、合理的补偿，保障被征地农民原有生活水平不降低、长远生计有保障；征收农用地的土地补偿费、安置补助费标准由省、自治区、直辖市制定公布区片综合地价确定；征收农村村民住宅的，应当采取重新安排宅基地建房、提供安置房或者货币补偿等方式给予公平合理补偿；被征地农民的社会保障费用主要用于符合条件的被征地农民的养老保险等社会保险缴费补贴；征收农用地以外的其他土地的补偿标准等由省、自治区、直辖市制定。

中央农办建议根据 2014 年中央一号文件，增加规定“可以因地制宜采取留地安置补偿等多种方式，确保被征地农民长期收益”。有的专家建议，可以采取让被征地农民参与被征地项目经营的方式，明确其长远收益权和发展权。发改委建议，补偿安置标准参考同区位地块公开出让的平均价格。武进区建议将“提供安置房”改为“提供农民住宅小区住房”。人社部提出，只有处于劳动年龄的才需要“缴纳”社会保险，处于退休年龄的应该是“享受”，建议删除“社会保险缴费补贴”中的“缴费”二字。有的专家认为征用集体建设用地的补偿标准不宜授权给地方规定，并建议增加征收农民宅基地使用权的补偿的内容。

二、关于集体经营性建设用地入市

1. 草案第二十条规定，县级土地利用总体规划、乡（镇）土地利用总体规划确定为工业、商业等经营性用途，并经依法登记的集体建设用地，土地所有权人可以通过出让、出租等方式交由单位或者个人使用，并应当签订书面合同，明确用地供应、动工期限、使用期限、规划用途和双方其他权利义务；按照前款规定取得的集体建设用地使用权可以转让、互换、出资、赠与或者抵押。

农业农村部建议，将“工业、商业等经营性用途，并经依法登记的集体建设用地”改为“工业、商业等乡村非农产业发展，并经依法登记的集体经营性建设用地”。发改委建议，增加集体经济组织内部的相关决策程序，并明确相应的法律责任。武进区建议将“依法登记”改为“依法完成所有权登记”，并删除“用地供应、动工期限”。有的专家建议删除“出租”的方式，增加“拨用”的方式。最高人民法院认为，集体建设用地“出租”登记后可以作为一种准物权。

2. 草案第二十一条第二款规定，集体建设用地使用权的出让、出租、转让、互换、出资、赠与、抵押，其最高年限、登记等参照同类用途的国有建设用地执行。具体办法由国务院自然资源主管部门制定。

有的专家、住建部建议将“国务院自然资源主管部门”改为“国务院”。农业农村部建议将“国务院自然资源主管部门”改为“国务院自然资源主管部门会同农业农村主管部门”，武进区建议改为“省、自治区、直辖市”。有的专家建议研究集体建设用地入市收益分配问题。有的专家建议明确集体建设用地的价格形成机制。有的专家建议规定集体经营性建设用地入市税费的收取和政府的监管责任。

三、关于宅基地管理

1. 草案第十九条规定了宅基地的管理制度。有的专家、浙江省湖州市德清县政府建议将有关宅基地“三权分置”、有偿使用、继承的内容在法律中明确规定，同时在严格限制的前提下适当扩大宅基地和农民住宅的经营性用途。有的专家建议明确宅基地作为集体建设用地，享有与经营性建设用地一样的出让、转让、抵押等权利。中国人民银行建议增加一款：“农村房屋占用范围内的宅基地使用权可随房屋所有权一并向金融机构抵押融资”。农业农村部建议增加规定：“土地利用年度计划中应明确合理比例的宅基地用地，专项用于农村村民建设住宅。”

2. 草案第十九条第五款规定，农村村民出卖、出租住宅后，再申请宅基地的，不予批准。有的专家、人民银行建议明确宅基地使用权的流转范围可以扩大到本县域的农村村民。最高法认为，农村村民可以出卖、出租住宅的表述与物权法的规定不一致，建议衔接。最高检建议增加“赠与”住宅的情形。

3. 草案第十九条第六款规定，国家鼓励进城落户的农村村民依法自愿有偿退出宅基地。有的专家建议修改为："国家鼓励宅基地使用权人在不影响其居住保障的前提下依法自愿有偿退出宅基地。退出的宅基地由土地所有权人回购，回购价格由退出成员与土地所有权人平等自愿协商确定。国家可以对农民集体回购经费予以支持"，同时明确回购后的用途。有的专家认为，宅基地使用权作为物权也可以转让给其他集体经济组织。

四、关于耕地保护

1. 现行法第三十一条规定了耕地开垦费的缴纳。草案第六条规定，删去第三十一条中的"专款用于开垦新的耕地"；现行法第五十五条规定了新增建设用地的土地使用费的分配。草案第十八条规定，删去第五十五条第二款中的"都专项用于耕地开发"。

中央农办、发改委建议恢复现行法第三十一条耕地开垦费"专款用于开垦新的耕地"的规定，中央农办建议同时恢复现行法第五十五条新增建设用地的土地使用费"都专项用于耕地开发"的规定，并提高土地出让收入用于农业农村的比例。

2. 草案第八条规定了永久基本农田的划定范围。农业农村部建议将"已建成的高标准农田"纳入基本农田范围。水利部建议将"水资源状况"作为考虑的因素之一，并避让河道管理范围。国家林草局建议规定，25 度以上的坡耕地、严重沙化的耕地、重要水源地 15 到 25 度的坡耕地，以及严重污染的耕地不得划入永久基本农田的范围。有的全国人大代表建议增加一款："确实受严重污染又不能恢复的耕地，不得划为永久基本农田，已经划入的要进行调整。"

3. 草案第十条第一款规定，永久基本农田经依法划定以后，任何单位和个人不得擅自占用或者改变其用途。有的人大代表建议增加一款，"农业生产经营者可以按照国家有关规定占用少量的永久基本农田作为农业配套设施用地。”

4. 现行法第三十六条第一款规定，非农业建设必须节约使用土地，可以利用荒地的，不得占用耕地。农业农村部建议将“可以利用荒地的”修改为“可以利用整治农村闲置宅基地、村庄空闲地、废弃地及荒地的”。

五、其他意见

1. 草案第二条规定，土地所有权和使用权的登记，依照有关不动产登记的法律、行政法规执行。农业农村部建议增加“确认土地承包经营权、建设用地使用权、宅基地使用权、国有农用地使用权等用益物权”。

2. 草案第三条规定了农村土地承包经营制度。中央农办建议与新修改的农村土地承包法相衔接。农业农村部、国家林草局建议将第二款改为“国有农用地可以依法由单位或者个人使用，取得国有农用地使用权，从事种植业、林业、畜牧业、渔业生产。”农业农村部建议在“渔业生产”后增加“发展乡村产业”。

3. 草案第四条规定，土地利用总体规划按照下列原则编制：（一）落实国土空间开发保护要求，严格土地用途管制……（四）“统筹安排城乡生产、生活、生态用地”；经依法批准的国土空间规划是各类开发建设活动的基本依据。

发改委建议，将“落实国土空间开发保护要求”改为“细化落实国家发展规划提出的国土空间开发保护要求”。有的人大代表建议，将“统筹安排城乡生产、生活、生态用地”改为“统筹安排城乡生产、生活、生态、产业用地”，农业农村部建议改为“统筹安排城乡生产、生活、生态、非农产业用地”。发改委建议将“经依法批准的国土空间规划是各类开发建设活动的基本依据”改为“经依法批准的国土空间规划是空间开发保护的基础和平台”。住建部认为，“国土空间规划”和“开发建设”不是对应关系，建议将“国土空间规划”改为“国土空间规划的利用”。中央农办建议规划要强化乡村基础设施建设和产业发展用地的保障。

4. 草案第十条第二款规定，禁止通过擅自调整县级土地利用总体规划、乡（镇）土地利用总体规划的方式规避永久基本农田农用地转用或者土地征收的审批。最高检、武进区建议增加相应的法律责任。

5. 农业农村部建议在现行法第五十九条前增加一条：“县级以上人民政府应当统筹乡村土地规划与村庄建设规划，完善农村新增用地保障机制，盘活农村存量建设用地，保障乡村振兴用地需求。”“县级以上人民政府应当在年度新增建设用地计划指标中划出一定比例用于乡村产业发展，县域内土地占补平衡指标应当优先用于乡村产业发展。”

6. 现行法第七十三条、第七十四条、第七十五条、第七十六条、第七十七条等规定了行政机关对土地违法行为的责令限期拆除、限期改正或者治理等措施。最高检建议补充逾期未拆除、未改正、未治理的后续措施。德清县建议建立自然资源综合执法体系，强化执法队伍和手段。武进区建议，对违法占地的，经法院认定以后，可以由县级以上人民政府指定的行政机关强制执行，费用由当事人承担，对难以拆除房屋的，可以采取以罚代拆的方式处理。

7. 现行法第七十四条规定，占用或者破坏耕地的，由县级以上人民政府自然资源主管部门、农业农村主管部门等按照职责责令限期改正或者治理，可以并处罚款。农业农村部建议删除农业农村主管部门的处罚职责。

8. 现行法第七十七条规定，非法占用土地建住宅的，由县级以上人民政府农业农村主管部门责令退还非法占用的土地，限期拆除新建房屋。农业农村部建议增加“自然资源主管部门”为执法主体。

土地管理法、城市房地产管理法修正案草案向社会公众征求意见的情况

2019 年 1 月 4 日至 2 月 3 日，土地管理法、城市房地产管理法修正案草案，向社会公开征求意见。期间共有 498 位公众提出了 579 条意见，还收到群众来信 15 封。主要是对土地管理法修正案草案（以下简称草案）提出意见。现将主要意见简报如下：

一、关于土地征收

（一）关于征地范围

草案第十四条规定了征地的六种情形，其中第五项规定由政府在土地利用总体规划确定的城镇建设用地范围内组织实施成片开发建设需要用地，可以征收土地。

有的意见提出，为落实中央有关“缩小征地范围”的要求，建议在本条第一款中明确“为了公共利益的需要”才可以征地。有的建议对不符合公共利益的征地行为如何处理作出规定。有些意见提出，改革后，城镇规划区内的集体建设用地可以直接入市，进行相应的建设，可进一步缩小征地范围。有些意见提出，第五项未对“成片开发”作出明确界定，可能出现地方政府滥用征地权力的情形，建议删去；有的建议明确“成片开发”的

标准；有的建议明确第五项中的“政府”是哪级政府；有的建议明确国务院、省级政府确定的成片开发建设才能征地；有的建议明确成片开发必须符合公共利益才能征地。

（二）关于征地程序

草案第十六条规定，市、县人民政府拟申请征收土地，应当将征收范围、补偿标准等在拟征收土地所在的乡（镇）和村、村民小组范围内进行公告，土地所有权人、使用权人持不动产权属证书办理补偿登记。有的意见提出，征地事项还应当在政府网站公告；有的建议增加对补偿情况进行公示的规定。有的意见提出，除了不动产权属证书，其他权属证明也应作为办理补偿登记的依据。

草案第十六条规定，市、县人民政府与土地所有权人、使用权人签订补偿安置协议后方可申请征收土地，个别确实难以达成协议的，应当在申请时如实说明；依照法定程序批准后，由县级以上地方人民政府公告并组织实施。有的意见建议删去征地审批前先签订安置补偿协议的规定。有的提出，“个别确实难以达成协议的，应当在申请征收土地时如实说明”的规定比较模糊，建议明确达成协议超过一定比例才可以报批。有的意见建议在县级以上人民政府“公告并组织实施”前，增加“作出征收决定”。

（三）关于征地补偿

1. 草案第十七条第一款规定，征收土地应当给予公平、合理的补偿，保障被征地农民原有生活水平不降低、长远生计有保障。有的意见提出，“原有生活水平不降低”的表述太笼统，建议细化。有的建议对征地补偿款在集体与个人之间的分配比例作出原则性规定；有的建议明确市、县人民政府为补偿主体。

2. 草案第十七条第三款规定，土地补偿费和安置补助费标准，由省（区、市）制定公布区片综合地价确定，区片综合地价应当根据社会、经济发展水平适时调整。有些意见提出，区片综合地价由政府制定，农民没有议价权利，难以享受土地增值收益，建议征地补偿标准按照市场价格或者第三方评估的土地价值进行补偿。有的建议对区片综合地价的计算方法作出原则规定。有的建议明确区片综合地价调整的具体期限。有的建议区别土地所有权和用益物权设立不同的补偿标准。

3. 草案第十七条第四款规定，征收农村村民住宅，采取重新安排宅基地建房、提供安置房或者货币补偿等方式给予公平合理补偿，具体办法由省（区、市）制定。有些意见提出，村民住宅不能简单作为地上附着物进行补偿，应当按照市场价格进行补偿；有的建议明确补偿的房屋面积不能小于原有房屋；有的建议明确相关补偿标准和具体规定由省级人民政府制定。

4. 草案第十七条第六款规定，征收农用地以外的其他土地、地上附着物和青苗等的补偿标准，由省（区、市）制定。有的意见提出，允许集体经营性建设用地入市后集体建设用地就有市场价格了，征收集体建设用地应当按照市场价格补偿。

二、关于集体经营性建设用地入市

草案第二十条规定，县级、乡（镇）土地利用总体规划确定为工业、商业等经营性用途，并经依法登记的集体建设用地，可以通过出让、出租等方式由单位或个人使用，签订书面合同，明确使用期限等。

有的意见提出，物权法列举了工业、商业、旅游、娱乐和商品住宅等经营性用地类别，草案仅列举了“工业、商业等经营性用途”的集体建设用地可以入市，建议进一步明确“经营性用途”的含义，除了工业和商业用途，是否还包括旅游、娱乐和商品住宅等其他经营性用途。有的意见提出，集体建设用地是否可以入市不宜由县级、乡（镇）土地利用总体规划决定，以免地方政府随意调整规划推动集体建设用地入市，破坏耕地。有的意见建议进一步细化集体经营性建设用地入市制度；有些意见建议明确集体经营性建设用地入市须通过招拍挂形式，防止集体资产流失；有的建议明确入市须经村民大会讨论通过。有的意见建议增加集体经营性建设用地可以“入股”的规定。

现行土地管理法第六十条、第六十一条对乡镇公共设施等建设使用集体土地作了规定。有的意见提出，除了乡镇企业、乡镇公共设施、公益事业等建设以外，其他建设也应当可以使用集体土地，建议删去使用主体和用途的限制。

三、关于宅基地制度

（一）关于一户一宅

草案第十九条第一款、第二款规定，农村村民一户只能拥有一处宅基地；人均土地少、不能保障一户一宅的地区，县级人民政府在充分尊重农村村民意愿的基础上，按照省（区、市）规定的标准保障村民实现户有所居的权利。

有的意见建议明确是否允许宅基地流转以及流转的范围；有些意见建议删去一户一宅的规定，允许宅基地自由流转；有的建议规定一户只能申请一处宅基地，但应当允许通过合法买卖取得多处宅基地；有的建议明确：城镇居民不得在农村购买宅基地，宅基地只能在本集体经济组织成员内部流转。

有的意见建议将“农村村民”改为“农村集体经济组织成员”或者“农村农户”；有的建议明确“农村村民”的概念。有的意见建议明确“县级人民政府充分尊重农村村民意愿”的具体操作程序。

（二）关于宅基地管理

1. 草案第十九条第三款、第四款规定，农村村民建住宅应当符合乡（镇）土地利用总体规划，由乡（镇）人民政府审核批准。有的意见提出，目前一些地方的乡镇规划并未对农村宅基地进行规划，给宅基地审批造成障碍，建议对这一规定再作研究。有的意见提出，宅基地审批权下放到乡镇政府不利于土地资源保护，建议恢复现行法的规定，由乡镇政府审核，县级政府审批。有的建议增加申请宅基地不符合本条规定条件不予批准的规定。

2. 草案第十九条第七款规定，国务院农业农村主管部门负责全国农村宅基地改革和管理有关工作。有的意见建议对农村宅基地改革作出系统规定，删去“国务院农业农村主管部门负责全国农村宅基地改革和管理有关工作”的表述；有的建议宅基地由自然资源主管部门管理；有的建议由自然资源主管部门与农业农村主管部门共同管理；有的建议明确自然资源主管部门、农业农村主管部门各自的职责范围。

（三）关于宅基地自愿有偿退出

草案第十九条第六款规定，国家鼓励进城落户的农村村民依法自愿有偿退出宅基地。有的意见提出，目前农村宅基地闲置荒废严重，建议草案进一步细化盘活利用宅基地的规定，鼓励社会资本流入农村。有的意见提出，目前宅基地流转仅限于本集体经济组织内部，宅基地有偿退出比较困难，建议删去鼓励进城落户的农村村民自愿有偿退出宅基地的规定。

四、关于国土空间规划

草案第四条规定，经依法批准的国土空间规划是各类开发建设活动的基本依据；已经编制国土空间规划的，不再编制土地利用总体规划和城市总体规划。

有的意见提出，这一规定与城乡规划法的规定冲突，建议删去。有的建议明确国土空间规划与城市总体规划、控制性详细规划及土地利用总体规划、土地利用各专项规划之间的关系；有的建议明确编制国土空间规划后是否还编制镇总体规划和乡规划。有的意见提出，城市总体规划比较精细，与国土空间规划和土地利用规划不在同一个层面，建议将本条中的“城市总体规划”改为“城镇体系规划”。有的建议明确国土空间规划的编制、审批、实施和监督管理由国务院具体规定。

五、关于耕地保护

1. 草案第九条规定，永久基本农田划定以乡镇为单位进行，由乡镇政府将其位置、范围向社会公告。有的建议将永久基本农田的公告主体由乡镇政府改为县级政府。有的建议增加对永久基本农田进行补助的规定。

2. 草案第十条规定，禁止通过擅自调整县级土地利用总体规划、乡（镇）土地利用总体规划的方式规避永久基本农田农用地转用或者土地征收的审批。有的建议在“县级土地利用总体规划”前增加“国土空间规划”。

3. 现行土地管理法第三十七条规定，禁止占用耕地建窑、建坟或者擅自在耕地上建房等，禁止占用基本农田发展林果业和挖塘养鱼。有的意见提出，实践中存在占用基本农田种树、搞畜禽养殖等行为，建议增加禁止性规定，并明确法律责任。

六、关于法律责任

1. 有的意见建议进一步细化法律责任，明确处罚标准、幅度。有的建议加大对政府土地管理违法行为的处罚力度，遏制违法强拆，保护农民利益。有的建议将现行法第七十一条中的“国家工作人员”改为“公职人员”。

2. 草案第二十五条规定，对违法建房、挖砂等行为，由县级以上人民政府自然资源主管部门、农业农村主管部门等按照职责进行处理。有的建议明确划分这两个部门的职责，以免互相推诿。

3. 现行土地管理法第七十六条对非法占用土地的法律责任作了规定，违反土地利用总体规划的，限期拆除违法建筑物，符合土地利用总体规划的，没收新建建筑物和其他设施，可以并处罚款。有的意见提出，住宅是农民重大财产，对符合土地利用总体规划的，建议规定罚款即可，不宜规定没收建筑物的处罚。有的建议改为：对符合土地利用总体规划，尚可补办用地手续的，限期改正，无法补办用地手续的，限期拆除。有的建议对擅自占用未利用地和建设用地的法律责任作出规定。

4. 现行土地管理法第八十三条规定，建设单位或者个人对责令限期拆除决定期满不起诉又不自行拆除的，由作出处罚决定的机关依法申请人民法院强制执行。有些意见建议赋予县级人民政府对农村土地上违法建筑的强制拆除权。

七、其他意见

1. 有的建议对农村集体经济组织的成员资格认定作出原则规定。

2. 有的意见提出，草案第二十条、第二十一条中的“土地使用权”不是物权法中的具体物权，建议改为“土地承包经营权、土地经营权、建设用地使用权、宅基地使用权、地役权、特殊用益物权”。

3. 有些建议将现行土地管理法第五十八条、第六十五条中的收回国有土地使用权、集体土地使用权给予“适当补偿”，改为给予“合理补偿”。

4. 现行土地管理法第五十七条对临时使用土地作了规定。有的意见提出，实践中临时使用土地不仅限于建设项目施工、地质勘查，建议适当放宽临时使用土地的类型，并规定临时使用土地期满应将土地恢复至使用前状态并返还给所有权人。

土地管理法、城市房地产管理法修正案草案二次审议稿向社会公众征求意见的情况

2019 年 7 月 4 日至 8 月 3 日，土地管理法、城市房地产管理法修正案草案二次审议稿向社会公开征求意见。期间共有 2579 位公众提出了 3068 条意见，还收到群众来信 18 封。主要是对土地管理法修正案草案（以下简称草案）提出意见。现将主要意见简报如下：

一、关于国土空间规划

草案二次审议稿第四条规定，国家建立国土空间规划体系；经依法批准的国土空间规划是各类开发、保护、建设活动的基本依据；已经编制国土空间规划的，不再编制土地利用总体规划和城乡规划。

有些意见提出，根据党中央的要求，到 2020 年以后就没有土地利用总体规划了，建议将本法中的土地利用总体规划统一改为国土空间规划。有的意见建议增加国土空间规划编制、修改、审批等内容。有的意见建议明确国土空间规划的编制、审批、实施和监督管理由国务院制定具体规定。有的意见建议，进一步明

确土地利用总体规划、城乡规划逐步统一为国土空间规划的过渡期间如何适用法律。

二、关于土地征收

（一）关于征地范围

草案二次审议稿第十三条规定，为了公共利益的需要可以征收土地，并规定了征地的六种情形，其中第五项规定由政府在土地利用总体规划确定的城镇建设用地范围内组织实施成片开发建设需要用地可以征收土地。

有的意见建议对公共利益的范围作出进一步限制，防止地方政府征地随意性。有些意见建议增加公共利益认定机制，被征地人对公共利益有争议的，政府应当组织听证。有些意见提出，第五项规定的成片开发可能是用于商场、住宅等商业建设，不一定是为了公共利益，建议对成片开发作出进一步限定。有些意见提出，这一规定可能造成地方政府随意征地，与缩小征地范围的改革初衷相违背，建议删去。有的意见建议将第五项中的“城镇”改为“城市”。有的意见建议将符合规划的居住、商业或工业用地纳入征地范围。有些意见建议删去第六项关于公共利益的兜底规定。

（二）关于征地程序

草案二次审议稿第十五条规定，县级以上地方人民政府应当将征收范围、补偿标准等在拟征收土地所在的乡（镇）和村、村民小组范围内进行公告，签订补偿安置协议，个别难以达成协议的，在申请征收时如实说明。

有的意见提出，仅采用公告的形式难以保障被征地人的知情权，建议当面告知，并对征地补偿进行听证。有的意见提出，公告时应当告知被征地人享有的复议、诉讼等权利以及表达意见的途径。有些意见建议增加听取被征地人意见后对征地补偿方案进行相应调整的规定。有的意见建议明确“个别确实难以达成协议”中“个别”的具体标准。有的建议规定征收的具体程序由国务院制定。

（三）关于征地补偿

草案二次审议稿第十六条规定，征收土地应当保障被征地农民原有生活水平不降低、长远生计有保障；土地补偿费和安置补助费标准，由省（区、市）通过制定区片综合地价确定，至少每五年调整或重新公布一次；征收农村村民住宅，其他土地、地上附着物和青苗等的补偿标准由省（区、市）制定。

有的意见提出，“原有生活水平不降低”的表述太笼统，不可操作，建议进一步明确。有的意见建议明确征地补偿应当保障妇女的合法权益。

有些意见提出，区片综合地价的补偿标准仍然较低，难以反映土地的市场价值，建议改为按照市场价值补偿。有些意见提出，现行法对补偿标准作了明确具体的规定，草案规定的区片综合地价太笼统，完全由政府制定，农民没有参与定价的权利，无法保障合法权益。有的建议将制定区片综合地价参考因素中的“土地供求关系”改为“土地供求市场的价格”。有些意见建议将区片综合地价调整时间改为至少3年；有的建议改为至少2年。

有些意见建议征收农村住宅应当按照市场价值进行补偿。有的意见建议法律对征收农村住宅的补偿标准作出原则规定，不宜完全由地方制定；有的建议规定征收农村住宅的具体办法由国务院制定。有些意见提出，允许集体经营性建设用地入市后集体建设用地就有市场价格了，征收集体建设用地应当按照市场价格进行补偿。有的意见建议明确征地补偿费分配给农民的比例。有的意见建议将被征地农民的社保纳入政府统筹管理，不应与征地相关联。

三、关于宅基地制度

（一）关于一户一宅

草案二次审议稿第十八条第一款、第二款规定，农村村民一户只能拥有一处宅基地；人均土地少、不能保障一户一宅的地区，按照省（区、市）规定的标准保障村民户有所居。

有些意见提出，为促进城乡要素自由流通，建议删去一户一宅的规定，允许宅基地在城乡之间自由转让。有些意见建议取消农民买卖宅基地的地域限制，允许农民在异地购买宅基地。有些意见建议明确一户一宅中“户”的含义。有的意见建议明确一户多宅的法律责任。有些意见建议增加宅基地“三权分置”的相关内容。

有的意见建议将“村民”改为“农村集体经济组织成员”；有的建议改为“农村居民”。有的意见提出，“人均土地少”的表述过于笼统，建议进一步明确。

（二）关于宅基地管理

草案二次审议稿第十八条第三款、第四款、第五款、第七款规定，宅基地由乡（镇）人民政府审核批准，村民建住宅应当符合土地利用总体规划，出卖、出租住宅后再申请宅基地不予批准；国务院农业农村主管部门负责全国农村宅基地改革和管理有关工作。

有的意见建议恢复现行法的规定，仍由县级政府审批宅基地。有的意见提出，村民建住宅除了应当符合土地利用总体规划外，还应当符合村庄规划。有的意见建议增加有偿退出宅基地后再申请宅基地不予批准的规定。有的意见提出，为促进宅基地节约集约利用，建议规定超过规定面积的宅基地应当缴纳使用费。

有些意见建议明确农业农村主管部门和自然资源主管部门在宅基地管理中的职责分工；有些意见建议宅基地由自然资源主管部门管理。

四、关于集体经营性建设用地入市

草案二次审议稿第十九条对集体经营性建设用地入市作了规定，入市需经本集体经济组织成员的村民会议三分之二以上成员或者三分之二以上村民代表的同意。

有些意见建议进一步扩大集体经营性建设用地入市后的用途，强化市场在城乡土地资源配置中的作用。有的建议明确禁止入市土地用于商品房建设。有的意见提出，采取出让的方式入市可能引起炒地、囤地等行为，建议明确只能通过出租的方式入市。

有的意见提出，目前农村集体经济组织的民主决策程序还不够健全，建议明确入市需经“招拍挂”程序，以保障成员合法权益。有的建议删去“三分之二以上村民代表”的表述；有的建议删去“村民会议”的表述。

有的意见建议明确入市收益的分配办法；有的意见建议明确政府收取的入市增值收益调节金的比例。有的意见提出，入市如果完全由村集体经济组织决定，可能造成侵占耕地的现象，建议明确入市需经县级人民政府或者自然资源主管部门批准。

五、关于耕地保护

1. 草案二次审议稿第八条规定，永久基本农田划定以乡镇为单位进行，由乡镇政府将其位置、范围向社会公告。有些意见建议建立永久基本农田保护补偿制度，对因保护永久基本农田受到的损失给予相应补偿。有的意见建议永久基本农田划定以县为单位进行。有的意见建议将永久基本农田的公告主体由乡镇政府改为县级政府。

2. 现行土地管理法第三十六条规定，禁止占用耕地建窑、建坟或者擅自在耕地上建房等，禁止占用基本农田发展林果业和挖塘养鱼。有的意见建议增加占用基本农田发展林果业和挖塘养鱼的法律责任。有的意见提出，实践中禁止占用基本农田发展林果业的规定难以执行，建议删去。

3. 草案二次审议稿第十条对非农业建设闲置、荒芜耕地的处理措施作了规定。有的意见提出，这一规定与目前国家正在开展的轮作休耕相冲突，建议增加开展轮作休耕的规定。有的意见提出，本条仅对非农业建设闲置、荒芜耕地作了规定，建议增加对土地承包和流转过程中闲置、荒芜耕地的处理措施的规定。

六、其他意见

1. 许多意见建议在草案二次审议稿第二条中增加国有农用地使用权可以依法登记的规定。

2. 有些意见建议草案二次审议稿第三条关于承包经营的规定做好与农村土地承包法的衔接。有的意见建议对非本集体经济组织以外的单位或者个人承包经营的年限和程序作出规定，保护集体经济组织成员的合法权益。有的建议对集体经济组织成员资格的认定作出规定。

3. 有的意见提出，草案二次审议稿第五条两款的统计机构和自然资源主管部门的表述顺序不一致，建议将第二款中的统计机构移至自然资源主管部门前面。

4. 有的意见建议保留草案二次审议稿第十四条中省级政府批准征地“并报国务院备案”的规定。

5. 有些意见建议草案二次审议稿进一步细化法律责任，明确罚款的数额、幅度等。有的意见建议进一步加大对农村违法建设、破坏耕地等行为的处罚力度。有的意见建议赋予行政机关对农村违法建筑强制拆除的权力。

6. 有的意见建议删去现行土地管理法第二十四条关于土地利用年度计划管理的规定，发挥市场配置土地资源的决定性作用。

土地管理法、城市房地产管理法修正案草案通过前评估情况

8 月 9 日上午，经济法室召开土地管理法、城市房地产管理法修正案草案通过前评估会，邀请部分全国人大代表、专家学者、农民、试点地区以及基层管理部门、人民法院、立法联系点等方面的代表，就草案中主要制度规范的可行性、法律出台时机、法律实施的社会效果和可能出现的问题等进行评估。现将评估情况简报如下：

一、主要制度规范的可行性

与会同志提出，草案坚守土地公有性质不改变、耕地红线不突破、农民利益不受损的底线，深入贯彻落实党中央农村土地制度改革的精神，主要制度立足我国国情，充分考虑地区差异，较好平衡了改革与稳定、当前与长远的关系，符合改革方向，也符合实际。

有的全国人大代表提出，草案在修改过程中重视代表提出的意见，自己提出的意见基本都被采纳，体现了科学立法、民主立法精神。草案既加强了耕地保护，也推动农村集体土地合理利

用，较好地处理了保护耕地与合理利用土地的关系。

有的全国人大代表提出，草案立足我国国情和经济社会发展阶段，切实贯彻落实党中央决策部署，符合我国农村发展的实际情况。

有的专家提出，经过4年多的试点，“三块地”改革试点已经比较充分，草案较好地吸收了试点地区的做法，比较接地气。

有的专家、云南大理州提出，我国区域差异大，宅基地情况复杂，中央还未出台宅基地“三权分置”改革方案，各方面对此还有不同认识，目前在本法中作出统一规范的条件还不成熟，需要进一步试点后再在法律中予以明确，草案对此保持审慎稳妥的精神是妥当的，为将来的改革留出了空间。同时，草案对宅基地有偿退出、闲置宅基地利用作出规定，分寸拿捏得比较好。

二、关于出台时机

与会同志认为，草案内容已经基本成熟，各地特别是基层很期盼，此时出台正当其时，建议草案尽快表决通过。

有的专家提出，党的十八届三中全会提出农村土地制度改革措施已近五年，基层迫切希望这些改革措施尽快落地实施，建议草案尽早通过、尽早实施。

有的专家提出，全国人大常委会的试点授权决定将于今年年底到期，如果届时草案不能表决通过，33个试点地区已有的改革措施将面临法律障碍，因此，建议草案尽快出台，有些内容可以在配套规定中予以细化，草案不必面面俱到。

有的专家提出，农村土地制度改革事关人民群众切身利益和国家长治久安，不能指望毕其功于一役，应当小步快走，成熟一项，改革一项，草案的规定对破除城乡二元结构意义重大，建议8月份出台，为新中国七十周年献礼。

有的专家提出，目前南海区集体经营性建设用地入市的数量已超过同期国有建设用地入市数量，但集体经营性建设用地的利用水平还比较低，市场对集体经营性建设用地还有所顾虑，担心政策不稳定，因此，迫切希望草案能够尽快通过，稳定市场预期，确保集体经营性建设用地与国有建设用地同权同价。

三、实施的社会效果

与会同志认为，草案完善了土地征收制度，保障被征地农民合法权益；建立了集体经营性建设用地入市制度，推进集体经营性建设用地与国有土地同等入市、同权同价；完善了宅基地管理制度，鼓励盘活利用闲置宅基地；同时还完善了耕地保护和国土空间规划相关制度，将对加强耕地保护，推动土地资源合理利用，维护农民合法权益，促进乡村振兴提供有力法制保障。

有的全国人大代表提出，草案有四大亮点：一是在土地利用总体规划的编制原则中增加了满足乡村产业发展用地合理需求的内容，保障了乡村振兴亟需的用地需求；二是对宅基地退出、闲置宅基地利用等作了规定，有利于提高农村土地利用效益；三是在征地程序、补偿标准等方面加强了对被征地农民利益的保障，有利于社会稳定；四是规定集体经营性建设用地可以入市，有利于吸引社会资本投入农村。

有的专家提出，长垣县经过 4 年多试点，取得明显成效，有效化解了社会矛盾，盘活了农村土地资源，促进了经济社会发展。目前我国正处于脱贫攻坚期，同时面临经济下行压力，草案关于集体经营性建设用地入市、闲置宅基地利用等规定，有利于激活农村土地资源，对我国经济社会发展将起到重要推动作用。

有的专家提出，草案关于土地利用总体规划的规定中增加了统筹安排生产、生活、生态用地的内容，是贯彻绿色发展理念的具体体现，有利于推动农村实现高质量发展。

有的专家提出，草案关于征地范围的规定符合我国实际，对因成片开发建设征地作了严格限制，较好平衡了保障经济发展与促进社会公平的关系。对集体经营性建设用地入市，既予以保障也予以相应规范，对促进城乡融合发展具有破冰意义。

四、可能出现的问题

有些同志提出，草案规定由国务院农业农村主管部门负责宅基地改革和管理工作。目前在宅基地管理中，自然资源主管部门和农业农村主管部门还存在职能交叉，草案通过后，相关配套规定需要对两个部门的职责分工作出明确规定，以防止执法过程中出现推诿扯皮的情况。

有的专家提出，本法通过后，物权法、合同法等与集体经营性建设用地入市的相关规定应当尽快修改完善，与本法的规定形成合力，确保本法的规定得到有效实施。

有的专家提出，住房城乡建设部门的规划职责划归自然资源部门后，自然资源部门具有城乡规划法规定的对违法建筑的强制拆除权，但土地管理法未规定对违法建筑的强制拆除权，应通过司法解释等方式明确法律的适用。

有的专家提出，将宅基地审批权下放到乡镇符合当前实际，在实施中应完善监督机制，防止出现随意审批宅基地的情况。

五、具体修改意见

1. 有的专家建议草案第二条增加国有农用地使用权可以依法登记的内容。

2. 有些意见建议草案进一步做好国土空间规划与土地利用总体规划、城乡规划之间的衔接。

3. 有的代表建议草案第二十条增加土地有偿使用费一定比

例用于乡村振兴的规定。

4. 有的专家提出，现行法第三十六条规定，禁止占用永久基本农田发展林果业，实践中种植果树的收益比种粮食的收益大，而且不破坏土壤耕作层，建议允许占用永久基本农田发展林果业。

5. 有的专家提出，草案规定先签协议后报征地申请，可能会出现农民签订协议后不履行的情况，建议完善相关表述。

6. 有的专家建议对历史上合法的一户多宅留出余地。

我国农村土地管理法律制度的变迁

土地制度是国家的基础性制度，事关经济社会发展和国家长治久安。土地制度的形成取决于特定的时代背景，土地制度的发展和完善也离不开特定的历史条件。中华人民共和国成立以来我国农村土地管理法律制度尤其是对“三块地”（土地征收、集体建设用地、宅基地）的管理也有所变化。

一、建国初期，保护农民的土地所有权，实现耕者有其田

1949 年《中国人民政治协商会议共同纲领》第三条规定，有步骤地将封建半封建的土地所有制改变为农民的土地所有制，保护农民已得土地的所有权，实现耕者有其田。1950 年《中华人民共和国土地改革法》第三十条规定，土地改革完成后，由人民政府发给土地所有证，并承认一切土地所有者自由经营、买卖及出租其土地的权利。1954 年宪法第八条规定，国家依照法律保护农民的土地所有权和其他生产资料所有权。1956 年 6 月 30 日一届全国人大三次会议通过的《高级农业生产合作社示范章程》虽然规定农民在入社时必须将私有的土地转化为合作社集体所有，但同时规定社员可以自由退社，并带走入社时的土地和其他生产资料。

（一）关于土地征收

1953 年 12 月 5 日，政务院发布《国家建设征用土地办法》，正式建立了土地征收制度；1954 年宪法第十三条规定，国家为了公共利益的需要，可以依照法律规定的条件，对城乡土地和其他生产资料实行征购、征用或者收归国有；1958 年 1 月 6 日，国务院对《国家建设征用土地办法》作了修订，并经全国人大常委会批准。

1. 在征收范围上，《国家建设征用土地办法》第二条规定，国家兴建厂矿、铁路、交通、水利、国防等工程，进行文化教育卫生建设、市政建设和其他建设，需要征用土地的时候，都按照本办法的规定办理；第二十条规定，公私合营企业、信用合作社、供销合作社、手工业生产合作社用地以及群众自办的公益事业用地，可以向当地县级以上人民委员会提出申请，获得批准后，援用本办法的规定办理；第十四条同时规定，已经征用的土地，所有权属于国家。

2. 在征收程序上，该办法第四条、第五条规定，征用土地，须由用地单位提交征用土地申请书，并附对被征用土地者的补偿、安置计划等材料，向省级人民委员会申请核拨；建设工程用地在三百亩以下和迁移居民在三十户以下的，可以向县级人民委员会申请核拨。土地经核拨以后，用地单位应该协同当地人民委员会向群众进行解释，宣布补偿安置办法，使群众在当前切身利益得到适当照顾的情况下，自觉地服从国家利益和人民长远利益，然后才能正式确定土地的征用，进行施工；征用大量土地，迁移大量居民甚至迁移整个村庄的，应该先在当地群众中切实做好准备工作，然后把有关问题提交当地人民代表大会讨论解决。

3. 在补偿安置上，该办法第七条规定，征用土地的补偿费由用地单位支付，一般土地以最近二年至四年的核定产量的总值为标准；因征用土地必须拆除房屋的情况，在保证原来的住户有房屋居住的原则下给房屋所有人相当的房屋或者按照公平合理的原则发给补偿费；对被征用土地的水井、树木和农作物等，按照公平合理的原则发给补偿费。对因土地被征用而需要安置的农民，当地人民委员会尽量就地在农业上予以安置；确实无法农业安置的，当地县级以上人民委员会劳动、民政等部门应该会同用地单位设法就地在其他方面予以安置；对就地在农业上和在其他方面都无法安置的，可以组织移民，移民经费由用地单位负责支付。

（二）关于农村建设用地和宅基地管理

此阶段相关规定较少，土地改革法第十七条、第二十一条规定，没收和征收之堰、塘等水利设施，可分配者应随田分配。其不宜于分配者，得由当地人民政府根据原有习惯予以民主管理；祠堂、庙宇、寺院、教堂及其他公共建筑和地主的房屋，均不得破坏。《高级农业生产合作社示范章程》第十六条规定，社员原有的坟地和房屋地基不必入社，社员新修房屋需用的地基和无坟地社员需用的坟地，由合作社统筹解决。

二、人民公社时期，农村土地采用集体所有制，生产队范围内的土地，都归生产队所有，一般实行三级所有、队为基础

1958 年 8 月 29 日，中共中央《关于在农村建立人民公社问题的决议》出台，该决议提出，“人民公社建立以后，不要忙于改集体所有制为全民所有制，在目前还是采用集体所有制为好”。1961 年 3 月，中共中央通过《农村人民公社工作条例（草案)》，该条例第十七条规定，“在生产大队范围内，除了生产队所有的和社员所有的生产资料以外，一切土地、耕畜、农具等生产资料，都属于生产大队所有”。1962 年 9 月 27 日，中共中央通过《农村人民公社工作条例（修正草案)》，进一步提出“生产队范围内的土地，都归生产队所有。生产队所有的土地，包括社员的自留地、自留山、宅基地等，一律不准出租和买卖”“生产队所有的土地，不经过县级以上人民委员会的审查和批准，任何单位和个人都不得占用”。1975 年宪法第七条规定，“现阶段农村人民公社的集体所有制经济，一般实行三级所有、队为基础”“在保证人民公社集体经济的发展和占绝对优势的条件下，人民公社社员可以经营少量的自留地和家庭副业”。

（一）关于土地征收

本阶段土地征收制度在法律上没有变化。

（二）关于农村建设用地和宅基地管理

1961 年《农村人民公社工作条例（草案)》第十一条、第十二条规定，公社经上级批准和有关生产大队同意，兴办水利建设和其他农业基础设施；公社可以有步骤地举办社办企业；该条例第十七条规定，鼓励和帮助社员修建住宅。1962 年《农村人民公社工作条例（修正草案)》第十一条规定，兴建基础设施占用的土地和地上附着物，必须给予合理补偿；该条例第四十五条规定，社员的房屋，永远归社员所有，社员有买卖或者租赁房屋的权利，任何单位和个人均不得强迫社员搬家，占用、征用农民房屋必须给予租金或者补偿；社员新建房屋的地点，要由生产队统一规划，尽可能不占耕地。

三、改革开放后，在坚持农村土地集体所有基础上，实行家庭联产承包，允许土地使用权依法转让

1982年宪法第十条规定："城市的土地属于国家所有""农村和城市郊区的土地，除由法律规定属于国家所有的以外，属于集体所有；宅基地和自留地、自留山，也属于集体所有。"至此，宪法对土地所有权问题作出了明确规定。1986年土地管理法沿用了宪法的表述。中共中央《关于1984年农村工作的通知》提出承包期"一般在15年以上"，承包地"可以经集体同意，由社员自找对象协商转包"。1993年11月，中共中央、国务院发布《关于当前农业和农村经济发展的若干政策措施》，提出"在原定的耕地承包期到期之后，再延长三十年不变"；提倡在承包期内"增人不增地、减人不减地""允许土地的使用权依法有偿转让""实行适度的规模经营"。1988年宪法修正案规定，土地的使用权可以依照法律的规定转让。同年，土地管理法作了局部修改，允许土地使用权依法转让，具体办法授权国务院规定。1993年，宪法修正案对"家庭联产承包"予以确认。

（一）关于土地征收

1982年5月4日，经全国人大常委会批准，国务院公布《国家建设征用土地条例》，1986年土地管理法进一步对土地征收制度作了规定，并相应废止了《国家建设征用土地条例》。

1. 在征收范围上，《国家建设征用土地条例》明确"国家进行经济、文化、国防建设以及兴办社会公共事业，需要征用集体所有的土地时，必须按照本条例办理。禁止任何单位直接向农村社队购地、租地或变相购地、租地。农村社队不得以土地入股的形式参与任何企业、事业的经营"。1986年土地管理法第二十一条原则规定："国家进行经济、文化、国防建设以及兴办社会公共事业，需要征收集体所有的土地的或者使用国有土地的，按照本章规定办理”。

2. 在征收程序上，《国家建设征用土地条例》规定，用地单位应当经市县人民政府同意后进行选址，并与被征地单位商定土地面积和补偿安置方案，签订初步协议，报有关人民政府批准，其中，征收耕地一千亩、其他土地一万亩以上的，由国务院批准。1986 年土地管理法原则规定，建设单位应当持设计任务书等有关批准文件向土地部门申请用地，经县级以上人民政府批准后，由土地部门划拨土地。1991 年土地管理法实施条例则基本沿用了《国家建设征用土地条例》规定的征地程序。

3. 在补偿安置上，《国家建设征用土地条例》规定，征收耕地的，补偿标准为耕地年产值的三至六倍，安置补助标准每一农业人口为耕地每亩年产值的二至三倍，最高不超过十倍，土地补偿费和安置补助费总和不得超过被征土地年产值的二十倍；征收其他土地的安置补偿标准由省级政府规定。补偿安置费用原则上由被征地单位统筹使用，因征收造成的剩余劳动力原则上通过农业生产安置，如实行招工安置的，则核减安置补助费。1986 年土地管理法沿用了《国家建设征用土地条例》的规定。

（二）关于集体建设用地管理

1986 年土地管理法规定，城镇集体企业、全民所有制企业和农业集体经济组织共同投资举办联营企业，需要使用集体土地的，可以实行征收，也可以将土地使用权作为联营条件；乡镇企业用地需要符合乡镇（村）建设规划，并经县级以上地方人民政府批准；乡镇（村）公共设施、公益事业建设用地需经县级人民政府批准；地方人民政府可以制定乡镇（村）建设用地控制指标，报上一级人民政府批准执行。

（三）关于宅基地管理

1986 年土地管理法规定，农村居民建设住宅，应当符合乡镇（村）建设规划，用地不得超过规定标准，并经乡级人民政府批准后使用原有宅基地和空闲地，使用耕地的，需经县级人民政府批准；城镇居民建住宅使用集体土地的，需经县级人民政府批准，并参照征收支付补偿费和安置补助费。1991 年土地管理法实施条例进一步明确，农村居民申请宅基地、城镇居民申请集体土地建造住宅，均应先经村民（代表）会议讨论通过。同时，1982 年国务院发布《村镇建房用地管理条例》（1986 年土地管理法出台后失效），该条例在宅基地管理方面的规定与土地管理法基本相同，并对买卖房屋导致的宅基地使用权转移规定了申请、审查、批准等手续，明确出卖、出租房屋后不得再申请宅基地。

此外，1986 年土地管理法还首次在法律层面上建立了土地登记发证、土地权属争议处理、土地调查统计、土地利用总体规划、土地复垦、临时用地管理等制度；1991 年土地管理法实施条例则首次明确，耕地改为非耕地的，需经县级以上人民政府批准。

四、1998 年土地管理法全面修订，重点完善了土地征收、集体建设用地管理、宅基地管理以及耕地保护和建设用地管理制度

（一）关于土地征收

与 1986 年土地管理法相比，最大的变化是政府在土地征收中的角色发生重大变化，从土地征收的批准者直接走向征收的第一线。

1. 在征收范围上，1998 年土地管理法第四十三条规定，任何单位和个人进行建设，需要使用土地的，必须依法申请使用国有土地，包括国家所有的土地和国家征收的原属于农民集体所有的土地。但是，兴办乡镇企业、农民建造住宅、建设乡村公共设施、公益事业，经批准可以使用集体土地。

2. 在征收程序上，1998 年土地管理法第四十五条、第四十六条、第四十八条规定，征收基本农田、基本农田外其他耕地超过三十五公顷、耕地以外的土地超过七十公顷的，由国务院批准，征收其他土地由省、自治区、直辖市人民政府批准；经批准征收的，由县级以上地方人民政府公告并组织实施；确定补偿安置方案后，有关地方人民政府应当公告，并听取被征地的集体经济组织和农民的意见。1998 年土地管理法实施条例也规定，需要征收土地的，由建设单位提出用地申请，土地部门拟订农用地转用、补充耕地、征收土地、供地等方案，逐级上报批准后，由市、县政府组织实施。

3. 在补偿安置标准上，1998 年土地管理法第四十七条规定，征收土地按照原用途补偿，耕地的土地补偿费为被征收前三年平均年产值的六至十倍，安置补助费标准按每一农业人口平均耕地计算，为该耕地每亩年产值的四至六倍，最高不超过十五倍，土地补偿费和安置补助费总和不得超过被征土地年产值的三十倍。特殊情况下，国务院可以进一步提高标准。1998 年土地管理法实施条例也规定，征收公告发布后，被征地权利人应当到土地部门办理补偿登记，市、县土地部门拟订补偿安置方案后，应当听取被征收人意见，报本级人民政府批准后组织实施。对补偿标准有争议的，由地方人民政府协调，协调不成的，报批准征收的人民政府裁决。

（二）关于集体建设用地管理

1998 年土地管理法规定，乡镇企业、乡村公共设施、公益事业建设，应当按照村庄集镇规划，合理布局，建设用地应当符合乡镇土地利用总体规划和土地利用年度计划，并办理农用地转用等手续；农村集体经济组织使用建设用地兴办企业或者与其他单位、个人以土地使用权入股、联营等形式共同举办企业，或者建设公共设施、公益事业的，还应当经县级以上地方人民政府批准。该法第六十三条进一步规定，农民集体所有的土地使用权不得出让、转让或者出租用于非农业建设，但企业因破产、兼并等使土地使用权依法转移的除外。

（三）关于宅基地管理

1998 年土地管理法规定，农村村民一户只能拥有一处宅基地，其宅基地的面积不得超过省、自治区、直辖市规定的标准；农村村民建住宅，应当符合乡（镇）土地利用总体规划，并尽量使用原有的宅基地和村内空闲地；农村村民住宅用地，经乡（镇）人民政府审核，由县级人民政府批准；其中涉及占用农用地的，依法办理农用地转用审批手续；农村村民出卖、出租住房后，再申请宅基地的，不予批准。

此外，1998 年土地管理法还在法律层面首次建立了土地用途管制、农用地转用审批、建设用地总量控制、土地利用年度计划、耕地占补平衡、基本农田保护等制度。2004 年土地管理法作过局部文字修正，主要法律制度没有变化，沿用至今。

五、党的十八届三中全会提出了改革完善农村土地制度的部署，全国人大常委会授权国务院在试点地区内探索完善农村土地征收、集体经营性建设用地入市和宅基地管理的法律制度

党的十八届三中全会通过的《中共中央关于全面深化改革若干重大问题的决定》提出："建立城乡统一的建设用地市场。在符合规划和用途管制前提下，允许农村集体经营性建设用地出让、租赁、入股，实行与国有土地同等入市、同权同价。缩小征地范围，规范征地程序，完善对被征地农民合理、规范、多元保障机制”“改革完善农村宅基地制度”。为落实党的十八届三中全会决定关于农村土地征收、集体经营性建设用地入市和宅基地制度改革的要求，2015 年 2 月，全国人大常委会通过了《关于授权国务院在北京市大兴区等三十三个试点县（市、区）行政区域暂时调整实施有关法律规定的决定》，在试点地区暂停实施土地管理法、城市房地产管理法关于农村土地征收、集体经营性建设用地入市、宅基地管理制度的有关规定，并明确要求，暂时调整实施有关法律规定，必须坚守土地公有制性质不改变、耕地红线不突破、农民利益不受损的底线。2017 年 11 月，全国人大常委会作出决定，将试点期限延长一年至 2018 年 12 月 31 日。根据授权决定，原国土资源部在总结试点经验的基础上提出了土地管理法修正案草案，主要内容有：一是完善土地征收制度，明确征地范围，规范征地程序，完善征地补偿机制；二是对集体经营性建设用地入市作了原则规定；三是将使用存量宅基地的审批机关由县级下放到乡（镇）。土地管理法的修改已列入 2018 年全国人大常委会立法计划。

农村土地征收、集体经营性建设用地入市、宅基地制度改革试点情况

自 2015 年 2 月全国人大常委会作出授权决定，在北京市大兴区等 33 个县（市、区）开展农村土地征收、集体经营性建设用地入市、宅基地制度改革试点以来，截至 2018 年 11 月底，试点县（市、区）按新办法实施征地 1521 宗、19 万亩；集体经营

性建设用地已入市地块11183宗，面积10.6万亩，总价款约290亿元，办理集体经营性建设用地抵押贷款330宗、79亿元；腾退出零星、闲置的宅基地约18万户、11.8万亩，办理农房抵押贷款7.4万宗、161亿元。现将自然资源部提供的试点情况摘编简报如下：

一、农村土地征收制度改革试点情况

试点地区按照“程序规范、补偿合理、保障多元”的要求，在缩小征地范围、规范征收程序、完善多元保障机制、建立土地增值收益分配机制等方面进行了积极探索。

一是探索缩小征地范围。大部分试点地区采用概括与列举相结合的方式制定了《土地征收目录》，参照《国有土地上房屋征收与补偿条例》概括出可征地类型，再依据《划拨用地目录》列举出具体用地类型。从试点实践看，土地利用总体规划确定的城镇建设用地范围外，非公益性项目不再实行征收。一些试点地区探索将原来需要通过征地方式保障建设用地供给的项目退出征收范围，转为采取集体经营性建设用地入市的方式供地，例如江苏武进明确一般工业项目用地原则上不办理征收。浙江德清、义乌改革试点后土地征收规模分别缩减13.8%、11.3%。河南长垣改革试点期间全县21%的经营性项目用地通过入市来解决。广西北流、广东南海提出“可入市、尽入市”“能不征、就不征”，探索将汽车站、教育用地等一些具有公益性的项目退出征收范围，通过集体经营性建设用地入市来保障项目用地。北京大兴对在土地利用总体规划确定的城市建设用地范围外、具有公益性质的农村集体建设用地，如垃圾填埋场等，结合群众意愿和项目实施需要确定征收或入市。

二是规范土地征收程序。试点地区从依法公平维护和保障被征地农民合法权益出发，在征前、征中、征后等环节建立了风险评估、民主协商、补偿安置、纠纷调处、后续监管等程序。探索建立土地征收民主协商前置程序，经协商得到绝大多数农民同意的项目方可启动征地程序。对未达成一致的，四川泸县等地提出报请上级机关裁决。山东禹城探索“一评估、二协商、三公告、四协议”的征地工作流程，从制度层面充分地保障了农民的知情权、参与权和决定权，涉地信访数量大幅下降。浙江义乌结合征地补偿领域基层政务公开标准化规范化试点，采用“互联网+”模式，实时公开19项征地补偿事项。河北为保障定州市试点工作顺利推进，专门开辟审核报批绿色通道，土地转征随报随批，减少报批材料12项，减少批前环节2项。内蒙古和林格尔探索土地征收、转用报批与补偿兑现工作同步进行，避免了审批期间因土地补偿标准变化而产生矛盾，征收审批时限缩短了一半。

三是完善对被征地农民合理、规范、多元保障机制。试点地区按照改革要求，在完善土地征收补偿标准、保障农民房屋财产权、探索多元保障机制方面做了有益探索。33个试点地区探索区片综合地价或综合年产值制度，征地补偿安置标准比法定补偿标准普遍提高30%～50%。北京大兴、广东南海出台征地补偿费最低保护标准，在此基础上由建设单位与被征地农村集体经济组织协商征地补偿，尽可能增加农民收入。河北定州在足额支付土地补偿费和安置补助费的基础上，按每年800斤小麦+1000斤玉米的标准对被征地农民进行补贴。天津蓟州在青苗补偿基础上，按土地承包经营权到期剩余年限，按1000元/亩/年标准给予延包损失补偿。山西泽州探索将征地补偿费用作为资本金，按高于同期银行贷款利率3～5个百分点借贷给企业，村民每年获得固定收益。探索将被征收农民房屋从地上附着物中剥离出来单独补偿，既保障了农民的居住权，又保障了农民的财产权。安徽金寨探索将被征地农民房屋与国有土地上房屋征收同等标准补偿、同步骤安置。一些试点地区探索留地、留物业、留现金等方式，让被征地农民更多分享土地增值收益。河南长垣从每个区片平均增值收益中提取10%以现金形式返还给村集体。海南文昌将征地安置留用地比例由原来不超过8%提高至10%。福建晋江总结出和谐征迁工作法，把最好地段用于安置。河北定州、河南长垣、湖北宜城、云南大理等地坚持城乡居民养老保险和城镇职工养老保险两扇门全部打开，让被征地农民自愿选择。上海松江、浙江德清、浙江义乌、重庆大足、四川郫都和泸县将被征地农民全部纳入城镇职工养老保险。浙江德清还将历年来因土地征收纳入被征地农民保障的群众统一并轨到职工养老保险。浙江义乌将被征地农民基本生活保障待遇每年提高10%。云南大理将因参保门槛、政策时点原因，完全失地但未纳入社保的4.23万人全部纳入基本养老保险保障范围。

二、集体经营性建设用地入市改革试点情况

试点地区按照“同权同价、流转顺畅、收益共享”的目标要求，建立了比较完整的制度体系，推进集体经营性建设用地与国有土地同等入市、同权同价。

一是赋予集体经营性建设用地使用权同等权能。允许集体经营性建设用地使用权出让、租赁、作价出资或入股，以及转让、出租或抵押。绝大多数地区实现了集体经营性建设用地抵押权能，抵押贷款余额逐步增加。北京大兴、江苏武进、广东南海、甘肃陇西集体经营性建设用地抵押贷款分别达到了51.7亿元、14.5亿元、5亿元、2.7亿元。浙江德清实现了集体经营性建设用地使用权抵押贷款在县内金融机构的全覆盖。广东南海通过多层次风险防控体系，提高金融机构为农村集体经营性建设用地融资的积极性。江苏武进专门出台《关于全面深化农村集体经营性建设用地入市改革的实施意见》，规范处理8741宗集体经营性建设用地遗留问题。安徽金寨统筹结合农村金融改革试点，设立集体经营性建设用地抵押贷款担保专项基金，提高集体经营性建设用地使用权抵押贷款的覆盖面、抵押率和可获得性、可持续性。广东南海、浙江德清、四川郫都、上海松江、贵州湄潭、甘肃陇西6个试点地区结合完善建设用地使用权转让、出租、抵押二级市场试点，探索完善集体建设用地二级市场。入市土地用途以工矿仓储为主，占93.91%；其次为商服用地，占4.94%。广西北流、山西泽州、河南长垣实践了集体建设用地入市建设商品住宅，其中广西北流入市地块69宗、3950亩，广东南海结合利用集体建设用地建设租赁住房试点，为探索集体建设用地建设商品住宅政策积累了样本。贵州湄潭针对长期定居农村并成为农村产业工人的外来农村居民，通过集体经营性建设用地入市保障其居住用地。

二是因地制宜确定入市主体。试点地区将乡镇、村、村民小组的集体所有权代表或其委托代理人作为入市主体。多数试点地区集体经济组织缺位，将村委会或村民小组作为入市主体。贵州湄潭、湖北宜城、四川泸县等加快推进农村集体产权制度改革，入市主体由试点初期的村委会或村民小组转变为股份合作社等集体经济组织。浙江德清明确了三类入市主体，原属于乡镇的土地，由乡镇资产经营公司等全资下属公司或其代理人实施入市；属于村集体所有的土地，由村股份经济合作社实施入市，村民小组可委托村股份经济合作社等代理人实施入市。四川郫都将农村集体资产管理公司作为入市主体。北京大兴、上海松江、江苏武进将镇级联营公司、镇级农村集体经济联合社或村级经济合作社作为入市主体。广东南海建立经联社和经济社为组织形式的村(居)集体经济组织作为农村集体经营性建设用地入市主体，并在工商注册。安徽金寨探索入市主体的“委托—代理”机制，各行政村注册成立经营实体“创福发展有限公司”，有效分离入市实施主体和入市主体。

三是合理确定入市范围、途径和方式。大多数试点地区以存量集体建设用地入市，山东禹城、广西北流、河南长垣，浙江义乌等部分试点地区也探索了增量集体经营性建设用地入市。入市途径以就地入市为主，其次为异地调整入市，广西北流、四川郫都、重庆大足等少数试点地区探索了城中村整治入市。入市方式以租赁和出让为主，少数试点地区探索了作价出资入股。山西泽州以作价入股方式入市时，引入优先股概念，探索保底分红、固定分红等方式，确保群众利益不受损。贵州湄潭将宅基地实际用于经营性用途的部分，分割登记为集体经营性建设用地入市。四川泸县农户探索以合法宅基地使用权与股份经济合作社等第三方合作建房，将农民住房分摊占地面积确权为宅基地使用权，将出资方房屋分摊占地面积确权为一定年限的集体建设用地使用权。广东南海探索对连片低效的集体土地划定片区综合整治范围，重新划分宗地并确定产权归属，预留公共设施用地，推动集体土地连片整合开发。浙江义乌还探索了国有建设用地与集体建设用地置换入市。

四是建立健全市场交易规则和服务监管制度。试点地区参照国有建设用地交易制度，建立了集体经营性建设用地入市管理办法、交易规则、地价体系和服务监管制度，搭建了农村产权交易平台。广东南海以全区统一的农村集体建设用地信息管理系统、农村财务监管系统和区、镇两级农村集体建设用地交易系统为基础，建立健全市场交易规则和监管制度。浙江德清实行交易平台、地价体系、交易规则、登记管理、服务监管“五统一”的入市规则。四川郫都等地参考国有建设用地相关制度，建立集体经营性建设用地入市后规划许可制度，集体建设用地规划许可证由区规建局核发。山东禹城参照国有建设用地批后监管办法，建立了项目开竣工申报、国土、规划等部门联合放线联合验收等监管体系。广东南海、浙江义乌、吉林九台、福建晋江、重庆大足、湖南浏阳等30个试点地区建立了城乡统一的基准地价制度。

五是探索入市土地增值收益调节制度。根据财政部、原国土资源部印发的《农村集体经营性建设用地入市土地增值收益调节金征收使用管理办法》，试点地区按照入市土地区位、用途、交易方式等，制定了土地增值收益调节金征收基数、比例和征收方式。据不完全统计，目前33个试点地区调节金占出让总价款的比例约为10%。辽宁海城、吉林九台、黑龙江安达、重庆大足、甘肃陇西等16个试点地区以土地增值收益为基数计征土地增值收益调节金。山西泽州出让环节以成交价款为征收基数，转让环节以增值收益为征收基数。浙江德清采用入市“盯住”征地的办法，合理测算二者间的平衡点，平衡点内按固定比例征收，平衡点外按四级超率累进比例征收。浙江义乌以宅基地退出收益标准来平衡入市固定收益，超出部分按三级累进计征增值收益调节金。试点地区在坚持村民自治的原则下，多样化探索了入市收益集体内部分配办法。一般由村集体留一部分用于村内公益事业支出，剩余部分直接以现金形式分配给个人或折合成股份用于集体经济发展。四川郫都、山西泽州分别按照2∶8、3∶7的比例在集体与集体经济组织成员间分享入市收益。江苏武进入市净收益列入村集体公积公益金管理，可以折股量化到本集体经济组织成员，但不直接分配。浙江德清采用“镇集体入市，以实物形式分配；村集体入市，以追加量化成员股权形式分配；村民小组入市，以现金分配”的差别化分配模式。河南长垣入市收益分配给农民个人的部分，不超过入市地块所在区域的征地补偿标准，剩余部分留归集体，用于公共事业支出。

三、宅基地制度改革试点情况

试点地区按照“依法公平取得、节约集约使用、自愿有偿退出”的目标要求，围绕保障农户住有所居、建立宅基地有偿使用和退出机制、下放宅基地审批权限、完善宅基地管理制度等进行了积极探索。

一是完善宅基地权益保障和取得方式。试点地区因地制宜探索“户有所居”的多种实现方式：传统农区实行“一户一宅”；在人均耕地少，二三产业比较发达的地区，在农民自愿的基础上，实行相对集中统建、多户联建等方式落实“一户一宅”；在土地利用总体规划确定的城镇建设用地规模范围内，通过建设新型农村社区、农民公寓和新型住宅小区保障农民“一户一房”。陕西高陵城市规划区外的传统农区，实行“一户一宅”；城市规划区内，鼓励进城落户农民、务工人员有偿退出宅基地，自主选择进入政府建成的7个社区居住。福建晋江因地制宜按城中村、城郊村、郊外村分类采取“一户一宅”和“一户一居”并存的住房保障方式，实现农民住有所居、住有宜居。新疆伊宁将6740亩新增建设用地指标调整至城市规划控制范围外的27个村，解决了当前和今后一段时期农民宅基地、农村发展用地需求。青海湟源探索“县域统筹”的宅基地配置方式，依据搬迁距离远近和跨越行政区划的不同，采取“就地配置”“就近配置”“异地配置”和“上楼配置”保障农牧民户有所居。湖南浏阳允许四个街道辖区和两个园区规划建设范围外的宅基地，面向全市符合宅基地申请条件的农村集体经济组织成员流转，并鼓励通过公开竞价的方式落户。

二是建立农村集体经济组织主导的宅基地有偿使用制度。试点地区结合本地实际和农民意愿，针对因历史原因形成的超标准占用、一户多宅以及非本集体成员通过继承房屋或其他方式占用宅基地的，探索收取有偿使用费。一些试点地区探索通过成本价取得、择位竞价等方式分配宅基地。浙江义乌分类处置违法行为，对轻微违法超占部分收取有偿使用费后，在不动产权证上用虚线标注不确权，试点以来义乌通过宅基地超占有偿、有偿选位、有偿调剂等方式，共收取有偿使用费 55. 7 亿元。湖北宜城依据宅基地使用对象的身份及宅基地利用现状，采取“政府定价、村定标准、动态调节”的方法，对超占部分按照时段、面积、区域等标准收取有偿使用费。云南大理对利用宅基地上住房从事客栈餐饮等经营活动的由集体按使用面积收取土地收益金。四川泸县符合宅基地申请条件的农户可以在本组本村无偿取得、跨镇跨村有偿取得宅基地。安徽金寨对符合条件自愿申请到规划村庄建房的实行无偿分配、成本价取得。河南长垣符合宅基地申请条件的农户可以在本村组无偿取得、跨镇跨村有偿取得宅基地。试点地区积极统筹农民住房财产权抵押试点，探索宅基地使用权抵押贷款。浙江义乌、湖南浏阳、福建晋江抵押贷款余额分别达到了 95. 4 亿元、47. 6 亿元、20. 3 亿元。浙江德清、山东禹城、辽宁海城等非农房抵押贷款试点地区也结合本地实际开展了探索，其中德清累计农房抵押贷款 1473 户，金额 3. 5 亿元。

三是探索建立农户宅基地自愿有偿退出机制。大部分试点地区主要通过宅基地复垦，以节余指标、地票、集地券等方式有偿交易，鼓励农民自愿退出宅基地。安徽金寨、四川泸县、湖北宜城、浙江义乌分别退出宅基地4.7万亩、1.8万亩、0.7万亩、0.4万亩。山东禹城对退出的农村宅基地按照“宜工则工，宜商则商，宜农则农”的原则进行综合整治，补充集体经营性建设用地入市需求。四川泸县把547亩宅基地退出节余指标，经过规划布局、指标覆盖、补偿安置、行政审批调整为集体经营性建设用地，用于集体建设或入市出让。重庆大足结合地票改革将退出复垦宅基地用于集中区入市项目，实现复垦指标取之于农用之于农。天津蓟州利用集中归并农民宅基地节约形成的建设用地指标以调整入市方式入市。江西余江、安徽金寨对自愿退出宅基地或放弃建房进城购房的农户实行购房补贴。福建晋江探索宅基地“借地退出”，村民自愿无偿将废弃的宅基地借给村集体用于建设村庄配套设施，村民保留宅基地取得资格。浙江德清探索统筹城乡的住房保障体系，允许自愿退出宅基地的农户申请城镇经济适用房、廉租住房等。宁夏平罗探索建立农村老年人“以地养老”模式，允许农村老人自愿将宅基地、房屋、承包经营权退回集体，置换养老服务。四川泸县引导贫困户等特殊困难群体以宅基地使用权置换安康公寓房屋居住权，入住安康公寓的农户随时可以选择退出安康公寓重新取得宅基地，已有2087名贫困人口入住安康公寓。

四是完善宅基地审批和监管制度。试点地区按照利民便民的原则，简化宅基地审批流程，优化审批程序，将增量宅基地审批权下放至县级政府、存量宅基地审批权下放至乡级政府。浙江德清、义乌将宅基地审批环节全部纳入便民服务体系，实现“最多跑一次”服务，强化批后监管。江西余江、安徽金寨建立了村民事务理事会制度，充分发挥村民事务理事会在宅基地申请、流转、退出、收益分配等事务管理中的作用，保障宅基地管理各项制度得到严格执行。四川泸县增强镇级权能，向镇级政府下放宅基地执法权；加强网上监管，建成宅基地“批、供、用、管”一体化县级管理信息平台。福建晋江开发了宅基地审批管理系统，可自动核对规划、用地红线、判断是否“一户多宅”，结合“互联网＋”，实现申请更便利，审批更智能。云南大理组建专管员队伍，形成农村个人建房全过程监管服务体系。湖北宜城实行坚持“无规划不审批、无设计不建房”，创新宅基地执法监管机制，建立镇、村、组三级巡查报告机制。

五是探索宅基地“三权分置”具体实现形式。浙江义乌率先开展了宅基地“三权分置”探索。2018 年以来，试点地区加快了实践步伐。浙江义乌坚持农村集体经济组织在集体成员资格确认、村庄规划、宅基地处置和收益分配等方面的主导作用，对完成村庄改造的，允许跨村转让一定年期的宅基地使用权，并由村集体收取所有权收益。云南大理规范宅基地及地上房屋租赁用于乡村旅游发展，年期一般为 20 年以内，到期房地归还宅基地使用权人，村集体对流转的宅基地收取土地增值收益调节金。四川郫都将资格权界定为具有成员身份属性的宅基地使用权，宅基地及农房转让时，资格权人向所有权人缴纳相当于基准地价 1% 的有偿使用收益金，受让人向政府交纳总价款的 1% 作为相当于契税的调节金。河南长垣通过“按人确认、按户行使”的方式行使资格权，资格权可以退出和保留，禁止转让。湖南浏阳放活宅基地使用权，探索城乡居民合作建房，农民提供宅基地或多户农民将节省的宅基地指标集中起来，城市居民或工商资本投资建设，建成后共同开发经营旅游民宿等项目。

四、试点取得的主要成效和存在的不足

（一）取得的主要成效

一是推动了城乡统一的建设用地市场建设。赋予集体建设用地与国有建设用地同等权能，将集体经营性建设用地纳入国有建设用地市场进行公开交易，充分发挥了市场在土地资源配置中的决定性作用，实现了城乡土地平等入市、公平竞争。集体经营性建设用地入市培植了市场信心，激发了农村土地资源活力，社会和市场对于入市集体土地的接受程度逐步提高。浙江德清入市的全国首宗农村集体经营性建设用地，成功入选“伟大的变革”改革开放四十周年大型展览。江苏武进以出让方式取得集体经营性建设用地资产成功上市，首次在最高层级资本市场上得到认可。

二是增强了农村产业发展用地保障能力。通过农村土地制度改革三项试点，将存量集体建设用地盘活后优先在农村配置，促进了农村产业兴旺。浙江德清、河南长垣、山东禹城、山西泽州、辽宁海城等地通过集体建设用地调整入市建设乡（镇）工业园区，为促进乡村产业集聚、转型发展提供了有效平台。福建晋江通过“指标置换、资产置换、货币补偿、借地退出”4 种方式腾退宅基地 6345 亩，为农村产业发展提供了较为充足的用地空间。

三是增加了农民土地财产收入。土地征收制度改革通过合理分配土地增值收益、完善多元保障机制，被征地农民所得补偿和分享的增值收益明显增加，实现了“生活水平有提高，长远生计有保障”。集体经营性建设用地入市进一步显化了集体土地价值，试点地区共获得入市收益 259. 6 亿元。浙江德清已入市集体经营性建设用地 186 宗、1401 亩，农村集体经济组织和农民获得净收益 2. 81 亿元，惠及农民群众近 18 余万人，覆盖面达 65% 。浙江

义乌在改革中农民直接获利71.3亿元，使76个村摘掉了经济薄弱村的帽子。河南长垣通过改革使农村集体经济收入实现了零的突破，达到3.1亿元，使基层更有能力办实事、好事。宅基地制度改革通过解决历史遗留问题，保障了农民土地权益，形成了多样的农民住房保障形式，有效满足了农民的多元化居住需求。农房抵押、有偿退出、流转等制度设计，增加了农民财产性收入。

四是提升了农村土地利用和治理水平。通过集体土地权属调查、登记发证，完善村庄规划，夯实了农村土地管理基础。违法用地大幅减少，耕地得到更好保护，农村土地节约集约利用水平明显提升。试点地区多项改革措施协同发力，在确保试点任务有序推进的同时，也健全了集体经济组织，增强了基层组织的凝聚力，调动了农民参与集体资产管理和乡村公共事务管理的积极性。很多试点地区建立了村民事务理事会，通过集体讨论、集体决策、集体执行，激发农民自主管理农村土地的主动性和责任心。河南长垣建立了“基层党组织+村民自治组织+集体经济组织”三位一体的基层治理体系，使农民松散的自治关系逐渐变为严谨的法治关系和规范的市场关系，群众工作更为顺畅，2018年全县因宅基地纠纷造成的上访事件比2014年下降43%，新增违法用地比2014年下降72.3%。

五是促进了乡村振兴、脱贫攻坚和经济社会发展。试点地区通过统筹推进三项改革试点、相关改革与经济社会发展，改革成效在政策叠加中不断放大，为乡村振兴增添了动力。河南长垣充分发挥三项改革试点对农村综合改革的引领作用，在2017年经济社会发展评价中位居全省县级第1名。江西余江以宅基地制度改革为主线，系统推进农业发展现代化、基础设施标准化、公共服务均等化、村庄面貌亮丽化、转移人口市民化、农村治理规范化的“一改促六化”美丽乡村建设，全县经济社会也得到了平稳快速发展，2017年生产总值增长8.7%，贫困发生率由3.42%下降至1.24%。安徽金寨将宅基地改革与易地扶贫搬迁、危房改造、美丽乡村建设等政策紧密结合，有力支持和促进了脱贫攻坚和城乡统筹发展。河北定州统筹推进农村土地制度改革三项试点取得明显成效，作为国务院第五次大督查发现的典型经验被国务院办公厅通报表扬。

（二）存在的问题和不足

从面上看，33个试点地区的三项改革任务因起步时间、基础不同，改革实践的广度和深度存在一定差距，一些地方基础性工作还存在一定短板。从点上看，三项改革试点样本分布不够均衡，土地征收制度改革内生动力不足推进缓慢。从内容上看，一些重点难点问题尚未彻底解决，集体经营性建设用地整治入市难点多案例少，平衡国家集体个人三者之间收益的有效办法还不够，宅基地使用权在非集体经济组织成员外流转、抵押还存在一定困难。从成效上看，农村土地制度改革三项试点之间、三项试点与相关配套改革以及三项试点与经济社会发展大局的统筹融合还不够充分，改革成效有待进一步充分显现。从状态上看，改革的动力和能力有待提升，一些地方改革的积极性主动性不高，内生动力不足；一些地方虽然进行了大量实践探索，但距离“想明白、说明白、干明白”的要求还有一定差距。从成果上看，系统总结和提升推广还有较大空间，改革的制度性成果有待深化总结完善。同时，党中央对探索农村宅基地“三权分置”改革、实施“多规合一”等提出了新的要求，也需要在实践中积极探察，形成可复制、可推广的制度经验。

“两权”抵押试点中宅基地使用权抵押及处置的有关情况

2015年全国人大常委会作出决定，授权国务院在部分地区开展承包土地经营权、宅基地使用权抵押试点（简称“两权”抵押试点）。在试点中，对于承包土地经营权，在抵押人不能偿还贷款时，抵押权人在保障耕地集体所有权和农户承包权的前提下，将土地经营权出租用于偿还贷款；对于宅基地使用权的处置则存在一定困难。现将试点中宅基地使用权抵押及处置的有关情况介绍如下：

一、相关法律和文件中关于宅基地使用权流转的规定

土地管理法未对宅基地使用权的流转作出明确规定，第六十二条规定，农村村民一户只能拥有一处宅基地，其面积不得超过省、自治区、直辖市规定的标准；农村村民出卖、出租住房后，再申请宅基地的，不予批准。这一条规定中的“一户一宅”主要是对新申请宅基地而言，对因房产继承等合法原因形成的多处住宅及宅基地原则上不作处理，并未明确禁止农村房屋及其所占宅基地使用权的流转。1999年、2004年和2007年国务院出台的《关于严格执行有关农村集体建设用地法律和政策的通知》等文件中规定，农村住宅用地只能分配给本村村民，城镇居民不得到农村购买宅基地、农民住宅或“小产权房”；有关部门不得为违法建造和购买的住宅发放土地使用证和房产证。

根据全国人大常委会的授权决定，为推进“两权”抵押试点，2016 年 3 月，人民银行、银监会、财政部等部门制定了《农民住房财产权抵押贷款试点暂行办法》，规定：因借款人不履行到期债务，或者按借贷双方约定的情形需要依法行使抵押权的，贷款人应当结合试点地区实际情况，配合试点地区政府在保障农民基本居住权的前提下，通过贷款重组、按序清偿、房产变卖或拍卖等多种方式处置抵押物，抵押物处置收益应由贷款人优先受偿。变卖或拍卖抵押的农民住房，受让人范围原则上应限制在相关法律法规和国务院规定的范围内。

2018 年中央一号文件提出，探索宅基地所有权、资格权、使用权“三权分置”，落实宅基地集体所有权，保障宅基地农户资格权和农民房屋财产权，适度放活宅基地和农民房屋使用权，不得违规违法买卖宅基地，严格实行土地用途管制，严格禁止下乡利用农村宅基地建设别墅大院和私人会馆。

二、试点地区宅基地使用权抵押处置的做法

在保障宅基地集体所有权和农户基本住房权利的前提下，宅基地使用权主要有两种处置方式：一是将宅基地使用权拍卖。大部分试点地区规定，抵押人不能偿还贷款时，抵押权人可以将宅基地使用权拍卖，宅基地所在的村集体经济组织或其成员可以购买该宅基地使用权，村集体经济组织购买宅基地使用权后，可以用于再分配，也可以复垦为耕地。部分试点地区还规定，一定范围内的农村居民也可以购买抵押的宅基地使用权。例如，重庆市江津区规定，本区内的农村居民可以购买依法处置的抵押的宅基地；农业企业、农民专业合作社、家庭农场可以与集体经济组织合作购买，获得抵押物的占用、使用和收益权利，也可以将宅基地复垦为耕地，获得建设用地指标收益。二是抵押权人可以将通过宅基地复垦、农房租赁等方式取得的收入用于偿还贷款。例如，浙江义乌规定，抵押权人可以将宅基地复垦为耕地，获得建设用地指标交易收入用于偿还贷款。也可以参加城乡新社区集聚建设，在保证留有一套人均建筑面积最少不低于30平方米的高层公寓自住房屋的前提下，将抵押物置换权益交易所得用于偿还贷款。

尽管如此，试点中，宅基地使用权抵押还存在处置难的现象：一是流拍现象严重。农户往往受传统观念和人情世故影响，不愿意购买被处置的农民住宅，流拍现象较多。二是判决结果执行难。部分村集体经济组织出于对成员和集体财产的保护，人为设置障碍或者反悔同意抵押的承诺，导致金融机构清算成本增加。同时，民事诉讼法规定，人民法院在拍卖、变卖被执行人财产时应当保留被执行人及其所扶养家属的生活必需品，司法机关对宅基地往往无法强制执行。

一些国家和地区关于土地征收中“公共利益”的规定

公民财产受法律保护是现代国家宪法的基本原则，因此各国宪法、法律都规定，国家征收公民土地，应当以公共利益为前提。但是，由于公共利益具有高度抽象性，判断是否符合公共利益，受到一国政治、经济、文化、宗教、自然环境等诸多因素及其变化的影响，多数国家和地区均未在法律中对公共利益作出定义，主要采取以下方法对土地征收中的公共利益作出限定：一是将非因公共利益不得征收公民土地确立为宪法和法律的基本原则；二是在法律中对属于或不属于公共利益的事项作出明确列举；三是由司法机关在个案中具体判断；四是通过立法设定严格的征收程序。简介如下：

一、将非因公共利益不得征收公民土地确立为宪法和法律的基本原则

美国联邦宪法第五修正案规定，未经正当法律程序，不得剥夺任何人的生命、自由和财产；未经公平补偿，不得为“公共使用”（public use）征收私有财产。据此，“公共使用”是美国土地征收的前提条件。

法国宪法序章（即《人权宣言》）第十七条规定，私人财产神圣不可侵犯，除非为合法认定的“公共需要”所显然必需，且在公平且预先赔偿的条件下，任何人的财产不得受到剥夺。在此基础上，法国《民法典》第五百四十五条规定，任何人不得被强制出让所有权；但因“公用”，且受公平且预先赔偿时不在此限。法国《公用征收法典》规定，公用征收只在达到“公用”目的必要时才能采取，只有经过公用目的宣告的土地征收项目才能够合法进行。据此，“公共需要”“公用”是法国土地征收的前提条件。

德国《基本法》第十四条规定，财产之征收，必须为“公共福利”始得为之。据此，“公共福利”是德国启动征收的前提条件。

日本《宪法》第二十九条中规定：“私有财产在正当补偿之下，可将其收为公用”。在此基础上，日本《土地基本法》第二条中规定：“鉴于土地与公共利害关系之间所具有的特点，规定土地优先用于公共福利。”据此，“公用”“公共福利”是日本土地征收的前提条件。

二、对属于或不属于公共利益的事项作出明确列举

（一）正面列举

德国、日本、韩国和我国台湾地区等对生活中较为常见、社会上形成共识、理论上争议不大的属于公共利益的征地情形作出了明确列举，以便于在实践中执行。

德国在各专门法中规定征收的前提条件，这些前提条件可以视为公共利益的具体表现。例如，德国《国防用地法》规定，征收应出于国防等目的；德国《一般铁路法》《航空交通法》《客运法》《联邦水路法》《远程公路法》规定，征收应出于公共交通目的；德国《电气、天然气供应法》规定，征收应出于电气、天然气供应目的；《关税行政法》规定，征收应出于建设与关税有关的设施的目的。

日本《土地收用法》列举了三十五种可以作为公益事业而收用土地的情形（绝大部分转引自相关专门法律规定），主要包括以下几类：一是交通、水利、通信等基础设施，如日本《道路法》规定的道路，日本《河川法》规定的河川治理、水利设施，日本《电气通信事业法》规定的电气通信设施等；二是教育、医疗、社会福利、市政、防灾减灾、环境保护等公共事业所需的设施，如日本《学校教育法》规定的学校，日本《医疗法》规定的公共医疗机关或检疫所，日本《残疾人保护事业法》规定的残疾人保护事业所需设施，日本《燃气事业法》规定的燃气设施，日本《沙防法》规定的沙防设施，日本《自然环境保护法》规定的自然环境保护区等；三是有公共经济价值的设施，如日本《批发市场法》规定的中央和地方批发市场，日本《渔港渔场维护法》规定的渔港设施；四是国家或地方公共团体设置的官厅、工场、研究所、试验所等设施，以及公园、绿地、广场、

运动场、市场等公用设施；五是政府组织提供的福利住房。如日本《城市规划法》规定的由国家、地方公共团体、独立行政法人城市再生机构或地方住宅供给公社，向需要自住住宅的人租赁或出售的城市住宅。六是上述事业的配套设施。

韩国《土地收用法》规定，只有出于下列公共目的，才能实施征地行动：一是关于国防、军事的事务；二是依法修建符合公共利益的铁路、机场、停车场，供电供气、给排水、输储油，防风、防火、防水，学校、图书馆、博物馆等公用设施；三是国家或地方自治团体建设的办公楼、研究所、公园、市场等公用设施；四是政府授权单位进行的以出租或出售为目的的福利住宅或宅基地建设。五是上述设施的配套设施。六是其他法律规定的事项。

我国台湾地区“土地法”“土地征收条例”对土地征收中的公共利益范围作出了界定，主要包括两类：一类是“兴办公益事业”，包括“国防”设备，交通事业，公用事业，水利事业，公共卫生事业，“政府机关”、地方自治团体机关及其他公共建筑，教育、学术及慈善事业，“国营”事业，社会福利事业，其他由“政府”兴办以公共利益为目的之事业等十项，采用“一般性征收”；另一类是实施“国家”经济政策，采用“政策性征收”。

（二）反面列举

德国将不得作为征收理由的事项在法律中预先排除。主要包括：一是无目的限制的征收；二是纯粹为了增加国库财产的征收；三是为了社会财富再分配和促进经济发展的征收；四是出于权力持有者个人利益的征收。

三、由司法机关在个案中具体判断

（一）美国

美国联邦法律未对“公共使用”作出列举，实践中主要由法院在个案中判断土地征收是否符合宪法所称的“公共使用”。美国法院系统对“公共使用”的界定经历了由窄到宽的发展过程。

19世纪，美国法院对“公共使用”多作狭义解释，即要求被征收的财产为公众直接使用或有权直接使用，主要包括两种情况：一是政府机关行使职能使用，如用于政府大楼、市政厅、议会大厦、消防站、法院、邮政局等；二是公众有权利使用或进入，如用于公路、水电站、学校、医院、公墓和图书馆等（其所有权可以属于私人）。

19世纪末开始，美国法院对“公共使用”作出越来越宽泛的解释。在1896年的“布拉德利案”中，联邦最高法院首次提出，只要为合法的“公共目的”而征收土地，即符合“公共使用”要求，不违反宪法。20世纪30年代以来，“公共目的”标准在关于衰败地区重建（旧城改造）或者城市振兴计划的判决中不断扩张：在1936年“穆勒案”中，为帮助贫民区改善卫生状况、减少犯罪，征收土地兴建政府管理的住宅给低收入户居住，虽然属于“私人使用”，但符合“公共目的”；在1950年“伯尔曼案”中，立法者出于物质、金钱、精神、美感等诸多价值的综合考虑，征收衰败地区的土地，部分交给公共部门建设公共设施，部分出租或出售给私人公司、个人，也符合“公共目的”；在1981年“波兰镇案”中，为帮助衰败地区振兴经济、创造就业、增加税收，从而间接提升大众卫生、安全与福利，符合“公共目的”；在2005年“凯洛案”中，衰败地区纯粹以商业开发为目的征收土地，也符合“公共目的”。“凯洛案”判决引起美国社会普遍争论，许多人认为，这一判决实质上放弃了司法作为保护公民财产权的最后屏障作用，将助长大公司侵害个人和小企业利益，是对宪法第五修正案的错误解释。对此，时任总统布什通过签发行政命令、许多州通过立法限制政府征收权的行使。

（二）法国

虽然法国《公用征收法典》对一些属于公用目的的事项作了列举（如为国防、交通、能源及供水等进行的征收），但是实践中仍需依靠行政法院审查土地征收是否符合公共利益。

1971年以前，法官通常只核查土地征收项目是否符合某种法定公共利益，而不关注项目具体内容（如地块选择问题）。由于公共利益和私人利益之间界限日益模糊、不同公共利益之间发生冲突，法国最高法院在1971年的“新东城案”和1972年的“圣玛丽私立医院”案中，确立了损益对比分析方法作为权衡标准，即通过比较项目的优点与缺点，综合考察项目的投入与回报，对征地的公共利益与私人利益、其他公共利益进行损益对比，认为：一项工程只有在对私人财产的损害、工程造价和可能存在的社会不利因素或对其他公共利益造成的损害不超过其带来的利益时，才能被宣告为具有公用目的。

通过损益对比分析方法衡量公共利益，相对具体、可操作。但是，这种方法要求法官像经济学家一样列举相关因素、作出量化分析，对法官要求很高，给予法官的自由裁量权很大。

四、在法律中设定严格的征收程序

多数国家都在法律中设定了严格的程序规定，以防止政府在土地征收过程中以公共利益为名滥用权力：一是，须经立法机关或者特定行政机关批准；二是，需充分通知、公告，保证被征收人（包括利害关系人）充分参与；三是，须经听证程序，征收机关须证明征收符合公共利益；四是，协商优先；五是，充分的司法或者行政救济。

英国《1981年土地征收法》《2004年规划和强制征收法》规定的土地征收程序如下：（1）提出申请并提交材料。征收机构应当向确认机构（类似我国的审批机构，一般是中央政府主管部门的部长，特殊情况下是国会）申请强制购买令，确定具体征地目的和范围。需提交的材料包括强制购买令涉及的征地范围演示地图、支持申请的一般证书、征地范围内登记建筑物的证明、征地理由陈述等。(2）公开和通知。"公开"指征收机构须在征收地块所在地的一份或两份报纸上进行连续两周的公开，并依法对各种事项做出说明。"通知"则是针对"有资格人员"（即利害关系人）发出的通知，与公开的内容基本相同。(3）"有资格人员"向确认机构提出异议。常见异议理由有：征地非必要（是否为实现公共利益所必须、是否有其他替代方案），征收项目资金不足、缺乏财政保障，该强制购买令不符合法定目的等。(4）确认机构召开听证会。听证会由部长指派的调查员负责，异议者和征收机构参加。部长不同意调查员的听证结论，或者异议者不服听证结论提出申请的，应当重新召开听证会。（5）强制购买的确认与公布。确认方式包括全部确认和有修改的部分确认。(6）征地的执行。获得强制购买令确认的征收机构可以采取协议、向土地原权利人发出通知、一般转让宣告等方式获得所征收土地的权利，并须承担权利转让的全部费用。

澳大利亚土地征收程序主要包括：（1）征收意向通知。征收机关应当向土地所有人发出通知，告知征收意向。（2）协商前置。征收机关应当与土地所有人就土地价格、补偿方式和其他事项进行自愿协商，鼓励双方自愿订立土地买卖合同。（3）异议和裁决。土地所有人在接到征收意向通知后，或者在协商不成时均可以提出异议。异议方式包括向土地裁判所申请救济（专业快捷，收费低廉）、向法院起诉（救济质量更高，相对耗时耗钱）、向调查专员或者议会申诉（通过舆论和政治压力实现，有效性不如前两种）。在向土地裁判所和法院申请救济过程中，土地征收程序中止；只有审查结束且裁决结果对行政机关有利，才能继续推进土地征收程序。（4）变更登记。变更登记应当在产权登记机构进行。变更登记之后，被征收土地由征收机关所有，土地原所有人变为补偿请求权人。（5）土地价值评估。征收机关和土地所有人都可以聘请专业人士对土地价值进行评估；双方达不成一致的，土地所有人仍可以提出异议，申请救济。（6）选择补偿方式。被征收人可以选择一块不差于被征收土地的地产作为对价或者重新安置，也可以选择金钱补偿。（7）占有土地。按惯例，在支付补偿、原土地所有人搬离后，征收机关才能实际占有土地。

韩国《土地收用法》《有关公共用地取得及损失补偿的特例法》规定的土地征收程序如下：（1）认定和通知、公告。用地人所兴办的公益事业首先须经韩国建设部认定。建设部认定后，应立即通知用地人、土地所有权人、相关人及道知事，并且在官报上发布详细公告。（2）协议前置和申请裁决。用地人自公告之日起一年内，应当与土地所有权人或相关人协议取得土地；如无法达成协议，用地人可向有管辖权的土地收用委员会申请裁决；如不申请裁决，则期满翌日起丧失其事业认定的效力。（3）裁决、异议和诉讼。土地收用委员会接受申请后，应当立即公告，并公布文件影印本供一般人阅览两周；公告期满后，应当立即进行调查审议（须通知用地人、土地所有权人以及相关人），作出裁决。对地方土地收用委员会的裁决不服的，可以向中央土地收用委员会申请异议；对中央土地收用委员会的裁决不符的，可以提起行政诉讼。(4) 用地人取得征收土地的权利，收用行为完成。

美国联邦层面没有就土地征收程序进行专门立法，但统一法律委员会《征收示范法》规定的土地征收程序得到各州的普遍接受：(1) 立法机关授权。政府部门采取的每一项具体征地行为，必须事先得到立法机关的授权。(2) 召开听证会。政府部门应当召开听证会，就土地征收的必要性和合理性作出说明。(3) 谈判优先。政府部门应当尝试与被征收方进行谈判，通过自愿交易获得后者的土地；被征收方有权提出异议。(4) 要约和反要约。政府部门对拟征收土地进行评估，向被征收方送交评估报告，并就赔偿金提出要约，被征收方也可以提出反要约。(5) 司法审查。如果无法与被征收方自愿达成交易，政府部门应当申请法院作出裁决。法院既审查征收是否必要、合理（由政府部门证明），又审查补偿是否公平。如双方对补偿无法达成一致，可以分别聘请独立资产评估师提出评估报告，再次进行和解协商；协商不成的，由陪审团裁定赔偿额。

一些国家和地区关于土地征收补偿的规定

为做好土地管理法修改工作，我们梳理了一些国家和地区关于土地征收补偿的规定，简报如下：

一、关于补偿原则

德国、法国、美国、日本、澳大利亚、我国港澳台地区等国家和地区，在法律中规定了土地征收的公平补偿原则。例如，美国宪法修正案规定，未给予公平补偿，私有财产不得被征收为公共用途。日本宪法规定，个人所有的不动产可以为了公共用途而被取得，同时获得公平补偿。香港基本法规定，征地补偿标准为当时的实际价值。台湾地区的土地征收条例规定，征收补偿按照征收当期的市价补偿。关于公平补偿的认定，德国法院在司法实践中，认定公平补偿是使被征收人能够有能力恢复到征收前的财产状况。日本的公平补偿主要体现为完全补偿，即要求对损失进行全部补偿，补偿金额一般为足够被征收者在附近取得与被征收土地同等代替的所需金额，确保被征收者的财产在征收前后相等。美国在司法实践中认定的公平补偿范围更为宽泛，不仅补偿被征收土地现有的价值，还需要补偿土地可预期、可预见的未来价值。

二、关于补偿范围和标准

征地补偿范围往往比较宽泛，包括征地造成的直接损失和相关间接损失，主要包括被征收土地的价值损失、地上附着物的价值损失、因征地而产生的附带损失等。

（一）被征收土地的补偿

一些国家和地区按市场价值确定土地的补偿标准。关于市场价值的确定，英国、德国、印度、我国香港特别行政区规定，以土地在征收当日的市场价格为标准。韩国规定，以征地裁决作出当日的邻近类似土地交易价格作参考确定。日本规定，确定征收时邻近同种类的土地交易价格所确定的相当价格，乘以确定征收至实际征收之间的物价指数变动。我国台湾地区规定，为征收决定公告时的土地价格；城市规划区内的公共设施用地，按照相邻非公共设施用地的平均公告土地价格进行补偿。

（二）地上附着物的补偿

英国、德国、我国香港特别行政区等规定，地上建筑物的补偿以市场价格补偿。日本规定，地上附着物的补偿标准参考附近同类物品的交易价格。我国台湾地区规定，地上建筑物的补偿标准，按征收时该建筑物的重建价格评估确定；农作物收获在一年以内的，按农作物产值评估确定，超过一年的，按农作物种植和培育费用，并参酌现值评估确定。建筑物和农作物的补偿基准由有关主管部门确定。

（三）其他损失的补偿

1. 搬迁费的补偿。许多国家和地区对征地造成房屋及其他地上附着物的搬迁费用给予补偿作了规定。英国、我国香港特别行政区规定，对建筑物的迁移费应当予以补偿。我国台湾地区规定，被征地人员的搬迁，生产经营设备、养殖设施等，以及其他地上建筑物的搬迁费用应当予以补偿，补偿基准由有关主管部门确定。新加坡、印度规定，当事人因征收而被迫迁居别处或者到其他地方经营所造成的损失应当予以补偿。韩国、日本规定，地上附着物的搬迁费用应当予以补偿，如果搬迁有显著困难，搬迁后无法按原来的使用目的继续使用，或者搬迁费超过该附着物价值时，可以同时要求征收该地上附着物。

2. 经营损失的补偿。一些国家和地区规定了因征地造成当事人经营损失给予补偿的规定。英国、我国香港特别行政区规定，对征地给当事人造成的经营损失应当给予补偿。德国规定，土地所有权人因征地导致就业受到的损失，应当给予补偿。日本规定，征地造成的间接损失应当给予补偿，包括误耕费、营业损失、职工解雇补偿费等补偿。法国规定，因征地导致的职工解雇补偿费、安置费等费用，应当给予适当补偿。我国台湾地区规定，因征收导致相关经营活动停止或者营业规模缩小而造成的损失应当给予补偿，补偿基准由有关主管部门确定。韩国、新加坡规定，征收过程中的测量、调查，以及其他征收行为导致的经营活动损失，应当予以补偿。

3. 租赁损失的补偿。日本、韩国、德国规定，因征收导致房屋所有者租赁收入减少应当予以补偿。

4. 剩余和相邻土地价值减损的补偿。因征收土地所有权人的部分土地导致同一地块的剩余土地价值减损给予的补偿。新加坡规定，因将土地从利益人的其他土地中分离而使该利益人遭受的损失，应当予以补偿。英国规定，剩余土地损害补偿按市场的贬值价格补偿。日本规定，补偿标准为因征收减少的价值，以及残余地新建、改建、修缮等所需的费用，如果征收导致残余地难以继续用于以前的使用目的，土地所有权人可以提出征收全部土地的请求。德国、印度、我国香港特别行政区等也都对剩余土地的损害补偿作了规定。

5. 其他损失的补偿。英国、澳大利亚、日本规定，对当事人因征地支出的律师代理费、调查评估费等必要费用，应当给予补偿。新加坡规定，因征收导致的权属变更而产生的相关税费，如，变更土地所有权证书所缴纳的印花税，应当给予补偿。

三、关于补偿对象

除对土地所有权人进行补偿外，许多国家也对受征地影响的其他相关人员予以补偿。

1. 对承租人等使用权人的补偿。因征地导致承租者增加的相关费用给予的补偿。英国规定，征地导致承租人被迫放弃租赁的应当给予补偿，按契约未到期的价值以及因征收而引起的损失进行补偿。德国规定，承租人重新寻找住处的费用和搬迁的费用也需要予以补偿。加拿大规定，土地所有权人或者承租人因征收而增加的开支应当予以补偿，根据租赁期限和剩余年限、续租的预期以及承租人对土地的投入等因素确定对承租人的补偿标准。

2. 对相邻土地所有权人的补偿。因征地导致相邻土地的价值受损而对相邻土地所有权人给予的补偿。我国台湾地区规定，征地导致相邻土地的使用价值降低的，相邻土地的所有权人有权要求给予适当补偿，补偿标准以不超过征收导致地价贬值的部分为准。英国规定，征地及征地后的建设造成周围土地受损或价值贬值，应当予以补偿，补偿金额为土地减少的价值，补偿估价日期为损害发生之日。

3. 对附近居民生活影响的补偿。因征地对附近其他人员的生活造成影响而给予的补偿。日本规定，对公共事业开发后造成的噪音、废气、水质污染等损失应当给予适当补偿。英国规定，征地后建成的公共设施对周边居民造成的有害影响如噪音、光照等，应当予以补偿，侵权日期为公共设施初次使用的日期，补偿估价的日期为申请补偿之日。

四、关于补偿方式

补偿的方式主要有以下几种：

1. 现金补偿。许多国家的土地征收补偿方式通常以现金补偿为原则。日本、韩国等国家还规定了补偿金的先行支付原则。韩国规定，除因天灾等需要紧急征收土地等情形外，土地征收者应当事先将补偿金支付给土地所有权人，否则有关部门应当撤销土地征收裁决。日本还规定了分别支付原则，即对每个权利人分别支付与其损失相符的补偿金。

2. 土地和房屋置换。一些国家和地区也规定了实物补偿方式，但需要符合一定的条件。德国规定，在有法律明确规定并且被征收人提出申请时，也可以采取调换土地的方式进行补偿。日本规定，在土地被征收人提出要求时，可以用其他耕地和住宅进行补偿。法国规定，征收家庭耕作的土地时，应当为家庭成员提供同样条件的土地。所用住宅被征收的，应当在同一市镇或相邻市镇的同类型房屋进行重新安置。我国香港特别行政区规定，对于符合条件的住宅租户，可以获得政府提供的安置住房。韩国规定，在政府征地过程中，可采用土地置换的方式进行补偿，置换同等价值的土地或住宅，置换的土地和住宅的总价值应等于被征土地和住宅的总价值。

3. 代工补偿。日本规定了代为施工、代为搬迁和代为重建的补偿方式，土地被征收人可以要求土地使用者代为对残余土地进行改建或修缮，以部分代替对残余地的补偿；地上附着物的所有者可以要求土地使用者代为搬迁地上附着物，以代替迁移费补偿；如果土地被征收人或相关利益人被迫迁移到的土地是非住宅用地，可以要求土地使用者重新建设住宅，以部分代替现金补偿。

4. 有价债券补偿。韩国规定，国家机关或公共团体征收土地时，在现金补偿超过一定标准并且被征土地的所有权人提出要求时，可以采用土地债券的方式进行补偿，土地债券可以通过转让或担保等方式在市场上自由流通，债权的偿还期限为 5 年。我国台湾地区也采取了这一方式，可以向被征收者发给土地债券，即由土地银行依法所发行的土地债券。

征地区片综合地价的有关情况

1987 年土地管理法实施以来，我国征收农村土地一直按照土地年产值标准，即被征土地前三年平均年产值的一定倍数予以补偿。自 2004 年开始，按照国务院的要求，各地方开始探索在部分地区实行区片综合地价的补偿标准。现将有关情况简报如下：

一、区片综合地价的含义及制定

（一）区片综合地价的含义

区片综合地价，是指依据地类、产值、土地区位、农用地等级、人均耕地数量、土地供求关系、当地经济发展水平和城镇居民最低生活保障水平等因素，将集体土地划分为不同区片，并采用农地价格因素修正、征地案例比较和年产值倍数等方法测算形成的各区片综合补偿标准。区片综合地价包含土地补偿费和安置补助费，不含地上附着物、青苗的补偿费和被征地农民的社会保障费用。

由于土地年产值标准严格依据土地原用途确定，补偿标准偏低，难以根据经济社会发展情况进行调整提高。2004 年 10 月国务院印发的《关于深化改革严格土地管理的决定》提出，土地补偿费和安置补助费的总和达到法定上限，尚不足以使被征地农民保持原有生活水平的，省（区、市）人民政府要制订并公布各市县征地的统一年产值标准或区片综合地价，征地补偿做到同地同价。为此，原国土资源部印发了《关于开展制订征地统一年产值标准和征地区片综合地价工作的通知》等文件，对制定区片综合地价的原则、程序、方法和实施要求等作了规定，指导地方开展区片综合地价的制定工作。自 2009 年以来，除北京、西藏外，各省（区、市）陆续制定公布了区片综合地价。

（二）制定程序

制定区片综合地价主要包括以下几个步骤：确定测算范围，划定区片，测算区片综合地价，对区片综合地价的初步测算结果进行验证和调整，测算结果听证和修改，确定区片综合地价，整理与编制成果。

制定区片综合地价遵循以下原则：一是维护被征地农民合法权益原则，即区片综合地价要确保被征地农民原有生活水平不降低，并体现长远生计和未来发展需要；二是同地同价原则，即在同一区片内，不同地块的征地补偿标准相同，不因征地目的及土地用途不同而有差异；三是协调平衡原则，即区片综合地价不得低于当地原征地补偿标准，省级行政区域内各市县的区片综合地价应当相互衔接；四是公开听证原则，制定区片综合地价要依法组织听证，广泛听取有关部门、农村集体经济组织、农民及社会各方面的意见和建议。

（三）区片的划定

区片划定的重点在土地利用总体规划确定的城镇建设用地规模范围内，各地可以根据征地需要和实际情况扩展到城市郊区或更大范围。原则上，离城市中心区较近的区片面积应当较小，离城市中心区较远的区片面积可以适当放大。一般情况下，在一定范围内集体土地类别、产值、土地区位、农用地等级、人均耕地数量、土地供求关系、当地经济发展水平和城镇居民最低生活保障水平等条件基本一致的，可以划定为一个区片。区片具有以下特点：一是土地质量基本相似，农用地等级相同，耕地产出基本一致或者差异不大；二是区位条件相一致，社会经济发展水平、交通条件、地理位置等基本相似，从事非农开发利用的潜力基本相当；三是土地利用结构、人均土地面积、人均耕地面积等基本相近，人地关系基本一致；四是原则上按照行政界线划分，一般不打破村级行政界线，需打破行政界线的，可依线状地物及地类分界线确定。目前，一个县级行政区域内，区片综合地价的等级一般不超过四至六个。

（四）区片综合地价的测算

区片综合地价的测算方法包括农地价格因素修正、征地案例比较和年产值倍数等，也可以根据本地区实际情况采用其他合适的方法进行测算，原则上应在两种或者三种方法测算结果的基础上综合平衡确定。

1. 农地价格因素修正测算法。以农地价格为基础，同时考虑影响征地补偿的有关因素，包括土地区位、人均耕地数量、土地供求关系、当地经济发展水平和城镇居民最低生活保障水平等因素进行修正。测算时，已经根据《农用地估价规程》完成农用地基准地价测算的地区，参照农用地基准地价确定区片的农地价格；没有完成农用地基准地价测算的地区，在农地年产值的基础上采用收益还原法评估区片的农地价格。

2. 征地案例比较测算法。根据本区片和其他可比区片征地案例的实际补偿标准进行对比，并进行修正。测算时应当注意以下事项：一是征地案例要选择近三年之内发生的征地项目；二是征地案例的可比内涵要与区片综合地价的设定内涵一致；三是对征地案例的比较修正应考虑区域因素、个别因素和时间因素等。

3. 年产值倍数测算法。以传统的耕地年产值倍数法为基础进行测算，并按照保障被征地农民原有生活水平不降低的原则，综合考虑区位、经济发展水平等因素确定。测算时应当注意以下事项：一是区片土地年产值依据统一年产值标准或者通过调查前三年产值确定；二是土地补偿倍数和安置补助倍数，应根据土地管理法有关规定，并考虑当地经济发展水平和基本生活保障水平确定。

区片综合地价初步测算结果需要与现行征地补偿标准和被征地农民现有生活水平进行比较和验证，低于现行征地补偿标准和农民现有生活水平的，需要进行调整。区片综合地价测算后，各市县需要向省自然资源主管部门报送测算结果报告和技术报告，由省自然资源主管部门组织有关部门和专家进行评审，并汇总后报省政府批准公布执行。

二、各地方区片综合地价的实践

1. 区片综合地价的制定主体及范围。大多数地方的区片综合地价由县级政府制定，省政府批准公布。福建、湖南、浙江等地由省政府规定区片综合地价最低标准，具体标准由县级政府确定并公布实施。有的省如黑龙江，区片综合地价由市、县政府制定，报省政府审核同意后，由市政府公布实施。一些省（区、市）实行区片综合地价的区域较小，如安徽只在合肥、淮南、淮北、马鞍山的部分市辖区实行区片综合地价，湖北只在武汉市的部分市辖区实行区片综合地价。也有的省如福建，已全面实行区片综合地价，不再实行统一年产值标准。

2. 区片综合地价的调整。一些省（区、市）规定了区片综合地价调整的时间要求，如黑龙江、陕西、河南等省规定，区片综合地价原则上二至三年调整一次；有的省如河北，只对区片综合地价的调整作了笼统规定，没有明确具体的调整时间。大多数省（区、市）规定区片综合地价的调整需要省政府批准，有的省（区、市）如内蒙古，规定区片综合地价由县级政府进行调整，报省政府备案即可。

3. 征收其他土地的区片综合地价。区片综合地价主要基于耕地制定。一些地方规定，征收其他农用地、建设用地、未利用地的区片综合地价参考耕地的区片综合地价，通过调整系数确定。例如，山东、辽宁规定，其他地类以耕地区片综合地价为基础按以下系数调整：建设用地 1.0，未利用地 0.8；河北、湖南规定，征收未利用地按耕地区片综合地价的 60% 执行。

4. 区片综合地价的地方差异。因地区之间经济社会发展程度不同，各地制定的区片综合地价差异较大。我们选取了一些典型地方的区片综合地价作了比较。一是省域内不同区域的区片综合地价相差较大。例如，陕西公布的区片综合地价在每亩3.3万元至25万元之间，不同地方相差近8倍；甘肃公布的区片综合地价在每亩2.2万元至32万元之间，相差16倍。二是同一市、县的区片综合地价相差较大。例如，青岛市不同区县的区片综合地价最高达每亩24万元，最低只有每亩5万元，相差近5倍；甘肃省白银市的区片综合地价最高为每亩19万元，最低为每亩6.5万元，相差近3倍。三是同一地区实行区片综合地价与实行统一年产值标准的区域相差较大。例如，武汉市洪山区的区片综合地价在11万元至35万元之间，相邻的江夏区的统一年产值标准在3.6万元至4.8万元之间，差别比较明显。

图书在版编目（CIP）数据

中华人民共和国土地管理法解读 / 施春风主编．—北京：中国法制出版社，2020.4

ISBN 978－7－5216－0725－3

Ⅰ.①中… Ⅱ.①施… Ⅲ.①土地管理法－法律解释－中国 Ⅳ.①D922.305

中国版本图书馆 CIP 数据核字（2019）第 276453 号

策划编辑：谢雯　　责任编辑：谢雯　　封面设计：蒋怡

中华人民共和国土地管理法解读

ZHONGHUA RENMIN GONGHEGUO TUDI GUANLI FA JIEDU

主编/施春风

经销/新华书店

印刷/三河市国英印务有限公司

开本/880 毫米×1230 毫米　32 开　　印张 / 16.25　字数 / 285 千

版次/2020 年 4 月第 1 版　　2020 年 4 月第 1 次印刷

中国法制出版社出版

书号 ISBN 978－7－5216－0725－3　　定价：66.00 元

北京西单横二条 2 号

邮政编码 100031　　传真：010－66031119

网址：http：//www.zgfzs.com　　**编辑部电话：010－66071862**

市场营销部电话：010－66033393　　**邮购部电话：010－66033288**

（如有印装质量问题，请与本社印务部联系调换。电话：010－66032926）